D0887988

SIMONNE MONET-CHARTRAND
Un héritage et des projets

Sous la direction d'Hélène Pelletier-Baillargeon,
Claudette Boivin, Hélène Chénier et Gisèle Turcot

SIMONNE MONET-CHARTRAND
Un héritage et des projets

Éditions Fides
Éditions du remue-ménage

Données de catalogage avant publication (Canada)

Simonne Monet-Chartrand: un héritage et des projets
Publ. en collab. avec: Éditions du remue-ménage
Comprend des réf. bibliogr.

ISBN 2-761-1654-6 (Fides)
ISBN 2-89091-122-5 (Éditions du remue-ménage)

1. Monet-Chartrand, Simonne, 1919-1993.
2. Action sociale – Québec (Province).
3. Pacifistes – Québec (Province) – Biographies.
4. Féministes – Québec (Province) – Biographies
5. Femmes – Québec (Province) – Biographies
I. Pelletier-Baillargeon, Hélène, 1932-

HQ1455.C42855 1993   920.72'09714   C93-096744-5

Présentation

Lorsqu'elle entreprend la rédaction de ses souvenirs en 1979, Simonne Monet-Chartrand accède à une demande pressante de ses enfants et de ses proches. Cette mémoire vivante, mais éparse, de près de cinquante ans d'action sociale doit à tout prix être rassemblée pour enraciner et nourrir les projets des générations montantes. C'est donc tournée vers l'avenir des siens qu'à soixante ans, la militante se retire provisoirement de l'action pour mener à bien la publication des quatre tomes de *Ma Vie comme rivière* dont la parution s'échelonnera de 1981 à 1992.

Inconditionnelle amie des artistes avec lesquels elle entretiendra toute sa vie une inépuisable complicité, Simonne répugnait toutefois à se qualifier elle-même d'écrivaine. Elle se définissait plutôt comme une recherchiste et une documentaliste, métier qu'elle avait exercé avec bonheur à maintes reprises, au cours de sa vie, tantôt à titre bénévole au sein de multiples organismes, tantôt comme pigiste aux émissions religieuses de Radio-Canada durant les années 1970. Sa véritable nature, tout autant que sa modestie, expliquent sans doute les raisons de ce choix personnel et de ce registre particulier d'écriture.

Simonne disparue, il nous est toutefois apparu urgent de donner à *Ma Vie comme rivière* une résonance que l'auteure elle-même ne pouvait manquer d'attendre de son public, mais plus particulièrement de ceux et celles qui avaient compté, au cours de ces décennies militantes, parmi ses compagnons de route privilégiés. C'est donc pour donner une voix à ces femmes et à ces hommes que Simonne avait tant de fois interpellés et influencés que cet ouvrage a été mis en chantier. Une cinquantaine d'entre eux ont chaleureusement répondu à notre appel. Lorsque le recul des années aura permis à une véritable biographie de voir le jour, nul doute que ces témoignages de première ligne constitueront un instrument de référence indispensable à l'intelligence des valeurs et des pratiques sociales de la génération à laquelle Simonne appartenait.

On trouvera donc évoquée, dans ces pages, cette pratique originale de l'engagement social qui fut la sienne, depuis ses années de militance au sein des mouvements de jeunesse des années 1940 jusqu'à ces dernières années où sa longue réflexion sur les droits de la personne l'amenait à s'interroger sur la place des citoyens âgés dans la vie active de nos sociétés obnubilées par les impératifs de la production.

La foi, l'éducation, la politique familiale, la question nationale, la justice sociale, la cause des femmes, la paix et le désarmement, les droits de la personne, autant de chantiers où se sont discutés et façonnés le projet collectif et les valeurs du Québec d'aujourd'hui, chantiers auxquels Simonne n'a cessé de fournir, au cours de sa vie, une contribution exceptionnelle. C'est de ce style très personnel d'intervention, où le privé et le public se trouvaient réconciliés de façon si saisissante, que les textes réunis ici veulent témoigner.

Enfin, soucieuses de faciliter la tâche de ceux et celles, écrivains, étudiants ou chercheurs, qui interrogeront à leur tour ce destin de femme hors du commun dans l'histoire de notre expérience sociale, nous avons fait précéder ces textes par une longue entrevue accordée par Simonne Monet-Chartrand à la revue *Maintenant* en 1971, pour marquer le premier anniversaire des événements d'octobre 1970. Ceux et celles qui n'auraient pas encore eu l'occasion de parcourir les quatre tomes de *Ma Vie comme rivière*[1] y trouveront résumés trente ans d'engagement et de vie militante. Enfin, nous avons ajouté en annexe quelques repères chronologiques et thématiques qui pourraient s'avérer utiles à la poursuite de futurs travaux consacrés à la vie et à l'action de cette Québécoise remarquable.

---

1. Simonne MONET-CHARTRAND, *Ma Vie comme rivière*, tomes 1 à 4, Montréal, Éditions du remue-ménage, 1981, 1982, 1988, 1992.

Simonne se raconte

Entrevue accordée à la revue *Maintenant*, en octobre 1971
pour marquer le premier anniversaire des événements d'octobre

L'histoire que vous allez lire est celle d'un homme et d'une femme dont la vie de couple a été, depuis plus de trente ans, intimement liée à l'histoire religieuse, sociale, culturelle, syndicale et politique du Québec. Je dis bien «histoire», car il m'a été donné de recevoir la majeure partie de cette longue confidence de Simonne Chartrand en des circonstances tout à fait étrangères à la préparation d'une interview ou d'un dossier pour *Maintenant*. D'où son inimitable accent intimiste.

C'était au printemps dernier, à Ottawa, lors d'une rencontre des évêques de la Conférence catholique canadienne avec un groupe d'une soixantaine de femmes du Canada[1]. Les journées se passaient en ateliers, mais les repas et les soirées, propices à la spontanéité des échanges personnels, amenaient souvent les Québécoises à dresser à tour de rôle le bilan de leurs engagements respectifs. Toute vibrante et éprouvée encore par les événements d'octobre, Simonne, un soir, chez Marthe Legault[2], se mit à nous parler de Michel... de Michel et de ce Québec

---

1. L'article de Lucie Bélanger (p. 201) évoque les circonstances et le climat de cette «première» dans l'histoire du dossier des femmes en Église.

2. Amie intime de la famille Chartrand dont le témoignage apparaît dans la dernière partie de cet ouvrage, p. 299.

11

humilié dont elle venait d'entretenir le Canada anglophone, depuis les campus universitaires de Vancouver, Saskatoon, Toronto, Ottawa... et dans la petite voiture de Jean-Guy Dubuc qui devait nous ramener à Montréal le lendemain, l'émouvante saga se poursuivit encore longuement. Dans les semaines qui suivirent me vint peu à peu l'idée de rassembler les pièces éparses de cette admirable courtepointe du Québec et d'en compléter la chronologie par quelques entrevues plus dirigées. Michel vint plus tard s'asseoir à deux ou trois reprises à notre table pour achever le travail de quelques belles touches vigoureuses et incendiaires sans lesquelles les couleurs de Simonne n'eussent point chanté leur vrai chant...

Hélène Pelletier-Baillargeon

*
* *

Simonne et Michel Chartrand:
trente ans du Québec

Les gens ne connaissent souvent de Michel que ses discours publics et le jugent rapidement sur ses gros effets de voix, son langage populaire, imagé, parfois emporté (il aime bien y mettre un *sacre* de temps à autre... on peut trouver l'idée discutable, mais lui pense être mieux compris ainsi). Ça, c'est le style qui lui est tardivement venu en faisant des discours aux ouvriers. Mais avant sa grande période d'activités syndicales, Michel n'avait pas du tout le même style.

«Un grand jeune homme un peu austère»

Vous l'auriez connu au moment de notre mariage, en 1942... un grand jeune homme un peu austère, toujours accompagné de livres énormes tout soulignés, annotés de commentaires person-

12

nels, et tenant un langage de puriste que j'étais presque tentée de trouver précieux pour l'époque! C'est une amie commune, Alexandrine Leduc (aujourd'hui Alec Pelletier, femme de Gérard), qui nous avait présentés l'un à l'autre car Michel, jeune typographe, militait dans la JIC (Jeunesse indépendante catholique), tandis qu'Alec et moi faisions partie de la JECF (Jeunesse étudiante catholique féminine). Si, par une formation semblable (Michel avait étudié au collège Jean-de-Brébeuf, moi au couvent Marie-Rose) et nos engagements respectifs dans l'Action catholique, nous possédions beaucoup en commun, en revanche, nos origines familiales différaient quelque peu.

Une fille de juge d'Outremont

J'étais l'unique fille du juge Amédée Monet. J'habitais avec mon frère (aujourd'hui juge lui aussi) une vaste maison ombragée d'Outremont. Sans soucis matériels d'aucune sorte, j'avais toujours pu cultiver ce goût très vif des idées qui, à vrai dire, ne m'a jamais quittée plus tard et m'a permis, même en élevant nos sept enfants, de toujours continuer à étudier.

Michel, né comme moi à Outremont, était cependant issu d'une famille nombreuse (le treizième de quatorze enfants), besogneuse et très chaleureuse. S'il a parfois connu la gêne, enfant, en revanche, il a gardé une richesse de créativité constante issue de ses contacts précoces et concrets avec la vie. Aussi, chose curieuse, lorsque nos enfants étaient petits, c'était moi qui prenais l'attitude pédagogique, qui discutais de tel ou tel comportement en éducation...

Michel, lui, jouait, riait avec eux, les baignait, les promenait, mettait et enlevait les habits de neige, avec une infinie patience, épinglait les couches à sécher dans la salle de bain, après la veillée, sans sembler jamais incommodé par la présence remuante des enfants qui lui était toute naturelle: loin de déranger ses réflexions, c'était ces données mêmes de la vie qui les nourrissaient constamment.

Cette attitude d'esprit était déjà très caractéristique de sa façon critique d'envisager la JIC au moment de notre rencontre: «On l'appelle Jeunesse indépendante, me disait-il. Quelle farce! Y a-t-il moins indépendants que tous ces petits employés sans sécurité d'emploi que nous regroupons?»

Quoique cérébral et studieux, Michel n'était pas spontanément séduit, comme je l'étais souvent, par une idée ou une théorie: il partait plus volontiers de la vie pour remonter aux étiquettes. C'est pourquoi, s'il se définit aujourd'hui comme socialiste et révolutionnaire, il n'a rien de commun, comme forme d'esprit, avec ces jeunes universitaires de gauche qui préparent leur révolution dans un jargon théorique, russe ou chinois, incompréhensible pour les travailleurs d'ici et qui n'ont probablement jamais partagé les soucis, les rêves et la vie quotidienne d'une famille ouvrière québécoise.

Mon père, qui était un ancien militant libéral désenchanté (il avait été député sous le régime Taschereau), aimait beaucoup discuter avec Michel. Comme ce fut le cas pour des hommes tels que Jean-Marie Nadeau ou Georges-Émile Lapalme, il avait été de ces libéraux aux idées sociales trop avancées pour les habitudes politiques sclérosées de leur temps: au fil des années le parti devait les rejeter un à un discrètement. Mon père avait ainsi accepté une nomination de juge qui lui permettait de se retirer, non sans amertume, de politiques auxquelles il ne voulait pas avoir de part. De Michel, il me disait: «Un garçon comme lui, jamais le pouvoir ne l'aura comme il nous a eus: il est bâti pour aller jusqu'au bout de ses convictions!»

«Rien de ce qu'un garçon promet à une fille»

Pourtant, dès qu'il fut question de mariage entre Michel et moi, ma famille s'y opposa. Mon père avec un certain déchirement: il estimait Michel, mais croyait qu'un gendre pourvu d'une tête pareille ne saurait apporter à sa fille qu'une existence aventureuse pleine de déboires et d'insécurité matérielle. Et Michel ne

14

niait pas... «Je ne puis rien lui promettre de ce qu'un garçon promet généralement à une fille qu'il épouse: avec moi elle ne sera jamais assurée d'avoir une existence paisible, une maison confortable. La seule chose que je puis vous jurer, c'est que je l'aimerai toute ma vie.» Car déjà Michel savait qu'il combattrait toujours du côté des gagne-petit perpétuellement oubliés des gouvernants et, malheureusement aussi, des gens d'Église. Forte de cette unique promesse, je dus faire face à ma famille. Comme celle-ci entretenait de bonnes relations avec les prêtres de notre paroisse (Saint-Germain d'Outremont), aucun d'eux ne consentit à bénir notre mariage, soi-disant pour m'empêcher de courir à mon plus grand malheur. Trois évêques avec qui j'avais travaillé à l'Action catholique encourageaient ma famille dans son opposition.

«Emmaillotés dans un grand drapeau fleurdelisé»

C'est finalement l'abbé Groulx, dont Michel était un fervent élève et disciple, qui accepta de bénir privément notre union dans une petite chapelle de l'église Notre-Dame. On parle toujours du chanoine Groulx, historien et nationaliste. Pour notre famille, il fut aussi le prêtre. Après notre mariage, l'abbé Groulx baptisa successivement chacun de nos sept enfants que Michel, catholique et nationaliste, portait toujours sur les fonts baptismaux, emmaillotés religieusement dans un grand drapeau fleurdelisé...

Au moment de notre mariage, notre grande affaire à Michel et à moi était de nous lancer à la découverte d'une spiritualité laïque. Comme tous les jeunes militants de cette époque, nous lisions Psichari, Guardini, Léon Bloy (*La femme pauvre* fut un de ces livres qui bouleversa Michel!), les *Études carmélitaines*... nous commencions à entendre parler des groupements de l'Anneau d'or que mettait sur pied, en France, l'abbé Caffarel. Or tout ce que nous trouvions dans l'Action catholique du temps, c'était une sorte de réduction de la spiritualité monastique à l'usage des laïcs: mortifications, méditations, détachement des choses terrestres en vue d'accéder aux valeurs spirituelles, etc.

Michel, qui était un esprit très entier, avait bien tenté autrefois de vivre à fond ce *programme de sainteté*: il avait même passé deux ans à la trappe d'Oka comme oblat de chœur! Une fois sorti de cette expérience pour lui sans issue, il s'était bien promis de trouver enfin une forme de spiritualité chrétienne proprement laïque. D'instinct, Michel pressentait déjà ce que les théologiens du Concile ont formulé longtemps après: à savoir que ce n'est pas en fuyant leurs réalités quotidiennes que les chrétiens vivent vraiment l'Évangile. Mais ce n'est qu'au cours des années que la nature de cet engagement dans le monde s'est précisée pour lui et moi.

«Autant d'enfants qu'il vous est biologiquement possible d'en avoir»

Au tout début, je le répète, c'est vraiment à la recherche d'une spiritualité (le mot semble terriblement démodé aujourd'hui) que nous nous lancions. Et cette spiritualité, Michel savait déjà qu'elle devait bannir cette obsession du sacrifice. Combien de fois, à l'époque où nos bébés se suivaient d'année en année (l'époque où l'encyclique *Casti Connubii* enseignait aux couples catholiques l'obligation de mettre au monde autant d'enfants qu'il leur était biologiquement possible d'en avoir...), combien de fois Michel me répétait en me voyant me lever la nuit pour les enfants (aujourd'hui, avec les progrès de la pédiatrie, les bébés ne s'éveillent plus comme autrefois!), faire la lessive dans l'éternelle cuvette (nous n'avons eu une lessiveuse, «à tordeur» encore, qu'au cinquième enfant...), me casser la tête avec les comptes et le chauffage à payer: «Les mortifications, elles viennent à toi toutes seules: ne cours pas après!» Il cherchait au contraire à me faire découvrir constamment l'aspect *plaisir de la vie* qui lui était si naturel.

Ainsi il savait que j'aimais l'étude et toujours il me poussait à suivre des cours du soir, et à les poursuivre, se chargeant alors spontanément du souper et du bain des enfants. Même aux jours les plus noirs de notre pauvreté (car tel que mon père l'avait prévu, nous étions perpétuellement serrés financièrement), Michel n'a jamais manqué à notre soirée hebdomadaire au théâtre ou au restaurant; il pensait que pour notre accomplissement à tous, nous devions, plutôt que de nous sacrifier, être à l'affût des joies de vivre. C'est cette intuition et cette option pour la joie, chez Michel, qui nous a permis de vivre ces années, non pas de misère, mais de pauvreté certaine. Je ne pouvais d'ailleurs jamais m'arrêter à ce que je n'avais pas: Michel me parlait constamment de ceux qui avaient encore moins que nous! J'ai tout de même encore le cœur brisé au souvenir du jour où j'ai dû vendre nos deux pianos, cadeaux de mes parents, pour pouvoir acheter deux couchettes de bébé (nous en avions trois «aux couches» cette année-là). Je n'ai jamais touché à un piano depuis... mais je m'étais juré que mes filles en joueraient: plus loin je raconterai comment cette histoire du piano de Micheline, Hélène et Marie m'a amenée à m'engager dans les problèmes d'éducation...

En quête d'une spiritualité laïque

Quoi qu'il en soit, à cette époque de notre grande quête spirituelle, nous étions très actifs dans le Service de préparation au mariage (SPM)... Il faut avoir vécu cette époque héroïque pour admettre que les choses aient pu se passer ainsi. Tous les cours de préparation au mariage sans exception, depuis la théologie jusqu'au budget, étaient rédigés par les clercs du Centre catholique d'Ottawa, et il était interdit aux fiancés de les lire et d'y assister avant les six mois précédant leur mariage! Ce fut une dure bataille lorsque Michel et moi, et quelques autres, prétendirent que ces clercs non spécialisés avaient moins de compétence qu'un médecin ou un notaire pour parler de physiologie ou de contrat de mariage... Des laïcs enseigner la préparation au mariage, quel danger pour la foi et la morale! En plus, l'Action catholique prétendait chapeauter toutes ces initiatives... Durant cinq ans, ce fut un beau débat institutionnel et je me souviens du jour où, avec des gens comme le Dr Paul David et sa femme Anne-Marie, nous avons enfin obtenu le feu vert de l'évêché pour préparer nous-mêmes nos propres cours (treize en tout).

À la même époque, nous faisions la rencontre d'un prêtre français, l'abbé Robert Llewellyn, d'abord professeur au collège Stanislas, puis aumônier à l'Université de Montréal. C'est vraiment avec les couples qu'il avait réunis ensemble sous le nom d'équipe des Ataffs que le mouvement conjugal a commencé au Québec. Nous y rencontrions Louis et Gisèle Pronovost qui venaient du scoutisme et de l'École des parents, le Dr André Mackay et sa femme Claire, médecin elle-même, une grande nouveauté à l'époque, les Roger Varin qui devaient fonder l'Ordre de Bon Temps, Gérard et Alec Pelletier, venus là par la JEC, et combien d'autres... Je me souviens de notre première retraite conjugale de trois jours: ce fut un beau scandale! Pensez donc: le mari et la femme partageant la même chambre entre les exercices spirituels... ça prenait bien un Français pour imaginer des choses pareilles!

Dans le solarium: un vestiaire des pauvres

Mais au bout de ces cinq années de spiritualité conjugale, Michel sentait les avenues bloquées! En donnant des cours sur le budget, il s'était aperçu que les petits ménages de la Rive-Sud à qui nous prétendions enseigner à répartir ou à balancer judicieusement leur avoir... n'avaient presque rien à répartir ou à balancer! Salaires insuffisants, instables, hantise du chômage... tel était le lot de presque tous les petits employés. Michel était obsédé par cette pauvreté chronique et incurable qu'il observait autour de nous... et que nous vivions à nos heures, nous aussi.

Mais dans les milieux catholiques du temps, les problèmes sociaux n'intéressaient personne. Pour intéresser les catholiques, observait Michel avec amertume, il fallait parler de problèmes moraux: l'action d'un Jean Drapeau à l'époque de l'enquête de Pax Plante sur la moralité. Ou alors la lettre des abbés Dion et O'Neil sur nos mœurs politiques. «Ça prenait deux curés pour que les gens s'ouvrent enfin les yeux et croient ce qu'on leur chantait depuis si longtemps», disait Michel. Aujourd'hui encore, l'action d'un Mgr Lavoie, à Québec, ou d'un père Desmarais, à Montréal, voilà des problèmes susceptibles de réveiller l'opinion!

Mais la pauvreté? Dans les syndicats catholiques, les aumôniers disaient les prières d'ouverture, prêchaient la récollection annuelle et rédigeaient les procès-verbaux en bon français... Dans le domaine de la pensée? Il y avait bien eu l'École sociale populaire du père Papin Archambault où l'on professait le corporatisme en lisant et étudiant les encycliques de Léon XIII, quelques timides études entreprises au niveau de l'Action catholique spécialisée, l'Action populaire des Jésuites... mais à vrai dire, rien dans ces années qui puisse combler l'attente de Michel.

Il faudra, beaucoup plus tard, que Michel découvre, par les Dominicains, le père Georges-Henri Lévesque et s'inscrive à ses tout premiers cours de sciences sociales à Montréal pour sentir que la voie se débloquait enfin. Un autre grand moment, plus tard encore, pour Michel, fut la découverte, par nos amis Jean-Paul et Renée Geoffroy qui rentraient de Louvain, de la revue *Économie et Humanisme*, fondée par le père Lebret en France... Nous étions très pauvres à l'époque et nous nous privions du nécessaire pour que Michel puisse recevoir les numéros tant attendus qu'il lisait, relisait et annotait sans cesse. Quand le père Lebret mourut, nombre d'années après, Michel, tout en larmes, téléphona à Paris demandant à parler à quelqu'un, à n'importe qui, pourvu que ce fût à un proche collaborateur du «Père», afin de lui dire quelles voies celui-ci lui avait ouvertes.

Mais au moment où Michel cesse d'enseigner au SPM pour s'occuper de la pauvreté, les horizons sont limités et son action se fait à tâtons. D'abord tentative d'ouvrir chez nous, dans le solarium, un vestiaire des pauvres pour la Saint-Vincent-de-Paul locale. Nous verrons vite les limites de l'expérience... En même temps, Michel fonde une caisse populaire, organise, met sur pied des comités d'entraide de divers types. Organisateur-né, il est plus heureux dans cet élément que dans le milieu des cours. Mais durant cette période, il ne cesse de lire, d'étudier, de chercher; les livres qu'il lisait alors ont leurs marges couvertes de notes personnelles, sont rayés de soulignés rouges... Il faut voir son exemplaire des *Jalons pour une théologie du laïcat*, de Congar, qu'il a lu durant son emprisonnement à Trois-Rivières et à Shawinigan dans les années 1956-1957 lorsqu'il commença à s'occuper des grèves!

«*L'église du bon côté de la voie ferrée*»

Mais en faisant ses tournées pour la Saint-Vincent-de-Paul, Michel constate que la voie ferrée qui sépare Longueuil de Ville Jacques-Cartier isole le monde des pauvres du monde des bien pourvus. Du côté des pauvres, à Ville Jacques-Cartier, pas d'eau, pas de pavage, pas de trottoirs. Le dimanche, au sermon, le curé dont l'église est située du bon côté de la voie ferrée rabroue les paroissiens aux pieds boueux, qui se sentent mal à l'aise et cessent de venir écouter les sermons qui les concernent si peu. À l'école, la religieuse suggère à mes petites filles que leur mère, une Monet d'Outremont, est trop bien pour qu'elles se permettent de jouer avec les fillettes de Ville Jacques-Cartier. Aujourd'hui, lorsqu'il repense à cette époque, Michel se souvient d'avoir rencontré si peu de vrais chrétiens! Ni chez les patrons ni chez les contremaîtres, pas plus chez les ouvriers... chez les femmes peut-être parfois? À cause des enfants... «On dit aujourd'hui que les jeunes perdent la foi. Mais les parents l'ont-ils jamais eue?» se demande souvent Michel. Aussi loin qu'il promène son regard dans la Belle Province d'alors, la religion lui semble ne rimer à rien par rapport aux problèmes sociaux qui l'obsèdent. Une expression qui résume sa réaction et sa recherche durant cette période: *le risque chrétien*... Mais il rencontre bien peu de chrétiens prêts à risquer quoi que ce soit... L'Ordre Jacques-Cartier (la Patente) se borne à lancer des foudres contre les Juifs, les Anglais, le cinéma et la télévision!

C'est donc dans ce vide et cette sécheresse d'inspiration chrétienne que se produira le grand choc de la grève d'Asbestos, en 1949, où Michel devait se lancer tête première et trouver sa voie définitive; il perdra alors son emploi comme typographe et entrera comme permanent dans le syndicalisme grâce à la cotisation de plusieurs syndicats desquels il s'est fait connaître par son action.

L'École des parents du Québec

Mais je ne veux pas anticiper en parlant tout de suite d'Asbestos, car si l'on suit la chronologie de notre vie commune, il faut aussi parler de nous comme parents puisque l'arrivée de notre première fille en 1943 (suivie de six autres frères et sœurs par la suite) devait nous sensibiliser, moi surtout, à tous les problèmes d'éducation. L'École des parents, fondée autour des années 1940, a été une grande affaire pour les couples de cette époque parce que ce fut le premier organisme à s'occuper de puériculture, de psychologie, de pédagogie et d'éducation dans des cadres officiellement non confessionnels. Les évêques, là aussi, observaient tout cela avec méfiance... Les grands animateurs de l'École étaient d'abord René et Claudine Vallerand, Odile Panet-Raymond et le Dr Albert Guilbault, pédiatre à l'hôpital Sainte-Justine.

En 1944, l'exécutif de l'École des parents du Québec lance officiellement l'idée d'un organisme destiné à vulgariser les notions nouvelles de psychologie. Cours du soir, forums, courriers radiophoniques, chroniques dans les journaux, telles étaient les principales activités de l'École. C'est là que Michel et moi touchons du doigt la coupure profonde qui sépare la religion de la vie. Tous les couples de l'École sont des chrétiens formés dans nos collèges classiques catholiques: pourtant leur religion n'est qu'un rituel rangé dans un tiroir puisque jamais il n'est fait mention de foi et d'engagement chrétiens dans nos rencontres. René et Claudine Vallerand seront, avec quelques autres, les seuls peut-être à rechercher comme nous une spiritualité, familiale cette fois, toujours introuvable. Nous avons donc le choix entre, d'un côté, le mutisme complet de l'École et son inengagement dans les problèmes sociaux, et de l'autre, la spiritualité désincarnée et mortifiante de l'Action catholique. Les années passent donc sur nos frustrations; nous cessons peu à peu, pris par le quotidien, de lire *L'Anneau d'or*: à chaque déménagement, nous jetons un peu plus de nos vieilles notes de cours du SPM... peu à peu les premières équipes de ménages se dissolvent...

Les Unions de familles: *commencer à sortir de son isolement*

Mais quelques années plus tard, il faut le dire, ce sera sur la lancée initiale de cette toute première École des parents que prendront naissance les Unions de familles qui, elles, s'édifieront sur des bases locales beaucoup moins livresques. À cette époque, nous nous débattions avec nos perpétuels problèmes de pauvreté, l'angoissante question de la régulation des naissances avec son cortège d'insomnies, de surmenage, de privations et les lourdes interrogations qu'elle posait à notre foi simple. (Le croira-t-on, mais aux jours de notre plus grand dénuement, j'ai consacré à la Sainte Vierge l'une de mes petites filles malade... cela signifiait faire le vœu d'habiller le bébé exclusivement en bleu et blanc durant un an, en l'honneur de la Vierge, afin d'obtenir sa guérison. Alors je teignais les petits tricots, un à un à la main dans le Tintex... Notre foi d'aujourd'hui a eu, un jour, ce visage-là!)

Quand tu es enceinte et que tu n'as même pas d'argent pour payer le téléphone, les vitamines des enfants ou les bas élastiques pour tes varices, que le troisième bébé est élevé dans le carrosse parce que les deux couchettes sont occupées, c'est là que tu découvres impérieusement le sens de l'entraide. Sur la Rive-Sud, tout a commencé pour quelques couples comme nous, surtout par les femmes, sous la forme de services très simples; un cours de gymnastique prénatale, un service de gardiennes. Les mères de famille du quartier me connaissaient parce que j'avais toujours donné des cours du soir du temps du SPM et du Service d'orientation des foyers (SOF). Elles me faisaient confiance parce qu'elles pouvaient pleinement s'identifier à la vie qui était la mienne à cette époque.

Un cours de gymnastique prénatale, physiquement et psychologiquement, c'était tonifiant pour tout le monde: les femmes sortaient de chez elles, oubliaient les cris et les réclamations des enfants pour penser à elles durant une heure. Elles voyaient d'autres femmes aux prises comme elles avec une grossesse, tantôt heureuse, tantôt pénible. Elles se confiaient leurs bobos secrets, leurs problèmes de logement, découvraient souvent qu'elles pouvaient s'entraider efficacement... Après la naissance du bébé, ces rencontres-là leur manquaient, parce qu'elles avaient commencé à sortir de leur isolement. Alors, petit à petit, avec des amies comme Marthe Legault, nous avons organisé progressivement d'autres types de rencontres pour faire suite à ces premières expériences. Toujours selon le même principe de base: suivre pas à pas le développement des besoins, de la croissance de la famille, l'éveil de la conscience qu'elle prend de ses droits dans tous les domaines.

Aujourd'hui, on utilise beaucoup ces mots-là: animation, politisation... pour moi tout cela n'a de sens que si l'on accepte, pour commencer, de partir de petites expériences simples, modestes, concrètes, les seules qui peuvent être éloquentes au point de départ. Si l'on essaie de plaquer des structures par le haut, de manière abstraite, les gens ne se sentent pas concernés;

ils ne marchent pas parce qu'ils ne sentent pas que c'est leur affaire... Cette attitude abstraite, ce fut souvent le défaut de bien des organismes trop pressés de politiser les femmes. Chez nous au contraire, après l'époque des cours de gymnastique et de bricolage, du service de gardiennes, les femmes ont ressenti le besoin de s'informer davantage. Nous invitions alors des conférenciers et tout le monde apprenait à discuter ensemble après l'exposé. Puis un bon jour, les maris ont fait leur apparition eux aussi. Si bien qu'au jour où l'action des parents dans l'implantation de la Régionale de Chambly est devenue nécessaire (notre ami Arthur Tremblay nous tenait au courant des étapes de l'opération 55), nous avions à la base des gens habitués à se réunir, à se parler, à travailler en comités, à prendre des responsabilités et prêts à passer à l'action.

C'est ainsi que nos Unions implantées à Varennes, Jacques-Cartier, Longueuil et Saint-Lambert ont permis à la Rive-Sud de servir de zone pilote au moment de la préparation du Rapport Parent. Aujourd'hui, sous la présidence d'une autre amie, Gertrude Langlois, nous connaissons l'ampleur qu'ont prise les Unions de familles devenues Fédération (FUF), le rôle qu'elles jouent dans les domaines de l'éducation, de l'économie familiale, de la consommation, de la santé, du logement, de la législation du mariage et du divorce, etc. Et pendant que nous brassions toutes ces questions cruciales pour les familles, la Ligue ouvrière catholique (LOC) et les Dames de Sainte-Anne locales, elles, s'en tenaient à l'étude de la liturgie...

Trois leçons de vie

Lorsque je repense à notre action de cette époque, dans une perspective familiale, j'en tire plusieurs enseignements. Le premier, c'est qu'*on ne devrait jamais être président ou présidente de quoi que ce soit plus de cinq ans.* Il y a diverses périodes de sensibilisation dans sa vie où, partant d'une expérience vécue dans le quotidien, on perçoit de façon aiguë certains problèmes et où on détecte efficacement les remèdes concrètement applicables. Ensuite, si l'action se poursuit trop au-delà de l'expérience vécue, on devient un permanent dans cette action et petit à petit un théoricien. Dans le domaine de la famille, c'est ainsi que Michel et moi avons évolué d'un niveau personnel de problèmes à leur dimension sociale et politique, et cela à mesure que notre propre famille se formait et grandissait: le couple, la régulation des naissances, la puériculture, la psychologie et l'économie familiale d'abord, puis viendra l'âge de l'éducation, du syndicalisme, de la politique: ça, c'est la loi même de la vie.

Le deuxième enseignement que je tire de cette époque de notre vie, c'est que *je n'ai jamais cru et que je ne crois pas davantage aujourd'hui qu'une femme d'action ait nécessairement besoin de sortir à plein temps exercer une carrière, quand ses enfants sont petits, pour jouer un rôle efficace dans la société.* Les mères de famille de notre quartier se laissaient peut-être plus volontiers animer et politiser par d'autres mères de famille, comme j'en étais une, qu'elles n'étaient susceptibles de l'être par des professionnelles de l'animation. Les réunions de cuisine, nous les avons inventées bien avant le Parti québécois! Le téléphone ne dérougissait pas et, partout dans la maison, il y avait des petits papiers et des crayons disposés en cas d'urgence. Nos enfants allaient chez l'une ou l'autre d'entre nous pour être gardés ensemble quand il fallait absolument sortir le jour, pour une action exceptionnelle, car nous tenions nos assemblées le soir.

Nous suivions souvent des cours à la radio (avant l'avènement de la télévision) et surtout nous profitions au maximum de tout ce que Radio-Canada, dans des émissions comme *Fémina*, *Lettre à une Canadienne*, *Psychologie de la vie quotidienne*, nous offrait comme information, cours de culture, chroniques de toutes sortes. Ainsi nous apprenions à nos femmes des choses simples: organiser intelligemment leur travail de maison de telle sorte qu'elles puissent suivre des cours à la radio tout en faisant utilement leur reprisage, l'après-midi, lorsque les bébés dormaient et que les plus grands étaient à l'école. Vingt ans après, il y a encore des femmes qui me rappellent comment elles ont appris de moi à se reposer les jambes ainsi, au milieu de leur journée, et à apprendre quelque chose d'utile en cousant des boutons!

La troisième leçon de toute cette étape de ma vie, c'est que *le contact personnel, les relations interpersonnelles entre les gens sont la base irremplaçable d'une organisation valable dans le domaine familial.* Aujourd'hui, lorsqu'on réclame des garderies dans le Rapport Bird, bien des gens s'effraient parce qu'ils imaginent de grosses boîtes impersonnelles où les enfants ne seraient que des numéros. Moi qui ai observé comment les familles ouvrières savaient s'organiser à la base, je sais que spontanément elles recréent à la garderie des relations de type familial. On y retrouve à l'œuvre la petite voisine, la grande sœur, la grand-mère et non pas des fonctionnaires anonymes. Le tout est encore une fois de ne pas plaquer des structures par le haut mais de laisser les gens créer avec leurs matériaux familiers, avec surtout leurs propres ressources humaines.

Du raccommodage à la «bagatelle» de Simonne

Tout ce temps-là, même lorsque l'animation se faisait principalement auprès des femmes, Michel se préparait sans le savoir avec précision à sa future carrière. Il me regardait travailler dans la maison au milieu des enfants, cuire mes crèmes renversées sur le poêle à bois, raccommoder des chaussettes: il assimilait geste par geste la vie d'une famille de travailleurs, la vie quotidienne de ceux auxquels il s'adresserait par milliers plus tard. L'intelligence de Michel est presque constamment en effervescence: elle part du détail concret, imagé, qui reste quand l'idée en dessous est oubliée. Ainsi Michel ne dira jamais *réforme*, il dira *raccommodage* quand il parlera par exemple d'un amendement... il sait que tous les maris voient raccommoder leur femme à la maison. Il sait qu'ils comprendront s'il leur dit qu'au moment où il y a plus de trous que de bon tissu dans un vêtement, il est plus efficace d'en acheter un neuf que d'essayer de refaire le vieux. Il dira aussi d'une réforme inutile, *c'est de la crème fouettée sur rien.*

Michel se nourrissait ainsi des détails les plus humbles de notre vie qu'il partageait si intensément qu'à aucun moment malgré nos difficultés et nos privations, je n'ai ressenti en moi cette rancœur qui s'exprime, par exemple, dans le *Women's Lib* aujourd'hui. Mes anciennes compagnes de couvent, bien mariées, menaient une vie aisée, avaient des bonnes, voyageaient… moi, avec Michel, j'avais mes rêves à domicile. Car s'il utilisait notre quotidien, il le transformait aussi, lui donnait une ouverture nouvelle sur le monde. Je revois Michel, les coudes sur la table de la cuisine, commentant mes gestes, les analysant, pour ensuite en tirer une réflexion piquante sur la situation politique, la critique d'une action syndicale… avec Michel, crois-moi, je ne m'ennuyais jamais, même occupée aux plus fastidieuses besognes, parce que son intelligence alerte en tirait tout le miel.

Un exemple pour bien te montrer… Si tu as étudié la cuisine chez les sœurs, tu as dû, comme moi, apprendre à faire un dessert qui s'appelait curieusement la bagatelle: un fond de vieux biscuits ou un reste de gâteau émietté, une couche de confiture, une couche de blanc-manger… Un jour, Michel me regardait improviser une bagatelle avec des vieux biscuits que les enfants n'avaient jamais voulu manger. Forte de mes bons principes d'économie domestique, j'essayais de rendre le tout appétissant en rajoutant encore de la crème fouettée et des petits fruits (pour la couleur!). Naturellement, les mauvais biscuits n'en étaient pas devenus meilleurs pour autant et Michel nous a servi alors un brillant exposé sur les limites et l'inutilité du réformisme en cuisine et en politique! «Quand le fond est mauvais, il reste mauvais même si tu rajoutes de la garniture; tout ce que tu obtiens c'est un gaspillage plus grand encore parce que tu perds en plus des biscuits, ta confiture, ton blanc-manger, ta crème.» Combien de fois, plus tard, ses hommes n'ont-ils pas entendu parler de la bagatelle de Simonne à propos d'un mauvais projet de convention collective! Ainsi Michel parlera à tout propos de nous dans ses discours: de cette manière, il rejoint toujours un vieux fond d'expériences quotidiennes bien vivantes chez ses auditeurs.

C'est à cette époque que nous en sommes venus, moi plus encore que Michel (qui devait tout de même gagner notre vie), à consacrer beaucoup de temps aux problèmes scolaires. Du temps de l'École des parents, mon grand rêve aurait été d'ouvrir une maternelle de quartier, chez moi, car je bouillonnais d'idées en éducation. Mais, bien sûr, avec sept enfants, je n'eus jamais le temps, en plus, de m'occuper à la journée des enfants des autres.

Les parents à l'école: les frais de scolarité et la distribution des prix

À mesure que les plus vieux de nos enfants prenaient le chemin de l'école, nous accumulions des expériences qui soulevaient en nous d'énormes questions. Nous avions été des parents catholiques dociles, à qui l'on avait enseigné le grand devoir de la procréation. Il fallait dans ce temps-là une permission spéciale de son confesseur pour utiliser la méthode Ogino. Ces enfants étant les *temples du Saint-Esprit*, nous les avions respectés, traités avec les meilleurs soins, nourris, vêtus, nous leurs avions donné la meilleure formation familiale que les principes du temps nous suggéraient. Puis, un bon jour, l'âge de raison survenant, ces enfants nous quittaient, étaient pris en charge par d'autres éducateurs. Notre nouveau rôle consistait à payer les frais de scolarité et à assister à la distribution des prix. La même mentalité prévalait aussi bien au secteur public qu'au secteur privé.

L'École des parents nous avait tout de même inculqué des idées modernes en pédagogie et ouvert des horizons sur des recherches européennes ou américaines en éducation. Or nous assistions, impuissants, au départage équitable par le Comité catholique de la vente de tous les manuels scolaires sans exception, entre les grandes communautés religieuses du Québec. Les Frères maristes contrôlaient l'enseignement de la géographie; tout le monde apprenait le français dans les exercices orthographiques des Clercs de Saint-Viateur, qui distribuaient aussi la célèbre grammaire Robert (un cousin à moi). De temps à autre, l'on assistait à des conflits suivis d'alternance de règnes entre les frères du Sacré-Cœur et les frères des Écoles chrétiennes. Naturellement, le catéchisme était la chasse gardée des évêques du Québec: la foi et la morale étaient bien gardées... mais nous aurions aimé parfois que nos enfants apprennent autre chose qu'à additionner des chapelets et des lampions.

Du côté des commissions scolaires régnait une stagnation pire encore: vous aviez beau avoir cinq enfants à l'école (c'était notre cas), si vous n'étiez pas propriétaire de votre maison, vous ne pouviez vous présenter aux élections. Les commissaires étaient souvent de petits commerçants âgés, peu éduqués et soucieux avant tout de ne pas voir monter les taxes de peur d'être battus au terme suivant. Or, à cette époque, nous n'étions que locataires!

«Pour qui se prend cette Mme Chartrand?»

Au secteur privé (mes filles l'ont fréquenté durant cinq ans quand nous avons vécu à Boucherville), l'ingérence des parents était très mal vue, la haute compétence et l'autorité des enseignantes ne devant jamais être remises en question. Je me souviens d'un problème de transport auquel j'avais osé m'attaquer alors en toute bonne volonté. C'était avant l'apparition des autobus scolaires. Au couvent de Boucherville, les enfants des villages éloignés de Varennes et de Fatima finissaient à 15h50 et devaient aller attendre l'autobus provincial 45 minutes durant, dans un minable restaurant du coin où elles mangeaient des *chips* et autres saletés en se disputant ou en écoutant les propos douteux des vieux habitués. Je m'étais aperçue qu'en finissant l'école dix minutes plus tôt, ces enfants auraient pu attraper l'autobus précédent, rentrer chez elles de clarté pour y retrouver l'atmosphère familiale et une collation saine.

Réunir une première fois les femmes de l'UCFR (Union catholique des femmes rurales), leur exposer la situation et leur proposer l'idée d'une pétition respectueuse à l'adresse des religieuses me semblait une initiative simple et élémentaire. Ce qui fut fait. Pourtant mon action fut aussitôt battue en brèche par le curé de la paroisse et la supérieure du couvent. On se demandait pour qui se prenait cette Mme Chartrand qui prétendait dicter les horaires à l'une des plus vénérables maisons d'enseignement du Québec! Tant et si bien qu'à la réunion suivante, les femmes embarrassées et confuses se défilèrent une à une et que les horaires stupides demeurèrent ce qu'ils étaient pour que le principe d'autorité des sœurs ne soit pas entaché de démocratie.

Quelle désincarnation d'ailleurs que ces groupes de l'UCFR mis sur pied par les évêques pour contrer, disaient-ils, *l'esprit neutre* des Cercles de fermières du gouvernement où les femmes n'apprenaient qu'à faire du tissage, du crochet, des arts ménagers! Les curés persuadaient alors nos braves fermières de renoncer à un artisanat bénéfique, tant au plan économique qu'aux plans loisir et culture, pour les réunir en groupes d'études où on leur faisait méditer les encycliques papales!

«Socialiste parce que chrétienne»

Une autre fois, Michel ayant perdu son emploi, je n'avais pu acquitter les frais de leçons de piano de Micheline, Hélène et Marie depuis deux mois. La religieuse avertit donc mes filles que si le compte n'est pas payé dans un délai raisonnable, les leçons devront cesser. Mes filles sont désolées car elles sont toutes trois douées pour la musique. Je me rends au couvent, expose la situation difficile où nous sommes empêtrés, demande un sursis. La religieuse me fait alors cette étonnante réponse: «Ne vous désolez donc pas, Mme Chartrand, le piano n'est pas une matière obligatoire, ce n'est que *de la culture et du luxe*. Si vous devez discontinuer, faute de pouvoir rencontrer vos paiements, les enfants n'en souffriront pas, je vous assure.» Je rentre chez moi ulcérée et, malgré leur talent, Micheline, Hélène et Marie doivent interrompre leurs chères études musicales. Dès cet instant, je sais avec une certitude inébranlable qu'un système d'éducation où la musique n'est qu'un supplément accessible aux plus fortunés et dont les pauvres les plus doués doivent se priver est injuste, inacceptable, antichrétien: c'est une chaussette trop trouée pour mériter le raccommodage! Plus tard, lorsque nous serons engagés à fond dans l'application du Rapport Parent, les Parents catholiques diront de moi que je suis *une socialiste qui veut chasser le bon Dieu des écoles*. S'ils avaient su pourtant combien, pour moi peut-être encore plus que pour Michel, c'est précisément parce que j'étais d'abord chrétienne que je suis ainsi devenue socialiste!

«L'école, la maison, l'usine en communication constante»

Ces expériences scolaires, beaucoup de couples engagés comme nous les partagent. Bientôt, l'École des parents accepte l'idée de se doter d'un comité scolaire destiné à faire entrer les parents à l'école. Dans notre esprit, nous ne devons plus nous contenter d'aller cinq fois par année chercher les bulletins de nos enfants à l'école. Les professeurs sont nos alliés naturels et nous devons fonder des associations parents-maîtres vraiment démocratiques, qui ne se contenteront pas d'entériner les nominations des principaux d'école. Cette époque a vraiment été féconde pour nous deux: Michel, alors captivé par les problèmes d'économie familiale et par le syndicalisme, rencontrait les pères, moi je voyais les mères à l'école. Nous échangions nos impressions, nos expériences et apprenions à prendre une vision globale des problèmes familiaux. L'interaction du couple dans une action scolaire ou syndicale est très importante. Pourtant, à l'époque, la dimension familiale était à peu près ignorée dans les milieux syndicaux où les dirigeants étaient parfois désincarnés, professaient des idées générales, une religion ritualiste et moralisatrice. Pour nous, en ce temps-là, l'école, la maison, l'usine étaient déjà en communication constante.

Plus tard, sous la même inspiration, Michel m'amènera avec lui dans ses tournées pour que je parle aux femmes des ouvriers en grève tandis que lui s'occupera des hommes: il sait d'instinct qu'il est inutile de déclencher une action si les femmes ne sont pas embarquées elles aussi dans le coup. Dans ces tournées-là, je m'occuperai de tous ces problèmes concrets pour les femmes de grévistes: régulation des naissances, puériculture, budget, etc. Je donne dix recettes de cuisine pour apprêter le steak haché de dix façons différentes, j'organise un foyer d'échange pour les manuels, les blouses et les uniformes d'école qui coûtent cher et changent de coupe année après année. Les femmes s'y rencontrent, s'entraident, apprennent à fraterniser, à reprendre courage, à s'unir pour une action commune. Les relations, la chaleur humaine, la solidarité, Michel et moi croyons d'abord à ces valeurs-là.

Mais pendant toutes ces années-là, l'idée d'un ministère de l'Éducation faisait son chemin. La revue *Relations* combat le projet, avec véhémence, les évêques sont réticents, M. Lesage promet qu'on lui passera plutôt sur le corps. Mais déjà nous sommes lancés. Pendant près de trois ans, aux Unions de familles de la Rive-Sud, nous épluchons le Rapport Parent, recommandation après recommandation. Les parents apprennent à exprimer des opinions et à les faire valoir: le problème du transport et de l'alimentation dans la régionalisation des écoles, l'uniforme, la mixité, la confessionnalité requièrent leur engagement.

Avec les Unions de familles, de 1949 à 1959, nous avions formé des parents militants habitués à travailler en comités bien enracinés dans le milieu; en 1959-1960, quand se déclenche la grande réforme de l'éducation, ils sont prêts à entrer en action, qu'ils soient propriétaires ou simples locataires. La lutte s'annonce chaude; les puissants Parents catholiques boudent les réformes, craignent la mixité, redoutent l'influence du MLF (Mouvement laïque de langue française), des professeurs laïques au secondaire appellent l'Église à la rescousse... car dans notre milieu, discuter, c'est encore être un esprit fort... quant à inciter les autres à la discussion? Alors là, c'est vraiment avoir de la graine de révolutionnaire!

Simonne la communiste... Simonne la catholique...

À ce moment, je viens de refuser de me présenter à la présidence générale des Unions (j'étais membre de l'exécutif de la Fédération des Unions de familles) pour mener une action vigoureuse au plan local, sur la Rive-Sud où je suis directrice du Comité famille-école (je me suis toujours méfiée d'accepter des présidences générales et j'ai toujours privilégié les engagements locaux, à la base, très proches de moi et des autres). Au cours d'une assemblée houleuse à Longueuil, on chuchote entre les rangs serrés des Parents catholiques que je prends mes ordres de Moscou. (D'où j'arrive effectivement après avoir assisté, comme membre de la Voix des femmes, au Congrès international démocratique des femmes. J'en parlerai plus tard.) Publiquement, on me somme de jurer fidélité à mon évêque Mgr Coderre. Quels que soient mes bons sentiments envers mon évêque, je me refuse à engager ainsi aveuglément mes options scolaires. C'est un tollé général: je suis devenue Simonne-Chartrand-la-communiste. C'était encore l'époque des croisades et des anathèmes.

Tout ce remue-ménage autour de la confessionnalité scolaire me conduit naturellement à épouser les objectifs fondamentaux du Mouvement laïque de langue française. Je trouve leur vision du pluralisme grandissant au Québec d'un sain réalisme. Dans cette perspective d'avenir, je vais moi-même trouver notre évêque pour lui demander d'enlever l'obligation des notes et des cours de religion. Une expérience familiale récente me motive. Une de nos filles, élève de septième année, qui vient tout juste de remporter le grand prix de religion décerné par Mgr l'évêque, n'avait plus la foi (et cela depuis de nombreux mois déjà) au moment précis où elle passait si brillamment ses examens de catéchisme... Pour moi, la cause est entendue: le système de notes ne peut en aucune façon prétendre jauger la vie spirituelle des jeunes. Dans les milieux catholiques, mon action fut pour le moins mal comprise, comme elle le fut tout autant dans les milieux dits neutres.

Ainsi, au Mouvement laïque de langue française, il m'arrive aussi de casser les pieds à Mackay et à Godbout qui sont des incroyants militants très férus de psychologie mais que je trouve un peu sectaires à leurs heures! Quand je me lève dans leurs assemblées, ils soupirent d'agacement: *Tiens, voilà encore Simonne-la-catholique...* comme quoi on ne peut pas satisfaire tout le monde! En effet, si je suis en faveur de la liberté religieuse et de l'amélioration de la qualité de notre enseignement, si je milite pour le respect de l'autonomie des disciplines profanes (avec suppression des additions de chapelets et du contrôle absolu des manuels scolaires par les communautés religieuses), en revanche, l'idée des écoles neutres séparées ne me sourit pas du tout. En 1960, les neutres francophones ne forment encore qu'une minorité aisée, disséminée aux quatre coins de la région métropolitaine et leur façon d'envisager la confessionnalité est étrangère au milieu des travailleurs que Michel et moi connaissons. À notre avis, ces écoles constitueraient plutôt une autre forme de ghetto. Or c'est vraiment la démocratisation de l'éducation qui nous semble la tâche la plus urgente à accomplir au Québec.

La Voix des femmes

Peu après la période des grandes transformations dans le monde de l'éducation, j'ai ressenti une espèce de saturation de nos problèmes strictement québécois. Michel connaissait alors une intense activité dans sa carrière syndicale: j'ai décidé de faire une cure d'internationalisme... ces sortes d'éloignements temporaires sont très sains quand on fait de l'action directe. J'ai donc accepté d'être, en 1960, membre fondateur du mouvement pacifiste de la Voix des femmes, où j'ai fait la découverte de femmes d'action sensationnelles: néo-canadiennes, juives, anglophones, femmes universitaires très compétentes pour la plupart. Je découvrais les livres qui les inspiraient, les compétences nouvelles qui donnaient du poids à leur action. Lorsque nous faisions la lutte aux armements nucléaires, nous avions toujours sous la main de solides mémoires rédigés par des femmes qui dirigeaient des départements universitaires, qui détenaient des doctorats en chimie, en physique, en biologie, etc.

C'étaient des femmes fascinantes, aux idées larges et généreuses, desquelles j'ai beaucoup appris, moi qui avais passé des années à travailler auprès des mères de famille de quartier. Ces Canadiennes anglaises-là, d'ailleurs, furent les premières, durant la crise d'octobre et à la mort de notre fille Marie-Andrée (filleule d'André Laurendeau), à m'écrire pour me manifester leur sympathie et leur solidarité, alors que presque toutes mes compatriotes étaient muselées par la peur...

En 1963, toujours avec la Voix des femmes, j'assiste à mes frais (j'ai fait un emprunt à la Caisse populaire que je compte rembourser en vendant des articles au *Devoir*!) au Congrès international démocratique des femmes, à Moscou, où je suis la seule participante canadienne-française et catholique. Nous constituons la Mission de paix. Avec mes compagnes anglophones, nous faisons la tournée des grandes capitales européennes, y rencontrons d'autres militantes de la paix... le soir, quand le groupe me pèse, je me perds avec joie dans les rues grouillantes des villes où nous séjournons (la *Française* leur semble parfois quelque peu dévergondée...).

À Moscou, la *Pravda* est intriguée par la présence d'une militante catholique et me demande une entrevue que j'accorde volontiers. *Qu'est-ce qu'une militante catholique peut bien ressentir et prétendre faire dans une ville comme Moscou?* Je réponds que je ne me sens nullement dépaysée et qu'un grand nombre d'aspects de leur vie me semblent même terriblement familiers! *Le système communiste*, dis-je, *est celui qui se rapproche le plus du système catholique dans lequel j'ai vécu: tous deux prétendent détenir la vérité universelle, tous deux sont doctrinaires, fortement institutionnalisés, bureaucra-*

tisés et, dans les deux cas, la personne humaine n'en mène pas large. Naturellement, mon entrevue n'est jamais publiée!

En revanche, je rencontre là des Vietnamiennes et des Grecques dont les visages et les malheurs restent gravés pour toujours dans ma mémoire. Je n'oublierai jamais l'impression que me fit la grande *passionaria* espagnole et marxiste Dolores Ibarruri. En quittant toutes ces femmes, je serre leurs mains avec émotion et je leur jure de ne jamais cesser de parler... Pour moi lorsque j'agis, dans quelque domaine que ce soit, je dois toujours avoir présents à l'esprit ces visages fraternels qui m'inspirent. Aussi, plus tard, avec Ghislaine Laurendeau (femme d'André), Marthe Legault et Marcelle Vanasse, nous préparerons, entre autres, un document sur la pédagogie de la paix pour être présenté au Concile par les évêques canadiens. Mgr Coderre, qui ne m'a pas gardé rancune, parraine notre projet.

Mais en te parlant ainsi de nos divers champs d'action dans le domaine conjugal, familial, dans l'éducation ou la paix, je me trouve à faire des coupures artificielles qui ne respectent ni la chronologie ni surtout la maturation de nos options sociales et politiques fondamentales, car en fait, nous avons mené plusieurs de ces actions parallèlement.

La grève d'Asbestos: le vrai visage de Duplessis

Je t'ai dit tout à l'heure que la grève d'Asbestos avait été pour beaucoup d'intellectuels québécois une sorte de tournant définitif au plan politique et social et que, pour Michel, cet événement devait marquer son entrée définitive dans le monde syndical. Tout le bénévolat qui l'avait occupé antérieurement, Saint-Vincent-de-Paul, caisses populaires, coopératives alimentaires, économie familiale, budget, l'y avait préparé en lui rendant familier un milieu dont les problèmes lui apparaissaient politiques d'une manière de plus en plus évidente, sous quelque aspect qu'il tente de les aborder. Mais au moment de la grève d'Asbestos, Michel est toujours membre de l'Union des typographes (notre nombreuse famille vit de son métier) et ne songe nullement à entrer dans le syndicalisme.

Par tempérament d'ailleurs, vers 1949, Michel serait porté à privilégier le travail de l'artisan plutôt que celui de la grande industrie: notre souci de toujours valoriser la personne humaine d'abord nous rend même très près, à cette époque, de la pensée d'une Françoise Gaudet-Smet. Michel parle aussi avec admiration en ce temps-là des abbayes du Moyen Âge où les moines enseignaient aux paysans les techniques agricoles, l'architecture, la poterie, les arts et les sciences du temps. Voilà des styles d'engagement concret dans le réel qui le séduisent...

Étrange ironie de l'histoire, c'est notre ancien condisciple de l'Action catholique, Gérard Pelletier, aujourd'hui secrétaire d'État à Ottawa, qui viendra chez nous, un soir, déclencher par sa persuasion l'entrée de Michel dans sa voie. Gérard Pelletier est à ce moment chroniqueur syndical au *Devoir* et rédacteur actif à *Cité libre*. Pour lui comme pour d'autres intellectuels (Pierre Elliott Trudeau, Adèle Lauzon, le jésuite Jacques Cousineau, Réginald Boisvert, Charles Lussier, Pierre Vadeboncoeur étaient du nombre), Asbestos cristallise toute l'injustice du régime Duplessis envers les travailleurs québécois: afin de sauvegarder les intérêts de la compagnie américaine John Mansville en lui garantissant une main-d'œuvre à très bon marché (ainsi, faute de protection adéquate, les ouvriers de la mine ont les poumons avariés par la poussière d'amiante...), Duplessis combat férocement la prétention des travailleurs de voir reconnaître leur union. Cette fois, l'Église du Québec s'éveille enfin ouvertement par la voix de Mgr Charbonneau qui appuie les grévistes; à l'Université Laval, les étudiants du père Lévesque organisent une collecte en faveur des familles des grévistes. Mais bien vite Duplessis obtient le renvoi et l'exil de notre archevêque, et ramène l'ordre à l'université: réunis un beau matin, les étudiants de Laval sont invités à interrompre sur-le-champ la collecte s'ils ne veulent pas voir leur université privée d'un octroi provincial discrétionnaire de quatre millions!

Naturellement, quelques jours plus tard, ce sont les arrestations des chefs ouvriers, la répression des grévistes, les procès. Michel est incarcéré pour la première fois à Sherbrooke (ce ne sera pas la dernière) et traduit devant son premier juge. Toutes les confidences de mon père, sur la Justice, avant notre mariage, lui reviennent brutalement à la mémoire: devant le juge imperturbable, les policiers, très à l'aise, défilent. L'un d'eux se parjure en faisant la narration du conflit. Michel explose! On tente de le faire taire, il veut crier la vérité... c'est son premier outrage au tribunal: «Dans cet État qui se prétend chrétien, des chrétiens trichent, mentent, calomnient, volent les pauvres, violentent les travailleurs impunément!»

La révolte de Michel en 1949 a le même visage qu'aujourd'hui: pourquoi prétend-on qu'il s'est dangereusement radicalisé en octobre 1970? Dès Asbestos, il a toujours affirmé qu'il serait toute sa vie du côté des travailleurs, des opprimés du système politique et judiciaire, quel qu'en soit le prix. Et Michel n'a pas changé... il est resté un gars d'opposition. Mais bien de ses anciens compagnons de 1949, des Trudeau, des Marchand, des Pelletier sont entrés en fonction dans le système et sont disparus de la scène de l'opposition: ce sont eux qui ont changé... pas Michel. Si Michel fait peur à ceux qui les ont suivis dans les hauts postes de la fonction publique, c'est qu'il semble très éloigné d'eux aujourd'hui que la lutte contre Duplessis qui les galvanisait alors est terminée. Mais les Québécois ont encore besoin de justice et peut-être encore de ces fanatiques de la justice comme Michel l'est fidèlement demeuré.

Michel avec Pierre Trudeau à Murdochville

À cause d'Asbestos, Michel perd son emploi de typographe et passe plusieurs mois à se documenter sur le syndicalisme. Puis délaissant ses livres, ses analyses, ses recherches, il commence son action directe et voyage beaucoup à travers le Québec. Il est devenu permanent à la CTCC (Confédération des travailleurs catholiques du Canada). Grèves du vêtement à Shawinigan et à Trois-Rivières, du textile à Sherbrooke et à Louiseville, de la chaussure à Saint-Tite, première grève chez Dupuis frères. En ce temps-là, organiser une grève est considéré comme de l'insubordination envers l'autorité légitime; Michel lui aussi est déjà qualifié de révolutionnaire et de communiste (aujourd'hui, cela est démodé: on traite plutôt les gens de felquistes). Puis la fameuse grève de Murdochville, en Gaspésie, déclenchée par les ouvriers de la Gaspé Copper Mine, affiliés aux Métallos unis. Pierre Trudeau s'illustre une fois de plus par ses brillants exposés, ses articles virulents. Beaucoup d'intellectuels emboîtent le pas. Quoique employé de la CTCC, Michel est aussi à Murdochville. Mais la lutte est dure et le dénuement des grévistes, extrême: les maisons qu'ils occupent, les magasins où ils s'alimentent sont la propriété de la compagnie qui les tient à sa merci, bien résolue à ne pas laisser le syndicat des métallos s'implanter dans son entreprise.

Bientôt, les briseurs de grève arrivent par camions, la police intervient, on détruit bureaux, magasins et maisons. Murdochville est une région isolée au cœur de la péninsule gaspésienne: aucun autre emploi n'y est disponible. J'étais à Murdochville, auprès de Michel, mais après avoir vécu ces semaines-là, je comprends qu'il ait choisi d'agir et de parler avec le caractère indigné et bouillant qu'on lui connaît. Car ce que nous voyions là était proprement révoltant: exactement ce qu'il fallait pour rendre un homme hors de lui-même.

J'étais à Murdochville, à Shawinigan, à Magog, à Saint-Tite, chez Dupuis frères, j'étais souvent avec Michel durant ces événements, car tout le travail accompli ensemble auparavant, au niveau du couple et de la famille, avait convaincu Michel qu'il fallait aborder un problème de grève, par exemple, dans une perspective familiale. Ça je crois te l'avoir déjà dit auparavant en te mentionnant à quoi je m'occupais avec les femmes, tandis que les hommes étaient pris par leurs négociations. À l'époque, dans les milieux syndicaux, on tiquait un peu de voir Michel traîner sa femme partout, ou encore de me voir arriver à brûle-pourpoint à l'hôtel pour le rejoindre alors qu'il se trouvait entre hommes avec ses collaborateurs.

Dans cette continuation de tous nos engagements précédents toutefois, Michel se décléricalise plus rapidement que moi. Le caractère urgent de certaines actions à entreprendre, la brutalité de certaines situations qu'il vit quotidiennement avec les travailleurs le placent aux antipodes de la spiritualité qui a cours dans les milieux catholiques du temps. Car à cette époque, dans l'Action catholique, on lisait encore beaucoup Isabelle Rivière: le *Bouquet de roses rouges* et le *Devoir d'imprévoyance...* beau programme d'insouciance qui convenait mieux aux gens à revenus fixes qu'au monde insécure des salariés. Michel a beau croire très fortement en la Providence pour lui, quand il négocie un contrat de travail pour les autres, c'est au détail de ses moindres clauses qu'il se fie... fini le *devoir d'imprévoyance!*

En revanche, les activités syndicales de Michel et de plusieurs maris de notre groupe (par exemple, Ivan, mari de Marthe Legault) influencent beaucoup l'évolution du mouvement familial où nous travaillons toujours. C'est de leurs expériences concrètes dans le syndicalisme que l'École des parents de Longueuil, d'abord strictement pédagogique de mentalité, évoluera avec les années vers des champs d'action plus engagés dans les problèmes socio-économiques. Aussi, dès 1956, la Fédération des Écoles de parents étudie par voie de consultation un projet de refonte des structures du mouvement en fonction de l'évolution sociale, des besoins nouveaux des familles. Une première Union des familles naît à Dorval cette année-là. À Longueuil, la même année, nous avons également notre première Union (nous avons personnellement sept enfants à y inscrire!). En 1958, la FCEP devient la Fédération des Unions de familles; toute cette évolution est précipitée par la Révolution tranquille et particulièrement par l'irruption et la nouveauté des problèmes de la réforme scolaire. Le temps est venu pour le mouvement familial de passer résolument de la pédagogie à la politique.

«Quelques hommes… un certain espoir politique»

La politique… d'aussi loin que je remonte dans notre histoire, nous en venions au problème politique. Non pas que nous ayons jamais eu l'idée de faire de la politique active en soi, bien que Michel ait quelques fois été candidat au temps du Bloc populaire et du CCF (Commonwealth Cooperative Federation). Mais parce qu'il a toujours su qu'en s'attaquant aux problèmes sociaux, il devait nécessairement y toucher. Aujourd'hui, par exemple, je suis moi-même membre du Parti québécois, mais pas Michel, bien qu'il ait travaillé activement pour l'élection des candidats péquistes dans les quartiers ouvriers de Montréal aux dernières élections. Pour Michel, le Parti québécois n'est pas assez résolument socialiste. Alors Michel garde ses distances.

Très certainement, Michel a toujours été d'abord un Québécois et un fervent nationaliste. Il a été, je l'ai dit, très proche de l'abbé Groulx qui était mon professeur d'histoire. Mais le nationalisme trop exclusivement culturel du Bloc populaire, par exemple, ne le satisfaisait pas entièrement, lui qui brûlait de résoudre des problèmes économiques et sociaux entretenus par le patronage, la vénalité, les cabales et l'incurie des vieux partis, rouge et bleu.

À certaines heures de notre jeunesse, quelques hommes ont momentanément cristallisé un certain espoir. Pierre Trudeau, que Michel admirait beaucoup, fut de ceux-là un temps. Mais bien avant, l'Action libérale nationale du temps de Paul Gouin, avant le régime Duplessis, avait amené Michel à militer politiquement. Plus tard, un homme jeune, brillant, doué à tous les égards et professant des idées sociales audacieuses pour son temps nous avait un moment tous fait croire à l'imminence de la création d'un parti jeune et nouveau à l'image de nos aspirations. Cet homme s'appelait Jacques Perrault. Beau-frère d'André Laurendeau, il était avec son père, Antonio, l'un des plus talentueux avocats de Montréal. Hélas, Jacques, tendu par l'action, harcelé de problèmes financiers, devait sombrer dans la dépression et connaître une fin tragique. C'est à ses funérailles qui constituaient presque, pensions-nous, le deuil de notre génération, qu'en levant les yeux je crus entrevoir, l'espace d'un instant, ce que Pierre Trudeau serait toujours pour nous: un esprit supérieur certes, mais aristocratique et distant, condescendant à venir momentanément mettre ses dons remarquables au service d'une cause (Asbestos, Murdochville, etc.), mais incapable de se soumettre aux exigences d'un travail d'équipe et se retirant ensuite dans une retraite olympienne dès qu'un engagement à long terme semblait se préciser. À l'époque de la mort de Jacques Perrault, Pierre était jeune, célibataire, riche et épris du même idéal que nous; s'il l'avait voulu ou pu, nos espoirs de ces années-là auraient, qui sait, connu peut-être un autre destin.

Mais les idées sociales étaient alors considérées, même par la plupart des nationalistes, soit comme du communisme pur et simple, soit comme de la folie douce. Le père Lebel, un jésuite, se permettait-il d'écrire des articles sur les allocations familiales... aussitôt Gérard Filion (alors à l'Union catholique des cultivateurs) raillait en les comparant aux *primes données pour les veaux*. Notre vie, nos idées et nos activités d'alors avaient beau être très organisées, très rationnelles à nos yeux, nous passions tous plus ou moins pour des illuminés.

«Le parti CCF avait tout pour nous séduire»

C'est dans cette atmosphère close et renfermée que Michel commence à prendre contact pour la première fois avec les leaders du parti CCF. Douglas, Coldwell, Stanley Knowles et le jeune David Lewis deviendront à tour de rôle des figures familières de notre vie d'alors. Le parti CCF, fondé en 1933 dans l'Ouest, avait tout pour nous séduire. Son fondateur était un ministre méthodiste, au tempérament prophétique, J. S. Woodsworth, dont l'engagement socialiste, conséquence d'une lecture personnelle de l'Évangile, avait suivi une évolution semblable à la nôtre.

Étudiant à Oxford, il avait observé de près les conséquences tragiques de l'industrialisation rapide dans les grandes villes minières anglaises sur la vie des travailleurs (taudis, épidémies, analphabétisme, etc.). Comme pour nous, le ritualisme figé des Églises, leur approche dogmatique et cérébrale des problèmes de la personne avaient accumulé en lui des frustrations et des tensions, au point qu'il remit longuement en question son travail pastoral. L'Église méthodiste, plus compréhensive que la nôtre, l'avait encouragé dans son action sociale jusqu'au jour où ses positions énergiques contre la participation des Canadiens aux guerres de l'Empire (Woodsworth était antimilitariste) avaient rendu sa démission inévitable.

Laïcisé, Woodsworth avait même travaillé comme débardeur pour faire vivre sa famille. Sa femme avait enseigné le français afin de soutenir son action. Puis il avait animé divers mouvements ouvriers, participé à des grèves clés, puis était devenu député de Winnipeg-Nord, siège que Stanley Knowles occupera ensuite, après la mort de Woodsworth qui surviendra en 1942.

Pour la première fois, un parti politique nous apparaît propre, sérieux, soucieux des pauvres et désintéressé... mais au Québec, l'Église ne l'entendait pas ainsi: le CCF (dans les journaux on écrivait alors le «Cécéheffe» par dérision) ne suivait pas la doctrine sociale catholique telle que définie par les encycliques des papes: il avait donc été condamné! Déjà, le 26 février 1934, Mgr Gauthier avait écrit dans une lettre pastorale: «Le socialisme, ce communisme à longue échéance, est à redouter et il est en train de s'installer chez nous.»

Michel et moi faisons quand même un voyage dans l'Ouest au congrès CCF à Regina en 1958, puis à Winnipeg en 1960. Ce voyage nous fascine et nous revenons au Québec pleins de projets. À Regina, je suis même admise dans les bureaux du ministre de l'Éducation (chose impensable à Québec!) pour y étudier l'implication de l'entrée des parents dans le système d'éducation (Woodrow Lloyd était ministre de l'Éducation dans le gouvernement CCF de M. Douglas en Saskatchewan). Michel, toujours préoccupé par l'économie familiale, se documente par la même occasion sur l'assurance automobile bien implantée là-bas, car il a observé combien les jeunes chefs de famille québécois sont exploités et peu protégés à cet égard et combien souvent un accident d'auto équivaut chez nous à un désastre complet pour une famille ouvrière... une fois de plus, notre acharnement est traité de lubie. Une lubie qui consiste à dénoncer les lacunes que les gouvernants combleront peut-être... avec vingt ans de retard. C'est sur l'élan de telles inspirations qu'en 1958, Michel sera candidat du CCF dans le comté de Lapointe, au Saguenay, où il subira une très honorable défaite en perdant à 8000 voix contre 10 000.

Je me souviens de l'atmosphère heureuse de nos conciliabules de cette époque. Un jour, dans notre maison de Boucherville, nous avions reçu Coldwell pour une épluchette de blé d'Inde... Je revois Thérèse Casgrain, alors présidente du CCF pour le Québec, avec ses trois rangs de perles au cou, épluchant gaiement le blé d'Inde sur le prélart de la cuisine tandis que l'eau bouillait sur le poêle à bois. Nos enfants, qui n'avaient jamais vu d'Anglais, ni probablement d'aussi élégantes dames que Thérèse, observaient Coldwell avec curiosité. Thérèse avait mis l'un de mes tabliers pour aller porter les épluchures à la poubelle qui se trouvait dehors. Voyant qu'elle m'aidait à la besogne, mes petites filles se rapprochèrent d'elle et lui dirent: *Vous, vous êtes une madame de notre goût!*

À la maison, nous élevions nos enfants sans sectarisme, sans préjugés de race, de classe ou de langue. Nous essayions de leur apprendre à juger les gens sur ce qu'ils sont par eux-mêmes, sur leur valeur et leur sincérité personnelles, même si ces gens ne partageaient pas nos idées. D'ailleurs, malgré nos options politiques différentes aujourd'hui, j'ai toujours conservé une grande estime pour Thérèse car il fallait pour l'époque un courage inouï à une femme de son milieu social (elle était la fille de Sir Rodolphe Forget et avait épousé Pierre Casgrain, qui allait devenir plus tard sénateur) pour s'engager ouvertement au nom d'idées socialistes condamnées par l'Église et tournées en ridicule par la bonne société à laquelle elle appartenait. Plus tard, Thérèse essaya de convaincre des jeunes gens de talent comme Maurice Sauvé, Gérard Pelletier, Pierre Trudeau à devenir candidats. Seul Michel devait accepter de s'engager.

Du PSQ au NPDQ: les mêmes crans d'opposition

Mais à peine Michel siège-t-il à l'exécutif national du CCF qu'il souhaite pour le Québec un sigle et des structures autonomes (déjà, dirait-on, il est séparatiste...). On parle alors du sigle PSD (Parti social démocratique), appellation acceptée lors d'un congrès provincial au Québec. Le PSD devient par la suite PSQ (Parti socialiste québécois) lors d'un congrès spécial au Québec qui consomme la scission du PSQ d'avec le PSD fédéral. Très vite Michel a senti (lors de réunions de l'exécutif fédéral du NPD où il siégeait) se creuser un désaccord profond avec David Lewis, le même désaccord exactement qui opposera, dix ans plus tard, le même Lewis avec Raymond Laliberté au congrès du printemps 1971. Car le CCF, devenu NPD en 1961, a admis en principe l'idée des deux nations grâce à l'intervention acharnée de l'aile québécoise, où siégeaient Roger Provost, Philippe Vaillancourt, Jacques-V. Morin, Jean-Marie Bédard, etc.). Mais c'est une idée restreinte à l'acceptation culturelle des deux nations. Dès qu'il s'agit d'autonomie politique, l'idée des deux nations est aussitôt combattue. Aujourd'hui les *Waffle* et le NPDQ de Raymond Laliberté et de Laurier Lapierre se heurtent exactement aux mêmes crans d'opposition irréductible où Michel s'était buté auparavant.

Pourquoi faut-il qu'à chaque génération, oublieux de l'enseignement des échecs passés, une nouvelle fournée d'hommes jeunes et doués se cassent les uns après les autres le nez au même point névralgique, ou alors tournent autour en faisant semblant de ne pas le voir? N'est-ce pas là aussi le sens de l'œuvre tronquée de Daniel Johnson, notre ancien camarade de l'Action catholique?

Durant ses activités avec le CCF, Michel connaît des démêlés au plan syndical (il est toujours en fonction à la CTCC) avec Jean Marchand qui juge ses idées trop radicales pour le mouvement. Par deux fois, Marchand tente de lui faire perdre son poste mais à chaque fois Michel est réinstallé par voie d'arbitrage (dans l'un des deux cas, c'est même Pierre Trudeau qui arbitrera). Puis c'est à la Fédération des Métallos que les démêlés commencent avec la CTCC, qui condamne ses activités politiques avec le CCF et l'enjoint de quitter la Fédération ou de quitter la politique... Il quitte les deux mais avec peine: *aucun autre parti ne rencontrera jamais, autant que le CCF de cette époque, les exigences profondes de Michel.*

Les Presses sociales: la plus belle convention collective du monde

Visiblement mauvais stratège politique et incapable de compromis, Michel retourne donc pour un temps à son ancien métier de typographe. Il fonde alors, à même la maison, une petite entreprise d'imprimerie qui revêtira le caractère familial, communautaire et artisanal cher à ses goûts secrets et où il rêve d'instaurer entre lui et ses employés le type de relations humaines qu'il a toujours préconisées... La plus belle convention collective de tous les temps s'élabore dans un climat idéal: les Presses sociales sont fondées.

Nous imprimons des tracts, de la documentation syndicale, nous imprimons de jeunes poètes comme Vigneault, Denis Vanier, Claude Péloquin dit Pélo, les essais de Pierre Vadeboncoeur (*L'autorité du peuple*). Six employés y sont à l'œuvre et nous habitons en haut de l'imprimerie. À l'heure de la pause-café, les hommes montent boire une bière autour de la table de la cuisine. Nos enfants sont là, ils nous parlent des leurs... l'entente patron-ouvrier semble mirifique. Malheureusement Michel n'a calculé se réserver qu'un 100$ par semaine pour nous faire vivre... Un beau matin, ayant appris que les employés venaient d'être augmentés et moi pas, je fais irruption à l'imprimerie et demande à voir le patron: «Je cherche un emploi supplémentaire, lui dis-je, devant ses ouvriers, ne pourriez-vous pas m'embaucher? Ce que mon mari apporte à la maison est nettement insuffisant pour faire vivre sept enfants.» «Quel métier connais-tu?» me demande vivement Michel, piqué au vif. Je demeure bouche bée et Michel, absolument furieux, me renvoie à ma cuisine «d'où, crie-t-il pour la galerie, une femme ne devrait jamais sortir!»

Pourtant, chose paradoxale, à cette époque, à son instigation, je me demande sérieusement si je ne serai pas moi-même candidate NPD aux prochaines élections. En tous cas, je cours les assemblées, j'y prends fréquemment la parole au micro. Michel, dans sa retraite, je le sens bien, s'ennuie de ses bains de foule habituels. Pendant ces années de retraite artisanale, il observe et lit beaucoup sur le monde de la construction et se sensibilise au problème de la langue du travail. Quand il remontera sur la scène syndicale, c'est avec les syndicats de la construction qu'il ira tout droit peu après l'affaire de l'échangeur Turcot où, faute de protection élémentaire, sept ouvriers engloutis dans le ciment humide devaient perdre la vie sans que la compagnie n'écope une sentence autre que le simple verdict de mort accidentelle rendu par le juge Jacques Trahan.

Un homme d'espérance...

Aujourd'hui, depuis surtout le mouvement d'opposition au bill 63 et son emprisonnement d'octobre 1970, Michel est redevenu une figure connue du grand public. Il a repris un poste au Conseil central de la CSN (Confédération des syndicats nationaux) dont il est président.

Nationaliste et québécois, Michel l'est toujours avec la même ardeur, mais aussi avec la même lucidité. Quand il songe à tous nos efforts déployés par exemple dans le domaine de l'éducation, il constate que nous n'avons même pas touché, en nous scolarisant massivement, à la racine de notre vrai problème collectif. Le Rapport Parent, pense aujourd'hui Michel, a isolé la question de l'éducation des Québécois de sa dimension nationale et sociale. C'est un rapport qui aurait tout autant valu pour l'Ontario. D'où ses limites et son impuissance à résoudre nos vrais problèmes. «Autrefois, dit-il encore, nous étions catholiques non instruits, unilingues: tous nos problèmes étaient censés venir de là. Aujourd'hui, nous sommes de moins en moins catholiques, nous sommes instruits et bilingues: nous avons toujours les mêmes problèmes.» C'est donc, pense-t-il, ce système qui ne respecte pas la personne humaine qui est vicié à la base et qu'il faut changer. Le slogan capitaliste des libéraux *Qui s'instruit s'enrichit* rend d'ailleurs Michel hors de lui-même: il le trouve d'un matérialisme affreux.

Pour Michel, le socialisme est actuellement prioritaire par rapport au nationalisme. D'où ses distances pourtant sympathisantes vis-à-vis du PQ. D'aussi loin que remonte notre évolution, à l'époque où la dimension chrétienne était englobante, le socialisme a été la façon privilégiée selon laquelle nous pensions qu'il était possible de vivre le partage évangélique fraternel.

Michel n'est pas agressif envers l'Église comme le sont certains anticléricaux inguérissables. Simplement, il a placé ailleurs son espoir immédiat en l'avènement d'un ordre plus juste et plus fraternel. Pour le moment, il n'attend rien du côté de l'Église institutionnelle. De temps à autre, il lit avec curiosité ce qui se passe de ce côté-là: la lettre de Paul VI sur la démocratie le printemps dernier, par exemple, ou celle de nos évêques sur la violence, cet automne, il les a lues avec attention. Mais pour lui, en matière de justice et de réformes sociales, c'est l'ABC de ce qu'il affirmait il y a vingt ans et de ce qu'il aurait fallu dire alors. Il n'est pas déçu, il est même disponible. Simplement, il n'attend pas de prophétisme de ce côté-là jusqu'à nouvel ordre. C'est sans doute aussi le cas de bien des ex-militants de notre génération.

Moi, je suis restée religieuse au sens précis du terme, en ce sens que, si aujourd'hui je n'étais pas chrétienne, je serais bouddhiste ou autre chose, selon ma culture, mais j'aurais une façon très engagée de faire place à la dimension religieuse dans ma vie. D'où mon métier de recherchiste à l'émission *5D* à Radio-Canada. Michel, lui, n'a pas besoin de cadres de ce genre. Il n'est pas resté religieux au sens courant et traditionnel du mot parce qu'il a toujours été surtout un *homme d'espérance*. C'est un homme dont les échecs n'ont pas raison, un homme de foi qui se relève toujours, un homme au tempérament heureux qui accepte volontiers de recommencer à zéro aussi souvent qu'il le faut. C'est pour cela que la prison et les vexations qu'il a subies n'ont pas eu raison de lui. Peu après sa libération, notre fille Marie-Andrée est morte accidentellement. Nos enfants, comme tous ceux de la nouvelle génération, ne sont peut-être pas ce qu'on appelle des pratiquants mais, spontanément, tous ont décidé que les funérailles de leur sœur devaient être faites à l'église. Et c'est Michel, tourné vers nous, qui a tiré de lui-même un monologue sur la Vie éternelle et l'Espérance de ce temps, qui valait, pour moi et les enfants, toutes les homélies de la terre.

Après le désastre de Saint-Jean-Vianney, les artistes qui se rendaient à Chicoutimi pour un gala-bénéfice au profit des familles éprouvées lui ont demandé de venir prendre la parole avec eux. J'accompagnais Michel. La salle était pleine à craquer, les policiers l'entouraient, ayant reçu ordre, me confiaient-ils, d'intervenir pour couper les micros ou se saisir de lui au cas échéant… alors Michel s'est avancé sur scène et il a simplement lu à la foule réunie deux beaux passages de *Menaud*.

1

LES PREMIÈRES MILITANCES

«*Voir, juger, agir*»

SUZANNE CLOUTIER-ROCHER

Ma rencontre avec Simonne Monet remonte à loin. Ancienne élève au couvent des sœurs des Saints-Noms de Jésus et de Marie, Simonne venait initier les nouvelles recrues de l'équipe de la Jeunesse étudiante catholique (JEC) dont je faisais partie, ainsi que Charlotte Boisjoli, à la méthode «Voir, juger, agir». Cette technique avait pour but d'assurer l'efficacité de l'action communautaire dans le milieu, d'apprendre aux responsables à voir les faits, les problèmes réels, à ne pas se laisser guider trop vite par les principes, à analyser les faits permettant l'insertion de la théorie dans la réalité.

Je ne sais pas si Simonne appliquait trop bien cette méthode à son entourage, mais elle me racontait qu'à l'époque de ses études au pensionnat Marie-Rose, quelques années auparavant, elle fréquentait beaucoup les corridors, en pénitence ou en visite chez la directrice à expliquer sa conduite. Elle riait de bon cœur en parlant de cela, ayant fait la paix avec son pensionnat!

Suzanne Cloutier-Rocher a été dirigeante de la JEC de 1942 à 1944. Diplômée en service social de l'Université de Montréal, elle a milité entre autres à l'Association des parents d'Outremont, à la Fédération des femmes du Québec, à la Voix des femmes et à la Ligue des droits et libertés. Elle est aussi auteure pour la jeunesse.

La JEC et ses structures

Au début des années 1940, les structures diocésaines[1] de la JEC relevaient, à Montréal, des pères jésuites. Tout le reste du Canada dépendait des pères de Sainte-Croix. Par la suite, Mgr Joseph Charbonneau, au début de son mandat comme archevêque de Montréal, unifia les deux JEC et en confia la responsabilité aux pères de Sainte-Croix.

Au pensionnat Marie-Rose, j'eus donc droit à deux formations de base: celle des pères de Sainte-Croix (représentés par Simonne), formation chrétienne plus sociale, axée sur le milieu étudiant, et celle des pères jésuites, plus traditionaliste, tournée vers la formation personnelle et le salut individuel.

Lors de nos réunions au couvent, Simonne respectait les divisions hiérarchiques et venait nous voir à titre d'ancienne élève de Marie-Rose et non comme propagandiste de la JEC nationale. Pour ma part, j'assistais aux journées d'études diocésaines sous la gouverne de l'équipe animée par les pères jésuites. Je ne connaissais donc pas les dirigeants et dirigeantes de la Centrale de la JEC, sise alors à la Palestre nationale (aujourd'hui l'Agora de la danse).

Les hasards de la vie ou les voies de la Providence

Cette découverte se fit l'hiver suivant, peu après la fin de mes études à Marie-Rose. Par hasard, je rencontrai Simonne dans la rue. Je ne travaillais pas encore à l'extérieur, mes parents me jugeant trop jeune pour cela. Quand Simonne se rendit compte que j'étais libre, elle me proposa de travailler pour elle comme secrétaire, à titre bénévole. J'acceptai.

C'est ainsi que j'entrai au sein de l'équipe nationale de la JEC. En plus de Simonne Monet, j'y connus Benoît Baril, Alec

---

1. Le diocèse est une unité de division territoriale propre à l'organisation de l'Église catholique. À la tête de chaque diocèse se trouve l'évêque titulaire.

Leduc, Gérard Pelletier, Suzanne Manny, Françoise Baril, Jacqueline Rochette, Arcade Roy, Gérard Brassard, sans oublier les aumôniers: les pères Émile Deguire, c.s.c. et Germain-Marie Lalande, c.s.c.

Le plus souvent, j'allais travailler chez Simonne dans sa belle grande maison d'Outremont. Elle me dictait son courrier, rédigeait des textes pour les bulletins d'action de la JEC ou même des articles pour le journal étudiant. Elle n'était pas une littéraire, mais savait manier les idées et les exprimer clairement. J'ai beaucoup appris à son contact.

Les vingt et un ans de Simonne

Parmi les souvenirs de cette période heureuse, je me rappelle la fête grandiose qui eut lieu chez Simonne à l'occasion de son vingt et unième anniversaire de naissance (c'était, à l'époque, l'âge de la majorité légale). En plus des parents et amis, toute l'équipe nationale de la JEC y participait. À mon arrivée chez elle, Simonne, en robe de bal, trônait seule sur le divan du salon. J'étais si intimidée par cette nouvelle Simonne à l'élégance et au charme impressionnants que je restai figée sur place. Elle m'appela en riant moqueusement: «Viens m'embrasser, je ne te mangerai pas!»

Ce soir-là, en plus du magnifique buffet, nous avons eu droit aux premières chansons sur disque de Charles Trenet, une nouveauté au Québec apportée par Gérard Pelletier. Nous étions encore en guerre et nos relations avec la France étaient coupées. Tout ce qui nous arrivait de la mère patrie avait une saveur de printemps. Et la jeunesse gardait ses droits. On s'amusait!

D'autres importants souvenirs de cette époque me rattachent à Simonne et à l'équipe de la Centrale de la JEC: découverte de la littérature, des divers mouvements de pensée religieuse, philosophique, politique et sociale et de l'internationalisme.

Le cœur en premier

Il y a des souvenirs plus sombres aussi, lorsque Simonne décida de son avenir. Elle aimait Michel Chartrand et désirait l'épouser mais ses parents n'étaient pas d'accord. Ils estimaient Michel, mais doutaient que ce jeune typographe puisse apporter la sécurité financière à leur fille, habituée à l'aisance. Le juge et Mme Monet se cherchèrent des alliés auprès de plusieurs évêques amis de la famille et des membres de l'équipe de la JEC.

Simonne se sentait déchirée dans ses amours. Après une retraite à l'extérieur de Montréal (c'était la mode à l'époque), elle décida d'écouter son cœur. Son mariage avec Michel Chartrand signa son départ de la Centrale de la JEC. Ce fut une grosse perte pour l'équipe[2]. Dans cette importante décision qui la concernait, Simonne fit montre d'une remarquable indépendance d'esprit et de beaucoup de détermination. Peu de jeunes filles, à cette époque, auraient résisté à la pression du milieu. On devinait déjà la femme qu'elle deviendrait.

J'assistai au mariage à la chapelle de l'église Notre-Dame de Montréal. L'union fut bénie par le chanoine Lionel Groulx. Comme la chroniqueuse mondaine le soulignait, Simonne ne portait pas la robe de mariée traditionnelle, satin blanc avec traîne et voile, mais plutôt la robe offerte par sa mère, lors des célébrations du 25e anniversaire de mariage de ses parents. Ce fut un mariage simple, sans fla-flas, comme elle-même le désirait. Le couple s'installa sur la Rive-Sud.

Trente ans plus tard

Plus de trente ans plus tard, en 1972, après une réunion chez les pères dominicains à laquelle nous assistions, j'invitai Simonne à prendre un verre chez moi. C'était la première fois que nous

---

2. Voir, à la fin de ce texte, la lettre de Simonne à Jacqueline Rathé, du diocèse de Saint-Hyacinthe, qui prit sa relève comme propagandiste nationale.

nous retrouvions toutes les deux, en tête à tête, depuis nos années de jeunesse. En confidence, je lui demandai si elle avait
regretté, dans les moments difficiles, d'avoir misé sur Michel.
Sans hésitation, elle s'est écriée dans le même élan que le jour
de son mariage: «JAMAIS!» Pourtant, la vie n'avait pas été
facile: grossesses nombreuses, pauvreté, emprisonnement de son
mari, militantisme de combat à ses côtés, perte d'une enfant,
maladie, etc. Elle ne regrettait rien.

Ce soir-là, Simonne, assise seule sur mon divan, me rappelait la Simonne de ses vingt ans, dans la splendeur de la maison
de ses parents. Elle avait toujours son beau visage sensible et
intelligent, son allure élégante, sa vivacité d'esprit et son rire
moqueur. Son regard trahissait cependant une vulnérabilité
nouvelle, très émouvante. La vie l'avait marquée. Elle n'en était
que plus attachante.

Un style de vie

L'engagement que Simonne a pris dans sa jeunesse envers le
laïcat dans l'Église et l'action sociale est devenu pour elle une
manière de vivre. L'action catholique étudiante engageait le présent. Tout en préparant l'avenir, l'étudiant, l'étudiante devait
vivre le mieux possible le présent, en conformité avec ses valeurs
et sa foi. La messe était un acte social, une communauté d'êtres
vécue en union avec le reste du monde. C'était emballant pour
un jeune de croire, de participer au règne du Christ et au changement social de la société du XXe siècle.

Mais en même temps que nous espérions un changement et
souhaitions une participation accrue des fidèles au sein de
l'Église et dans la société d'alors, nous gardions le lien avec les
générations précédentes, en continuité avec l'histoire, sans rupture avec celle-ci. Nous demeurions dans le confort de la tradition et de l'héritage de l'histoire, ce qui nous permettait d'être
audacieux et novateurs sans mettre en cause l'essentiel, appuyés
en cela par nos aumôniers.

Cependant, pour les traditionalistes de l'Église, tout changement, même marginal, était inquiétant. Leur opposition s'exprimait le plus souvent sur des vétilles. L'action catholique étudiante ainsi que les autres mouvements d'action catholique en ont souffert.

N'importe, on peut dire que les mouvements d'action catholique ont formé une génération de jeunes croyants engagés dans la réforme de l'Église, l'action sociale, le développement communautaire porté jusqu'aux confins de la terre, tout comme ils ont formé une génération de chercheurs, de professeurs, d'hommes et de femmes politiques pour lesquels importait le progrès spirituel, social et humanitaire, du Québec, du Canada et du monde.

Simonne était du nombre, en tant que femme, épouse, mère, militante et communicatrice. Toujours, elle a merveilleusement incarné ce style de vie. Elle l'a fait à sa façon: avec panache, générosité, désintéressement, ténacité, courage et intelligence créatrice. Jamais elle n'a baissé les bras. Militante de combat, elle s'est souvent retrouvée la première aux barricades à témoigner des valeurs chrétiennes et sociales qui l'animaient. Elle faisait des vagues et cela déroutait parfois son entourage! Tout en militant avec fougue et passion, Simonne savait aussi développer des solidarités et créer des liens d'amitié fidèle. À preuve...

Une communicatrice-née

Je ne peux brosser ce portrait de Simonne sans souligner son éloquence naturelle. C'était une comédienne-née et elle avait beaucoup d'aisance et une grande présence sur scène ou même dans la salle, parmi l'auditoire. Elle parlait le plus souvent sans texte et improvisait selon son public. Ses entrevues étaient profondément humaines et chaleureuses. Elle portait témoignage de ce qu'elle était et sa personnalité crevait l'écran.

C'est avec plaisir que j'ai appris que ma fille Anne-Marie

avait enregistré sur vidéo une des causeries de Simonne, peut-être la dernière, en octobre 1992, à l'occasion du congrès de l'Association canadienne d'éducation à la place Bonaventure. Cette vidéo inédite a été filmée pour le compte de TV Ontario. Espérons qu'il nous sera donné un jour de la voir sur nos écrans.

Une démocrate et une féministe

Je tiens à souligner ici le service que Simonne m'a rendu en m'associant à son engagement de jeunesse à la JEC. Je lui dois en partie l'engagement social de ma vie.

Si Simonne avait voulu s'entourer de disciples, j'aurais sans doute été l'une d'elles; Simonne avait trop le sens de la démocratie pour procéder ainsi. De plus, elle a toujours cru à l'égalité dans les rapports humains. Elle respectait les convictions des autres et faisait confiance au jugement des personnes avec qui elle travaillait. Elle aimait la liberté et croyait à la responsabilité de chacun, chacune.

Je l'ai constaté moi-même à plusieurs reprises. Ainsi à la Voix des femmes, lorsqu'elle m'a demandé d'organiser la soirée du cinquième anniversaire où plus de trois cents personnes remplissaient à craquer le Centre social de l'Université de Montréal, et à laquelle assistait Lanza Del Vasto, elle m'a laissé carte blanche. Et encore, à la Ligue des droits de l'Homme, où j'ai travaillé aux côtés de Simonne pendant vingt-six semaines à la refonte des règlements, j'ai constaté combien elle était démocrate et féministe, sachant écouter le point de vue de chacun et défendant les droits des plus faibles. Ce travail d'équipe amena l'assemblée générale à adopter un nouveau nom: la Ligue des droits et libertés. Et encore, et encore.

Loyauté, confiance, partage des responsabilités, sens de la liberté et de la justice animaient Simonne dans sa relation à autrui et dans l'image qu'elle projetait de la féminité.

Je fais miennes les paroles d'Hélène Pelletier-Baillargeon, lors des funérailles de Simonne: «C'est parce qu'elle a toujours su honorer dans ses paroles et ses actes l'obscur travail des femmes que Simonne aura peut-être été, parmi les grandes figures du féminisme québécois, la porte-parole la plus crédible.»

Dernier geste d'amitié

Mon dernier souvenir d'elle est lié au lancement du dernier tome de *Ma Vie comme rivière*. Quelque temps avant le grand soir, elle m'a téléphoné, me prévenant que, dans ce livre, elle avait publié deux courtes lettres de moi. Surprise agréable!

J'ai assisté au lancement, en novembre 1992, par une pluie diluvienne. Il fallait posséder le sens de la fidélité et de l'amitié pour y assister. Nous étions très nombreux et nombreuses à l'entourer. Elle était souffrante, tenait à peine sur ses jambes, deux amies devant la soutenir. En dépit de cela, elle signa des dédicaces toute la soirée pour ses ami-e-s, buvant une tisane comme champagne!

Quelques jours plus tard, nouvel appel de Simonne, me remerciant de ma présence au lancement et s'excusant de ne pas avoir été une bonne hôtesse! Nos routes ne se croisaient plus guère ces dernières années. Dernier geste d'amitié dont je garde le meilleur des souvenirs... Merci Simonne.

*
* *

Lettre de Simonne Monet à Jacqueline Rathé

Rouyn, 16 septembre 1941

Ma sœur amie,

Je viens d'arriver ici, via Ville-Marie, rencontrer Mme Gaudet-Smet qui donne là des cours les fins de semaine. La tête me brûle de projets, d'expériences, d'idées diverses. En ce moment je suis seule, apparemment seule, car je sens la forte et précieuse présence de mon bien-aimé, et aussi l'amitié véritable de mes ami-e-s de la Centrale.

Jacqueline, j'ai pris un bon contact avec la maman Duchemin et la si bonne Colette. Je n'ai pu m'empêcher de travailler au mouvement en Abitibi en remettant à Colette le fruit de toutes mes expériences de la JEC. Ce fut mon testament en faveur de l'Action catholique.

J'ai rencontré Mgr Desmarais. Il était prêt à m'organiser une tournée de propagande à travers tout le diocèse. Ça m'a tentée quelques minutes, mais… autre est mon devoir d'État maintenant. Et je veux bien le remplir.

Je vis dans un continuel état de foi chrétienne, remettant à Dieu et à ceux qui m'aiment le soin de mon amour. N'oublie pas la charge que tu en as. Elle est grande puisque ce trésor est immense et éternel. *Rejoins Michel pour lui dire que je l'aime.* Donne de mes nouvelles à maman.

Unissons-nous.

Simonne

Propagandiste de la JEC

SUZANNE MANNY-MARIER

Dans un de ses livres, Simonne Monet-Chartrand a fait repro-
duire sa carte de membre de la Jeunesse étudiante catholique
féminine (JECF) attestant de son poste de propagandiste générale. Ce titre, qui peut faire sourire aujourd'hui, coiffait une
responsabilité réelle qui fut certainement le point d'ancrage de
ses engagements futurs. Les propagandistes visitaient les établis-
sements scolaires, parlaient du mouvement, suscitaient la formation de petites équipes locales qui allaient plus tard se fédérer au
niveau diocésain. Il fallait alors garder le lien avec les responsables diocésaines. Travail exigeant qui entraînait de nombreux
déplacements et supposait conviction et ferveur.

Comment Simonne s'est-elle retrouvée à ce poste? Comment a-t-elle envisagé son mandat? Comment l'a-t-elle réalisé?
J'avoue que je découvre les réponses beaucoup plus dans son
autobiographie que dans ma mémoire, même si je me trouvais
également au secrétariat national à cette époque. C'est, je crois,
que j'étais totalement prise par mon travail à la rédaction du
journal *JEC*, organe de la Jeunesse étudiante catholique.

Suzanne Manny-Marier a été présidente de la JECF de 1939 à 1941. Par la suite,
elle a travaillé bénévolement auprès de personnes handicapées, de femmes
enceintes en difficulté et dans une maison de soins palliatifs.

Certes, je revois facilement la belle grande fille rieuse qui se joignait alors à nous. Je me souviens qu'elle parlait d'abondance, ce qui m'impressionnait et m'agaçait quelquefois. Mais cette première image s'estompe devant celles, successives, d'une même Simonne à différentes étapes. En effet, de courtes années d'engagement commun à la JEC avaient donné naissance à une amitié, une sorte d'affection fraternelle qui devait survivre à l'éloignement, aux divergences de vues, aux longs silences.

Nous nous retrouvions avec plaisir de temps à autre. Ainsi, j'acceptais spontanément de l'accompagner en novembre 1992 à une séance de signature, ici, à Québec. Elle n'a pas pu venir...

Je me reporte à ce temps où nous nous sommes connues à la Centrale de la JEC et le souvenir me revient des difficultés que lui causaient les réticences de ses parents face à son engagement. Il nous arrivait souvent de la voir s'éclipser d'une séance de travail parce qu'un coup de téléphone l'avertissait que la voiture familiale l'attendait à la porte. Les parents Monet, marqués par le décès de leur fils aîné Roger, emporté par la tuberculose à vingt ans, tremblaient pour la santé de Simonne et la contraignaient à un repos complet. Elle s'y plia pendant un temps, peut-être inquiète elle-même, puis, un jour, me fit cette réflexion: «Pendant vingt ans, mes parents et mon frère Roger n'ont eu qu'un souci: préparer son avenir. Son avenir! Il n'en a pas eu... Moi, j'ai décidé de vivre maintenant, un jour après l'autre, et d'être utile.»

Cette confidence de ses dix-neuf ans me revient en mémoire au moment où je lis le dernier tome de *Ma Vie comme rivière*. À plusieurs pages de son journal intime, quelquefois dans un moment de fatigue ou de mauvaise santé, Simonne exprime la même ténacité et avec à peu près les mêmes mots.

Courageuse fidélité à elle-même!

Naissance des mouvements de foyers

JEANNETTE ET GUY BOULIZON

Nous nous en souvenons comme si c'était hier... Nous avions quitté la France à la veille de la guerre, jeunes mariés, prêts à toutes les découvertes...

Des gens importants, le sénateur Raoul Dandurand en tête, l'initiateur de ce grand projet, nous avaient demandé de venir à Montréal, avec une toute petite équipe, fonder un collège pour les garçons (la mixité n'était pas encore à la mode!). Naïfs, présomptueux, pleins de projets, nous débarquions, ignorant tout de ce que l'on appelait encore le Canada français.

Nous nous étions donnés corps et âme à cette merveilleuse aventure, à la fondation du collège Stanislas à Montréal qui, nous le souhaitions, serait appelé à jouer un rôle décisif dans l'évolution du futur Québec. Nous étions installés dans un vieil entrepôt désaffecté de la compagnie Bell et les Jésuites du collège Jean-de-Brébeuf nous regardaient en souriant du haut de leur montagne et de leur fronton corinthien. Le mépris était

---

Jeannette et Guy Boulizon ont débuté comme professeurs au collège Stanislas. Par la suite, Guy Boulizon s'est aussi fait connaître comme auteur pour la jeunesse, éditeur et professeur d'histoire de l'art à l'Université de Montréal. Simonne a été son élève.

total! Pourtant, nous l'espérions, on tiendrait le coup... l'aventure était assez exceptionnelle pour que l'on s'y donne à plein.

À ces mois exaltants du début de notre aventure, se mêlait, curieusement, une sensation omniprésente d'étouffement. Alors que nous ouvrions une fenêtre sur ce fascinant Nouveau Monde, plein de fraîcheur et de découvertes, les parents de nos jeunes élèves ne cessaient de nous expliquer pourquoi on nous avait fait venir, pourquoi ils nous confiaient leurs fils, pourquoi ils comptaient tant sur nous pour élargir les frontières de la culture et de l'éducation.

Ces sentiments d'étouffement, d'issue bouchée, d'avenir impossible pour leurs enfants, les parents d'élèves, devenus bien vite nos amis, s'efforçaient de nous les faire ressentir. Ils nous recevaient souvent, nous permettant de nous intégrer harmonieusement dans ce qui allait devenir notre pays d'adoption. Nombre d'entre eux nous parlaient de l'éducation qu'ils avaient reçue dans les collèges classiques de l'époque. C'étaient des avocats, des notaires, des médecins, des professeurs. C'est à cette époque que nous avons été accueillis chez M. le juge Amédée Monet. Il avait inscrit son fils Amédée en 6ᵉ (éléments latins du temps). Après les présentations, le juge avait ajouté, clignant de l'œil: «J'ai aussi une fille, Simonne... c'est quelqu'un!» (Nous apprendrions, au cours des ans, à admirer l'affectueuse connivence qui liait le père et la fille.) Cette étonnante Simonne, nous devions bien vite la rencontrer, avec sa mère et son frère. Nous allions la retrouver ensuite dans tous les lieux que nous fréquentions, aussi bien avant qu'après son mariage. On la vit, on la revit... Entre nous, le courant passa instantanément.

L'atmosphère des collèges classiques

Le juge Amédée Monet, avec nombre de ses amis, reprochait aux collèges classiques de n'avoir pas su les orienter vers la vie moderne. Parmi tous ses collègues des professions libérales, il se trouvait bien peu d'hommes d'affaires, peu de scientifiques, peu de spécialistes des sciences humaines. «Ouvrez des options de mathématiques, nous disait-il. Faites de la chimie, de la biologie surtout. Fermez les classes de grec et de latin... Mais, pour la langue française, mettez-y *le paquet*. Là, vous n'en ferez jamais trop.» Simonne renchérissait. Elle nous parlait de son couvent Marie-Rose, où elle s'exerçait à écrire, ce qui la passionnait. Elle nous disait tenir son journal, et aurait pu faire sien ce que le sénateur Dandurand nous répétait toujours: «Apprenez à vos élèves à écrire en français, à rédiger un texte, à se créer un style personnel, bref *à écrire.*»

Tout cela nous plaisait. C'était en plein dans la ligne de ce que nous voulions faire. Et, pour être mieux renseignés, nous nous sommes mis à visiter des écoles, des couvents, des collèges classiques. Avec beaucoup de prudence car, à ce niveau, nous étions vus comme de sérieux concurrents. Nous notions toutes sortes de choses, nous constations que nous aurions intérêt à nous inspirer de telle ou telle initiative. Beaucoup de ces rencontres nous ont paru sympathiques et intéressantes. Mais en même temps, nous commencions à nous rendre compte de ce que voulaient nous suggérer Simonne et son père, de tout ce qui n'allait pas vraiment dans le système éducatif, de tout ce que raconteraient abondamment les romans de Robert Charbonneau, Claire Martin, Robert Élie et, plus tard, Denise Bombardier... C'était toute une idéologie des collèges classiques, tout un climat qu'il nous était demandé, par ceux qui nous avaient fait venir, d'élargir, d'ouvrir au monde moderne.

Un soir, en présence de Simonne, on nous avait dit abruptement: «Quelle sera votre méthode d'enseignement?» Réponse aussi abrupte: «La compétence d'abord, et en enchaînant, la communication ensuite... et si possible, la créativité.» Désormais, on nous connut sous le nom de «la méthode des trois C». Une méthode à appliquer tout doucement, par étapes, un petit boulot quotidien... ce sera la méthode que Simonne choisira quand elle éduquera ses sept enfants.

Simonne, nous l'avons dit, se plaignait elle aussi de l'atmosphère qui régnait dans les maisons d'enseignement. Dans le premier tome de ses mémoires, on peut lire ses réflexions, écrites en septembre 1938, peu de temps avant nos conversations sur le sujet. Elle y rend un fervent hommage aux religieuses qui l'ont éduquée:

> Elles étaient dévouées, pleines de bonne volonté, faisaient de leur mieux. Je leur dois beaucoup et je les respecte. [Mais elle regrette] la morale austère et janséniste, l'enseignement religieux basé sur les livres de théodicée et d'histoire de l'Église en usage dans les Grands Séminaires. Elles nous éduquent comme si nous étions toutes de futures novices [...]. Je remarque que les sœurs enseignantes se sentent intellectuellement inférieures aux frères enseignants [...] aucune d'elles n'a pu jusqu'à maintenant faire des études classiques. Il n'y avait pas de collège classique pour les filles [...]. Certaines religieuses sont des «bonnes sœurs» plus que des personnes autonomes [...]. Je ne serai jamais religieuse. (*Ma Vie comme rivière*, tome 1, p. 206)

Il ne faudrait pas conclure de ces quelques lignes que Simonne tombait dans l'anticléricalisme! Bien formée à la Jeunesse étudiante catholique, avec notre amie Alec Pelletier et beaucoup d'autres, sa foi rayonnante et agissante nous était un stimulant quotidien. Sa foi chrétienne — inséparable de son amour pour Michel — aura été le grand moteur de sa vie.

Les Ataffs et la spiritualité conjugale

«Pour moi, la foi c'est comme l'amour, il faut l'alimenter. Ça doit aider à mieux vivre. Comme l'amour, c'est un mystère, une expérience vitale.» (Tome 3, p. 51)

Dès avant son mariage, et dès ses fréquentations avec Michel, la question de la spiritualité conjugale a été en première place des préoccupations de Simonne. Il n'était pas toujours facile de mener une vie conjugale épanouie au milieu de l'atmosphère moralisatrice du temps. L'Église établie faisait totalement sienne l'encyclique *Casti connubii* et enseignait aux couples l'obligation de mettre au monde autant d'enfants qu'il leur était biologiquement possible d'en avoir... Les mouvements d'action catholique étaient «une sorte de réduction de la spiritualité monastique à l'usage des laïcs: mortifications, détachement des choses terrestres en vue d'accéder aux valeurs spirituelles, etc.». (*Maintenant*, octobre 1971) Comment concilier ces principes avec «l'angoissante question de la régulation des naissances, avec son cortège d'insomnies, de surmenage, de privations et de lourdes interrogations qu'elle posait à notre foi». (*Ibid.*) Et Simonne continue: «d'instinct, Michel pressentait déjà ce que les théologiens du Concile ont formulé longtemps après: à savoir que ce n'est pas en fuyant leurs réalités quotidiennes que les chrétiens vivent vraiment l'Évangile». (*Ibid.*, p. 263)

En attendant le concile de Vatican II, Jacques de Lacretelle, en France, écrivait: «La sexualité est un mot qui effarouche, parce qu'on n'ose considérer le sujet en face et que l'hypocrisie, ou même les nécessités sociales, ont peu à peu déformé la question.» (Cité dans le tome 3, p. 98) La morale conjugale restait fort répressive. Les cours de préparation au mariage, très prisés par les futurs époux, étaient dispensés par des clercs d'Ottawa, qui avaient la main haute sur tout ce qui se publiait. Des prêtres théologiens supervisèrent les cours, jusqu'au jour où le Dr Paul David et sa femme, Lili Maillard-David (Anne-Marie David), prirent l'initiative de structurer un nouveau modèle... ce qui ne nous dispensait pas de soumettre nos textes aux autorités ecclésiastiques. L'abbé Paul Grégoire (notre futur archevêque) causa tout un émoi le jour où il nous demanda s'il pouvait amener chez nous un groupe de ses étudiants, «pour une franche discussion». Dans une joyeuse mixité, ces fiancés nous posèrent toutes sortes de questions directes, auxquelles il fallut bien répondre... Inutile d'ajouter que leurs interrogations sur la continence embarrassaient leur aumônier plus que nous...

C'est que nous avions déjà pris conscience de la nécessité

de former des groupes de foyers, à l'intérieur desquels on pourrait discuter de toutes les questions qui touchaient les jeunes couples en recherche d'une véritable spiritualité conjugale.

Notre premier groupe fut fondé autour de celui que nous appelions affectueusement «le Père», l'abbé Robert E. Llewellyn. Collègues au collège Stanislas pendant plusieurs années, nous avions fait avec lui beaucoup de scoutisme et participé à la naissance du Clan Saint-Jacques[1], dont la spiritualité, forgée au long des routes de la province, servira de ferment au groupe des Ataffs. Ce nom bizarre avait été choisi par le père, en pensant à cette tribu africaine dont le nom signifie «la tribu qui ne veut pas mourir». Et mourir, certes, nous ne le voulions pas! Nous avons gardé les noms et les dates de naissance des premiers rejetons des fondateurs: à l'exemple des Chartrand qui annonçaient cinq enfants en cinq années de mariage, nous faisions tous de notre mieux, tout en essayant d'appliquer la méthode Ogino-Knaus! Mais comme l'a dit spirituellement Simonne: «Voilà, c'est très simple! Il suffit d'être femme, d'avoir des menstruations régulières, un crayon et un calendrier, des notions de calcul exact […] ou mieux un mari comptable présent à la maison et actif au lit aux bonnes dates […].» (Tome 2, p. 250) Une photo prise chez nous, au pied de l'arbre de Noël (reproduite dans le tome 2, p. 323) avec toutes les familles Ataffs, montre bien que «les maris étaient parfois actifs aux mauvaises dates et qu'ils n'évitaient pas les relations trop affectueuses et tout contact vraiment sexuel». (Tome 2, p. 250)

Ces jeunes ménages de la photo, ce sont, avec les Chartrand et nous-mêmes, le chef scout Louis Pronovost et sa femme Gisèle, le couple médecin André et Claire Mackay, Alec et Gérard Pelletier, ainsi que Benoît et Madeleine Baril, qui venaient tous de la JEC, comme les Varin, les Boisvert et quelques autres…

---

1. Branche aînée du mouvement scout, les Routiers, réunis en clans, privilégiaient la randonnée pédestre.

Nous avons encore souvenance des fins de semaine passées au Relais, le chalet qu'avait fait construire l'abbé Llewellyn à Val-Morin, le long de la Rivière du Nord. Le sentier qui y menait, en plein bois, passait tout à côté de notre modeste camp. Avec l'incontournable Ambroise Lafortune, l'aumônier des scouts, inéluctablement présent à toutes nos réunions, on pouvait à la fois plafonner bien haut et rigoler de tout son cœur. C'est au cours de ces journées — et de ces nuits («pensez donc, ils couchent ensemble, mari et femme, chaque ménage a sa chambre») — qu'a été peu à peu élaborée une spiritualité laïque adaptée aux problèmes québécois.

On discutait ferme. Nous lisions des livres de psychologie, de philosophie, Isabelle Rivière, avec son *Bouquet de roses rouges* et le fameux *Devoir d'imprévoyance*, qui nous agaçait beaucoup — comme il agaçait Michel et Simonne, qui trouvaient que «ce beau devoir d'imprévoyance convenait mieux aux gens à revenu fixe qu'au monde insécure des salariés». (*Maintenant*, octobre 1971, p. 276) On travaillait sur *Jalons pour une théorie du laïcat* du père Congar, sur les revues françaises *Esprit, Temps présent* et, surtout, *L'Anneau d'or*, la revue des équipes Notre-Dame que venait de fonder l'abbé Caffarel.

L'École des parents

Simonne l'a dit dans une conférence à Longueuil: «J'ai la conviction profonde qu'il est de plus en plus urgent que les laïcs mariés se rencontrent, parlent et discutent entre eux de leur vie de couple et cela à l'intérieur de leurs propres organisations non dirigées par des ecclésiastiques, tous des célibataires...» (Tome 2, p. 329) Et elle ajoutait: «L'amour sincère exige honnêteté intellectuelle et purification du cœur. Son meilleur atout est le dialogue ouvert, cordial, sans préjugé ni orgueil [comme du temps de nos premières rencontres, quand] nous étions "tombés en amour". J'ai toujours trouvé inexacte cette expression qui souligne la chute, le renversement [...]. On devrait dire "s'élever en amour", comme l'on dit à l'École des parents du Québec: s'élever pour élever.» (Tome 2, p. 333)

Cette École des parents avait été créée quelques années plus tôt. La fondatrice, Claudine Vallerand, se préoccupait, comme nous, de l'épanouissement de ses enfants, dont l'aîné avait été inscrit au collège Stanislas. Elle collaborait beaucoup à la pédagogie que nous essayions de mettre en application. Elle avait pris contact avec l'École des parents de France, dont nous-mêmes avions entendu parler avant notre départ en termes assez dithyrambiques pour que nous nous soyons dit: «Quand nous serons mariés, nous y militerons.» Mais les choses s'étaient précipitées: nous avions été envoyés au Québec et la guerre avait été déclarée.

René et Claudine Vallerand, avec un groupe de parents fondateurs, ouvrent en premier lieu la Maternelle Vallerand. Cette maternelle servira de creuset pour les nouvelles expériences pédagogiques que l'on veut développer. Très vite, nous nous mêlons au groupe, passionnés par les idées neuves qui s'y brassent. Et pourquoi ne pas les essayer, dans nos classes, au collège Stanislas? Simonne eut vent de cette initiative par son frère Amédée. C'était bien son genre, cela lui plut: ne pas se payer de mots, faire du concret.

Deux fois par mois, à 8h30, les parents étaient invités à assister (nous n'avons jamais osé les faire participer...) à la classe de leurs enfants. Ils s'installaient au fond de la classe et regardaient comment nous fonctionnions. Ils voyaient nos méthodes, notaient, découvraient l'approche pédagogique, s'étonnaient parfois, et savouraient lorsque leur enfant brillait par ses réponses. Ensuite, ils posaient des questions: «Pourquoi ceci? Pourquoi cela?» Cette expérience «portes ouvertes» nous enrichissait tous.

Cette pédagogie nouvelle intéressait vivement les membres de l'École des parents. On en parla bientôt lors de grandes conférences publiques qui réunissaient de sept à huit cents personnes, dans la salle Saint-Stanislas, pour des cours hebdomadaires donnés par ce que Montréal avait alors de mieux à offrir.

Il y avait là des médecins célèbres comme Paul Letondal, des pédiatres comme le Dr Albert Guilbault, le neurologue Jean Saucier, des psychologues comme le père Mailloux, des éducateurs comme René Guénette et Esdras Minville de l'école des Hautes Études commerciales, des femmes aussi célèbres que Thérèse Casgrain et Thérèse Dupuy, et bien d'autres dont les noms apparaissent sur les programmes de ces années charnières. Dans la revue *Maintenant* (octobre 1971, p. 286), Claudine Vallerand précise les buts de cette école, dont la devise était «S'élever pour élever»:

> [...] Nous demeurions confiants dans les techniques d'action auxquelles nous avions recours depuis toujours, dans les valeurs que nous avions servies pour la promotion de la famille [...]. Les couples [qui formaient] l'École des parents [étaient] libres, indépendants, affranchis du cléricalisme, assumaient à plein leurs responsabilités dans les domaines où pouvaient servir leurs compétences.

Aucun sujet n'était tabou: nous avons encore en mémoire une célèbre conférence de notre aumônier, l'abbé Irénée Lussier (futur recteur de l'Université de Montréal, «monseigneurisé» entre temps), qui, devant un auditoire de plus de 1000 personnes, avait osé parler de sexualité conjugale...

L'École des parents avait été fondée après une constatation curieuse et décevante: pour être médecin, il faut sept années de préparation, pour être général, il faut connaître la stratégie militaire, pour être pompier, il faut être allé au feu, mais pour être parent, c'est-à-dire pour élever et former la chose la plus délicate et précieuse qui soit, un enfant, aucun apprentissage n'est nécessaire. La bonne volonté suffit pour improviser le «métier» de parent. C'est pour remédier, un tant soit peu, à cette situation que l'École des parents s'était mise à la tâche. Elle avait essaimé à travers la province et Simonne avait participé à la fondation et à l'animation de la section de Longueuil. «Pour moi, écrivait-elle, la maternité n'est pas qu'une vocation, c'est aussi une profession.» Et elle ajoutait: «Il faut être bien qualifiée pour l'exercer, donc lire et étudier sur divers sujets de puériculture, de psychologie, de nutrition, d'éducation.» (Tome 2, p. 289)

Les programmes annuels des Écoles de parents reflétaient bien ces préoccupations. On y retrouve des sujets aussi diversifiés que «L'éducation nouvelle» en 1940, «Le mariage chrétien» en 1943, «La famille et l'école» en 1944, etc.

Avec les conférences publiques, les cours réguliers et les forums, c'est la collaboration avec Radio-Canada qui a permis le rayonnement extraordinaire du mouvement. Les ondes ont fait profiter tous les milieux, dans les régions les plus éloignées, des travaux et des expériences faites dans les sections. Le mardi après-midi, Odile Panet-Raymond répondait à l'abondant courrier reçu de partout, conseillée par le psychologue Roland Vinet, bientôt suivi par Claude Mailhot, premier récipiendaire d'un doctorat de psychologie à l'Université de Montréal. Et, le vendredi soir, *Radio-Parents* illustrait par un sketch un problème éducatif. Ces séries radiophoniques, longtemps animées par Alec et Gérard Pelletier, sur la vie d'une famille moyenne, les Laroche (lui, commis dans une quincaillerie, elle, bonne mère de famille, qui aime les enfants plus que tout au monde) sont restés justement célèbres. Ce furent les ancêtres de notre Maman Fonfon nationale, que Claudine Vallerand incarna longtemps à la télévision d'État pour le plus grand bonheur de nos tout-petits.

On créa aussi *La Revue de l'École des parents*, que nous avons dirigée longtemps, fort bien illustrée par François-Marc Gagnon (le fils d'un ménage fondateur). On lança des publications, et c'est à cette époque que Simonne nous suggéra de nous intéresser à la lecture chez les jeunes; Guy fit alors une brochure «Nos jeunes liront», suivie, chez Beauchemin, d'un autre guide, «Livres roses et séries noires», qui donnèrent le coup d'envoi aux livres pour la jeunesse. Les Éditions Variétés publièrent, sous l'impulsion de Robert E. Llewellyn, de petits livres, adorés des jeunes. Les Éditions Fides firent de même. La littérature pour les jeunes était lancée...

Dans le même temps, nous avons accepté la responsabilité de publier, chaque semaine dans le journal *Le Devoir*, et sous la direction de Germaine Bernier, ce qui resterait comme «la chronique de l'École des parents». Simonne y a collaboré et nous a souvent dit combien elle appréciait cette chronique et combien elle la jugeait indispensable.

Un jour, l'École des parents cessa d'exister... Bien des gens qui s'étaient abreuvés à cette Sagesse eurent du mal à s'en consoler. Simonne fut de ce nombre.

En ces temps lointains et pourtant si proches...

Alors que nous rédigions ces quelques pages, toute une époque à la fois lointaine et pourtant si proche nous revenait à la mémoire.

Les fondateurs du collège Stanislas, qui nous avaient appelés ici, nous avaient dit en 1938: «Attention! Avancez à petits pas... Prenez conseil de vos amis d'ici.» Ces amis, ces conseillers ont été multiples. Mais, parmi eux, deux noms revenaient souvent: ceux de Michel et Simonne Chartrand. Avant de prendre une décision, nous nous disions: «Il faudrait téléphoner... Qu'en penserait-elle?» Nous partagions les mêmes valeurs et faisions confiance à son esprit d'ouverture, de tolérance, de prudence, face aux pouvoirs qui nous étouffaient... Simonne, de sa voix chaleureuse, qui savait se faire autoritaire, nous disait: «Allez-y, les Boulizon, foncez... C'est excellent, il faut oser!»

Merci Simonne.

Les Unions de familles:
l'histoire d'un grain de sénevé

ROBERT DUBUC

Longueuil 1955. Les premières lueurs de la Révolution tranquille apparaissent dans le ciel québécois. Pourtant les pouvoirs en place sont solidement assis dans un conservatisme confortable. Le pouvoir civil, aux mains de Maurice Duplessis et de l'Union nationale, fait systématiquement obstacle au changement. Le pouvoir religieux, exercé par un clergé autoritaire, reste apparemment étranger aux transformations qu'exige une société métamorphosée par la guerre et ses conséquences.

Simonne Chartrand est une mère de famille de sept enfants dont l'aînée n'a que douze ans. Avec la clairvoyance qui la caractérise déjà, elle sent bien que la mentalité des pouvoirs est encore à l'heure de la famille rurale, autosuffisante et adaptée aux conditions d'une vie sociale close. La famille québécoise ne répond plus du tout à ce modèle. De façon très majoritaire, elle vit en milieu urbain. Souvent prolétarisée, elle ne bénéficie plus de

---

Texte écrit par Robert Dubuc pour la Fédération des Unions de familles en collaboration avec Gertrude Grégoire (présidente de la Fédération au cours de l'implication majeure de Simonne Monet-Chartrand) et Jacques Lizée, directeur général de la Fédération. Ce dernier, au fil des ans, a recueilli régulièrement les propos de Simonne sur divers dossiers abordés par la Fédération.

la protection des structures de la paroisse rurale et du tissu serré des relations de parenté.

Déjà Simonne a éprouvé le besoin de mieux armer les parents pour faire face à leurs obligations dans ce nouveau contexte. Elle milite depuis quelque temps au sein des Écoles de parents, qui cherchaient à donner aux pères et mères de famille des outils pédagogiques adaptés aux conditions nouvelles de l'éducation en milieu familial. Toutefois, le problème de la famille débordait le cadre de la relation éducative entre parents et enfants.

De l'École des parents à l'Union des familles

Cette prise de conscience a amené Simonne Chartrand, assistée de quelques pionniers de l'École des parents, à constituer, au sein de la cellule locale de Longueuil, un comité de réflexion dont le travail aboutit, en 1956, à la création de l'Union des familles de Longueuil. Les bases étaient jetées pour la constitution d'un mouvement qui permettrait aux familles de s'aider elles-mêmes et de prendre en main la défense de leurs intérêts et la solution de leurs problèmes.

En effet, l'exemple de Longueuil incite la Fédération des Écoles de parents, à son assemblée générale de 1958, à se dissoudre pour laisser la place à une nouvelle fédération au mandat élargi. Ainsi était née la Fédération des Unions de familles, qui devait regrouper des unions locales, dirigées par des pères et mères de famille selon un processus strictement démocratique.

L'éducation familiale: clé de voûte d'une stratégie d'intervention

La nouvelle Fédération prend donc l'initiative de l'action familiale en créant dans chaque union locale un comité d'éducation familiale dont l'orientation se situait dans le droit fil des objectifs des Écoles de parents. L'accent y était mis sur la formation et l'information des parents en tant que premiers éducateurs de leurs enfants. Mais une nouvelle dimension apparaît: le couple qui, dans sa relation amoureuse, est considéré comme le véritable générateur de la famille. Il est donc impérieux de permettre au couple d'approfondir la relation qui l'unit et le fonde. La sexualité cesse d'être un tabou. Au moyen de cours, conférences et discussions, les unions locales ont abordé les questions d'éducation sexuelle et d'éducation à l'amour des adolescents et ont étudié tous les aspects de la relation de couple.

Les parents à l'école

Le deuxième front sur lequel la Fédération fait porter son action est celui de l'école. Ce sont les comités familles-école qui seront l'instrument tactique de son intervention.

L'année 1960 avait marqué la création du ministère de l'Éducation qui inaugurait tout un processus de démocratisation de l'enseignement. On retrouve Simonne Chartrand à la tête du comité familles-école de l'Union des familles de Longueuil. L'insertion des parents à l'école lui semblait un préalable incontournable de l'harmonisation des efforts éducatifs des parents et des maîtres et la condition nécessaire pour sensibiliser les commissions scolaires aux besoins et aux objectifs des parents.

L'expérience de Longueuil a très largement inspiré le mémoire que la Fédération des Unions de familles a déposé devant la Commission royale d'enquête sur l'enseignement (Commission Parent). Ce mémoire a, à son tour, influencé les propositions de la Commission touchant les comités d'école. L'école et la famille devaient œuvrer ensemble et non en parallèle.

Des besoins à satisfaire

L'idée maîtresse qui avait présidé à la transformation des Écoles de parents en Unions des familles était de mieux tenir compte de la cellule familiale dans sa globalité. Aussi ne faut-il pas s'étonner de voir surgir dans les unions locales, avec l'appui technique de la Fédération, une foule de services destinés à répondre aux besoins propres des familles.

Le problème du gardiennage des enfants, particulièrement épineux en milieu urbain, donne lieu à la création d'un service de gardiennes familiales qui engendre, à son tour, un service de formation de gardiennes. Le besoin d'accorder à la mère au foyer un petit congé hebdomadaire bien mérité donne naissance au service des dîners surveillés. Une fois la semaine, les enfants sont invités à apporter leur casse-croûte pour dîner à l'école sous la surveillance de bénévoles recrutées par l'Union. Les idées touchant l'hygiène de la grossesse incitent les Unions à organiser des cours de gymnastique prénatale très populaires. L'organisation de loisirs familiaux préoccupe aussi bon nombre de militants, notamment pour les familles à revenus modestes.

Ce travail à la pièce, si l'on peut dire, s'efforçait de répondre aux besoins immédiats des familles. Mais ces initiatives, pour louables et essentielles qu'elles étaient, ne pouvaient apporter une solution de fond aux problèmes de la famille québécoise. La solution à long terme tenait à l'élaboration et à la définition d'une véritable politique familiale.

Le lent cheminement vers une politique familiale

Sous la pression des organismes familiaux, le gouvernement du Québec crée en 1964 le Conseil supérieur de la famille, chargé de conseiller le ministre responsable en matière d'initiatives susceptibles de favoriser le développement harmonieux et le bienêtre des familles. Le premier président du Conseil, M. Philippe Garigue, alors doyen de la faculté des sciences sociales de l'Université de Montréal, se fait l'ardent promoteur d'une politique familiale. Il soumet au Conseil un projet de politique qui a été pour les Unions un document de travail et de réflexion des plus féconds. Ce projet de politique a alimenté des cours de formation, des colloques et des ateliers qui ont contribué à sensibiliser le corps social à la nécessité d'une véritable politique familiale.

La création du Conseil supérieur de la famille avait sans doute engendré trop d'espoir pour ne pas faire naître des désillusions. Nombre de militants familiaux trouvaient que le Conseil n'était pas assez «branché» sur les besoins concrets des familles.

En 1968, la Fédération des Unions de familles dépose un mémoire visant la restructuration du Conseil supérieur. En 1970, ce Conseil est remplacé par le Conseil des affaires sociales et de la famille. Mais la politique familiale se fait toujours attendre. Pour les militants familiaux, cette politique devait d'abord et avant tout aider socialement les parents à assumer adéquatement leur rôle essentiel de premiers éducateurs de l'enfant.

Les efforts de réflexion et de sensibilisation donnent enfin des résultats avec l'adoption en 1987 par le Conseil des ministres d'un Énoncé des orientations et de la dynamique administrative relatif à la politique familiale. Cet énoncé sera suivi en 1988 par l'adoption de la Loi constitutive du Conseil de la famille et la nomination d'un ministre délégué à la famille.

Les grands objectifs de la politique familiale sous-jacente à ces mesures reconnaissent l'importance primordiale de la famille en tant qu'institution et milieu de vie, la nécessité d'assurer le soutien de la collectivité aux parents, premiers responsables de la prise en charge des enfants, et le besoin de garantir le développement d'une relation parents-enfants saine et harmonieuse. La politique reconnaît en outre que les intérêts de la famille touchent à tous les aspects de la vie civique. En conséquence, un nombre important de ministères se dotent d'un représentant des questions familiales, chargé de tenir compte des besoins de la famille lors de l'établissement de nouvelles politiques ou l'élaboration de nouveaux projets de loi.

Le grain de sénevé devient un arbre

Pour la Fédération, l'avènement d'une politique familiale officielle marquait plus un point de départ qu'une ligne d'arrivée. Sans renoncer à son orientation initiale où le bénévolat et l'action communautaire constituent le moteur de son action, la Fédération des Unions de familles est devenue le carrefour de concertation des interventions en faveur des familles.

Des mémoires sont présentés à bon nombre de commissions parlementaires où les intérêts de la famille sont en jeu. De plus, la Fédération a assuré un appui dynamique à de nombreuses initiatives susceptibles de répondre aux besoins des familles: création de l'Office des services de garde à l'enfance, fondation du Centre québécois de ressources à la petite enfance (CQRPE), constitution de la Fédération des Associations des familles monoparentales, création du Regroupement inter-organismes pour une politique familiale, ouverture en 1989 du dossier Action municipale et familles, qui vise à impliquer les municipalités dans les questions de soutien aux familles.

Grâce à cette dernière initiative, plus de 400 municipalités sont désormais en relation suivie avec la Fédération et 190 d'entre elles ont désigné un conseiller municipal comme responsable des questions familiales. Chaque année, depuis 1989, un colloque est consacré à l'étude des relations entre municipalités et familles. En 1994, se tiendra à Blainville un colloque international sur l'action municipale et les familles.

En 1981, la Fédération instituait le Prix annuel de la famille, destiné à mettre en évidence les personnes ou les groupes qui ont servi de façon éminente la cause des familles.

La Fédération croit dans la nécessité de publier les résultats de ses recherches et de ses initiatives. À cette fin, elle s'est dotée d'une revue, *Le Familier*, qui entre dans sa dixième année d'existence. Cette revue fait fonction de trait d'union entre les quelque 3000 groupes, municipalités, familles et individus qui gravitent dans son orbite.

De Longueuil à la scène internationale

Lorsqu'en 1955, Simonne Chartrand et le groupe de l'École des parents de Longueuil ont jeté en terre le grain de sénevé de la première Union des familles, ils n'avaient sans doute pas prévu l'ampleur des conséquences de leur geste. Engagés sur les données d'une expérience quotidienne qui leur permettait de bien dégager les besoins immédiats de la famille, ces pionniers ont balisé l'essentiel des interventions de la Fédération des Unions de familles. Même lorsqu'elle s'est attaquée aux grandes questions de politique familiale, la Fédération n'a pas perdu de vue cette orientation.

L'action de la Fédération, à court et à long terme, a ouvert la voie au rayonnement international des mouvements familiaux québécois. En 1967, sur l'avis du Conseil supérieur de la famille, le ministre de la Famille et du Bien-être social a patronné la tenue à Québec du 1er Congrès international de l'Union internationale des organismes familiaux (UIOF). Simonne Chartrand en a assumé le secrétariat. Dès lors, la Fédération a entretenu des liens privilégiés avec l'UIOF: contribution à son secrétariat québécois et canadien, participation à son conseil général et même à la vice-présidence, assurée par Jacques Lizée, directeur général de la Fédération des Unions de familles (FUF), de 1977 à 1989.

Ce premier congrès a été suivi de la Conférence de l'UIOF à Ottawa en 1973 et de la tenue à Montréal en 1981, toujours sous les auspices de l'UIOF, d'une Conférence internationale de la famille.

La foi dans l'action communautaire

Simonne Chartrand a pour ainsi dire incarné le prototype du militant familial, par sa conscience aiguë des besoins des familles et son sens des responsabilités familiales, par sa perception des solutions qui, sans négliger le court terme, doivent néanmoins viser à une certaine globalité sociale.

Par sa foi inébranlable dans l'action communautaire, la Fédération des Unions de familles reste fidèle à l'esprit de Simonne Chartrand. Si la Fédération peut être aujourd'hui considérée comme le leader québécois des organismes communautaires qui œuvrent dans le domaine familial, c'est d'abord à cet esprit qu'elle le doit, mais aussi aux interventions éclairées de ses nombreux militants qui ont, à l'instar de Simonne Chartrand, assumé un rôle indispensable d'animation du milieu et de mise en valeur du rôle social des familles.

*

* *

Lettre de Jacques Lizée adressée à Michel Chartrand

Montréal, le 3 mars 1993

Cher Michel,

Je n'oublierai jamais cet après-midi où je ramenais Simonne à la maison après que nous ayons assisté aux funérailles d'un ami commun, Léo Cormier. C'était l'hiver; il faisait un temps magnifique. Une neige abondante était tombée la veille.

Tu étais au salon, en train de lire, la jambe allongée. Tu avais un plâtre! Je me souviens encore de ton étonnement lorsque je me suis exclamé devant des branches de pommier qui avaient commencé à fleurir. Tu avais dit alors dans un éclat de voix, très personnel d'ailleurs, «on reconnaît bien un gars de la ville». J'étais reparti avec quelques-unes de ces branches que j'ai, bien évidemment, replongées dans l'eau tiède à mon arrivée chez moi. Chaque jour, j'en ai changé l'eau, j'avais bien retenu la consigne.

Depuis, chaque année, au mitan de l'hiver, je pense à toi et à Simonne. Les fleurs de pommier écloses sont devenues pour moi le symbole de votre grande humanité, de votre croyance profonde dans la vie et les valeurs fondamentales où l'artifice n'a jamais eu de place!

Simonne nous a quittés. Elle continue à vivre à travers les actions de solidarité que la Fédération des Unions de familles mènent; ce sont, actuellement, le développement de services de médiation familiale, la reconnaissance des sages-femmes, la documentation sur l'éducation à la vie familiale, le soutien aux parents travailleurs et travailleuses, la promotion de l'entraide gardiennage et des maisons de la famille.

Les conversations téléphoniques que Simonne et moi avons entretenues au fil des ans ont été pour moi source d'inspiration. Je la trouvais bien modeste lorsqu'elle me téléphonait en disant qu'elle voulait avoir mon avis sur tel ou tel sujet qu'elle abordait dans un de ses livres ou pour une conférence qu'elle allait prononcer. Chaque fois, j'en retirais un grand bien; c'était l'étincelle qui me permettait de rallumer un débat qui avait de la difficulté à trouver une issue. Simonne, membre fondatrice, n'aurait jamais accepté d'être qualifiée de membre éminente; elle était d'abord et avant tout une membre agissante.

Bientôt, j'irai couper des branches de pommier. Je suis sûr qu'elles auront une floraison exceptionnelle cette année.

Merci Michel, tu as été un merveilleux compagnon pour Simonne. Le grand homme public que tu es a été soutenu par une non moins grande femme. L'inverse est aussi vrai. Quel beau témoignage de vie vous nous laissez! Quel bel héritage vous léguez à vos enfants et au peuple québécois!

Bonne route, bonne santé et sois assuré de notre amitié.

Jacques Lizée

La gratuité scolaire et la réforme du système d'enseignement

Ces deux questions me tiennent à cœur. Depuis l'arrivée au pouvoir des libéraux en 1960, «la responsabilité des politiques et des budgets consacrés à l'éducation [...] est confiée à un seul ministre, Paul Gérin-Lajoie [ex-ministre de la Jeunesse]. Dès sa première session, le gouvernement présente un impressionnant train de mesures législatives qu'on appelle "la grande charte de l'éducation".» Une loi instituant une commission d'enquête avait été adoptée par la majorité des députés, le 28 février 1961 et sanctionnée par le lieutenant-gouverneur, le 24 mars de la même année.

«[La nouvelle commission sur l'enseignement] dispose d'un mandat très large pour étudier l'organisation et le financement de l'enseignement à tous les niveaux. Au cours de leurs travaux, qui s'échelonnent de 1961 à 1966, les commissaires [Mgr Alphonse-Marie Parent, président, Gérard Filion, vice-président et directeur du *Devoir*, Jeanne Lapointe, professeur de lettres à l'Université Laval, Paul Laroque, commissaire adjoint, John McIlhone, sœur Marie-Laurent-de-Rome[1], c.s.c., Arthur Tremblay, professeur-pédagogue et Guy Rocher, sociologue] reçoivent 300 mémoires et visitent plusieurs institutions scolaires au Canada, aux États-Unis et en Europe. Déposées en 1963, les premières recommandations proposent l'abolition du département d'Instruction publique (DIP) et la création d'un ministère de l'Éducation flanqué d'un organe consultatif, le Conseil supérieur de l'éducation.»

---

1. Aujourd'hui Ghislaine Roquet, c.s.c.

(Extraits de Linteau, Durocher, Robert et Ricard, *Histoire du Québec contemporain. Le Québec depuis 1930*, Montréal, Boréal, nouvelle édition révisée, 1989, p. 660-661, cités dans *Ma Vie comme rivière*, tome 4, p. 97-98.)

La première polyvalente

Dès l'automne 1963, au nom du Comité régional regroupant sept Unions de familles de la Rive-Sud, d'accord avec le conseil d'administration, je convoque une réunion des parents par un avis dans *Le Courrier du Sud* de Longueuil. Le communiqué invite à une rencontre pédagogique tous les parents ayant des enfants inscrits à Gérard-Filion, la toute nouvelle polyvalente. Cette école-pilote porte le nom d'un membre de la Commission Parent, ex-commissaire d'école de Saint-Bruno.

Le programme de la soirée: étudier ensemble, entre parents, le premier rapport (avril 1963) de cette commission portant sur les structures du système scolaire. Aussi inciter les parents et groupes de parents à adopter de nouvelles attitudes face à des situations imprévues: nouvelle pédagogie, mixité à l'école, dans les classes, les transports scolaires et à la cafétéria. Il faut à tout prix travailler à faire évoluer les mentalités des éducateurs, parents, professeurs et directeurs d'école, devant l'abandon de l'uniforme et de la discipline rigide. L'enseignement de la catéchèse remplaçant le catéchisme, la pratique religieuse relevant davantage de la vie familiale et paroissiale, toutes ces réalités nouvelles doivent, selon notre comité, être étudiées par les parents. La Commission Parent a décidé dans son rapport de régionaliser les écoles secondaires afin d'obtenir un bassin de population plus vaste pour permettre l'engagement de professeurs spécialisés. J'observe autour de moi que, par peur de la nouveauté, bien des parents paniquent, se rebellent; ils sont angoissés. Voilà pourquoi j'organise une assemblée publique pour discuter de la question scolaire.

(*Ma Vie comme rivière*, tome 4, p. 99-100)

La réforme de l'enseignement

BERNARD JASMIN

Pour mieux comprendre l'action militante de Simonne Monet-Chartrand lors de la réforme du système d'enseignement pour la promotion de l'égalité des chances et de la participation des parents comme collectivité à la question scolaire, il est nécessaire de replacer les débats soulevés à la Commission royale d'enquête sur l'enseignement au Québec en 1961 dans son contexte historique, social et idéologique.

Je suis honoré de participer à un ouvrage rendant hommage à Simonne Monet-Chartrand, elle qui s'intéressait passionnément à tous les problèmes humains, notamment ceux qui touchaient l'éducation. Cette attention s'intégrait parfaitement dans sa pensée personnaliste. Simonne et Michel Chartrand m'avaient fortement encouragé à accepter la direction pédagogique de l'ex-Régionale de Chambly. Je leur en suis encore reconnaissant, car j'aurais toujours regretté de ne pas avoir contribué à la réforme de l'enseignement.

Après des études en philosophie à l'Université de Montréal, Bernard Jasmin a contribué au développement de l'enseignement au Québec et en Ontario. Il a été successivement directeur des études à l'ex-Régionale de Chambly, professeur à l'Université Laval et directeur de l'École des Arts visuels.

Bien qu'ayant été acteur dans la première étape de la mise en chantier de cette réforme, c'est plutôt en tant qu'observateur que j'entends m'exprimer ici.

Si les intentions de la réforme ne furent pas explicites, le Rapport Parent, son texte inaugural, expose quant à lui des idées claires susceptibles d'en guider l'analyse. Les historiens se pencheront sûrement en temps opportun sur ce phénomène complexe puisque, pour la première fois au Québec, un système global de transformations sociales et politiques intégrait des changements au niveau de l'enseignement. Cette intégration qui constituait le pivot de la réforme allait influencer toute la dynamique.

En 1962, un groupe de professeurs de l'école normale Jacques-Cartier à Montréal, dont je faisais partie, avait rédigé un rapport sur la réforme des écoles normales pour l'enseignement au primaire. Le 15 mai de la même année, on nous invita à le présenter lors d'une séance de la Commission royale d'enquête sur l'enseignement tenue à Montréal. On nous questionna abondamment. Par la suite, j'ai eu l'impression qu'on s'était attardé sur ce rapport pour savoir qui étaient les professeurs qui avaient inquiété les autorités de l'école normale et celles du département de l'Instruction publique[1]; ceux dont le geste ambigu avait justifié la création d'une commission d'enquête présidée par le juge André Montpetit. D'après moi, le sort de ces institutions était déjà décidé; les dés étaient jetés.

À la suite de cette séance réunissant les professeurs dissidents, je fus appelé à rencontrer Gérard Filion, l'un des membres de la Commission Parent, qui m'offrit la direction de l'école régionale de Chambly. En acceptant, je devais donc quitter mon métier d'enseignant que j'exerçais avec enthousiasme.

C'est ainsi qu'à l'automne 1962, j'enclenchai la mise sur pied de ce qui allait devenir la Régionale de Chambly dont le développement allait influencer le surgissement d'un réseau de

---

1. Organisme gouvernemental, ancêtre du ministère de l'Éducation.

structures analogues à travers la province. Malgré quelques poches de résistance inspirées par l'ignorance ou le fanatisme, la volonté de transformer l'enseignement se manifestait dans tous les milieux. L'appétit vorace de changement qui animait la société d'alors s'explique par plusieurs facteurs, dont le plus évident est certainement l'accélération de l'urbanisation qui avait profondément modifié le tissu social. Nous cessions progressivement d'être ce à quoi notre histoire nous avait peut-être contraints, c'est-à-dire une société rurale établie sur un sol et sous un climat des moins favorables.

La mort de Duplessis, le représentant le plus puissant de l'idéologie traditionnelle, marqua la fin d'une ère. Le nouveau milieu social avec ses pôles urbains dominants, Montréal et Québec, favorisait grâce à des réseaux d'institutions, de journaux, de revues, de syndicats et d'universités, l'apparition d'un pluralisme dont toutes les manifestations antérieures avaient été rejetées brutalement.

Au début des années 1960, on élabora des conceptions orientées vers la création d'une société nouvelle. «Désormais» devint un adverbe presque magique, duquel surgissait une gamme d'idées et de sentiments s'étalant du désir de modification à la volonté de rupture. Si tranquille que fût la Révolution, ce mouvement se distingua cependant par des traits que l'on peut qualifier de révolutionnaires; ce que j'essaierai d'illustrer en ce qui concerne la réforme de l'enseignement.

On se souvient de la déclaration péremptoire du premier ministre Lesage sur l'impossibilité d'accepter un ministère de l'Éducation au Québec. À ce moment-là, l'homme qui allait faciliter la naissance d'un Québec moderne était hanté par la galerie de portraits de ses prédécesseurs; ceux-là mêmes qui avaient servi l'idéologie clérico-nationaliste tout en l'utilisant à leurs propres fins. Mais dès que la Commission Parent eut recommandé la création du ministère, le gouvernement s'empressa d'obtempérer.

Il y avait eu des progrès réels dans le système d'enseignement né de la loi de 1943 puisque un certain nombre d'élèves pouvaient poursuivre leurs études dans les institutions publiques jusqu'à la douzième année et accéder ensuite à des études supérieures en pédagogie ou en sciences. Mais il fallait compléter le système public d'enseignement.

Cependant les grands perdants de cette aventure furent sans conteste les collèges classiques et les écoles normales. Le vent de changement balaya certaines institutions qui, malgré leurs déficiences, représentaient des valeurs capitales. D'une part, les collèges défendaient les lettres classiques et françaises et, de l'autre, les écoles normales perpétuaient une tradition de formation des maîtres. La destruction d'institutions importantes de notre histoire culturelle portait, consciemment ou non, un coup fatal aux dernières forces de l'idéologie traditionnelle. Un choix, à mes yeux, proprement révolutionnaire même s'il n'a pas entraîné la rupture de la paix sociale.

On décida de plus de tout unifier et de confier la formation des enseignants aux universités. C'est depuis ce temps que les facultés de sciences de l'éducation pataugent dans la mare de la psychopédagogie. Cette passion unitaire serait-elle issue de la tradition française ou ne serait-elle pas plutôt un effet pervers de notre inclination au monolithisme?

Je suis convaincu, pour ma part, que le péché d'origine de ce changement majeur réside dans la précipitation de l'entreprise. À cette erreur s'ajoutent les difficultés nées des carences de la formation professionnelle et de la taille éléphantesque des écoles secondaires. Les universités n'auraient dû accepter que la formation des enseignants du secondaire et laisser aux écoles normales la formation des instituteurs.

Le travail laborieux de l'organisation scolaire était déjà amorcé dans les Régionales de Chambly et des Mille-Isles lorsque parurent les premiers tomes du Rapport Parent. Je ne crois pas en avoir saisi à l'époque toutes les implications. Ce qui m'avait d'abord frappé, c'est que les enseignants devenaient des personnes-ressources. J'avais moi-même proposé à l'assemblée des commissaires de la Régionale l'embauche de professeurs qui détenaient certes d'excellentes qualités professionnelles mais qui ne correspondaient pas nécessairement au profil inconnu de la personne-ressource. En effet, dès la deuxième année de la réforme, bon nombre de nouveaux professeurs n'avaient pas la compétence requise pour s'intégrer à une entreprise de renouvellement. Petit à petit, il se formait une clientèle pour un syndicat qui s'intéressait à bien d'autres problèmes qu'à celui de l'enseignement. Après d'excessives louanges, on apprit vite qu'un organisme aussi lourd que notre ministère de l'Éducation ne pouvait pas créer de miracles.

Pour affaiblir un groupe social primordial, tel celui des enseignants, rien n'est plus efficace que d'y exercer la pression de deux forces. D'un côté, le ministère de l'Éducation, éloigné de toute vie concrète et, de l'autre, le syndicat qui rêve de changements sociaux inspirés d'un marxisme «paroissial».

À cet effet, je me dois de citer un texte publié par le Conseil supérieur de l'éducation dans son rapport 1969-1970, intitulé *L'Activité éducative* et défini comme le référent essentiel du système d'éducation. Ce texte, dans lequel on tente d'expliquer le rôle de l'imaginaire personne-ressource, surpasse toutes les utopies de l'histoire de la pédagogie quant à la conception de l'enfance. On y propose une anthropologie qui nie toute tradition, où l'enfant (le s'éduquant) est la synthèse de la nature et de la culture. Son mentor se doit de ne pas nuire à cette merveille et provoquer avec délicatesse la poussée de son savoir. Il n'y a plus d'héritage biologique, ni culturel. Il n'y a plus de péché originel. C'est l'émergence d'une nouvelle humanité. Voilà une lecture tragique et dérisoire de notre déracinement. Si je cite cet écrit qui connut une diffusion éphémère, c'est qu'il fut proposé par le Conseil supérieur de l'éducation.

On trouvait dans le Rapport Parent l'expression d'une forme d'égalitarisme qui tend à la négation des différences: une seule et même école pour tous. L'école polyvalente, modèle emprunté aux États-Unis, avait mauvaise presse dans son pays

93

d'origine. Le moment n'étant pas à la pensée critique, il fallut donc s'engager dans cette expérience puisque le modèle, permettant l'intégration de tous les élèves et de tous les savoirs théoriques et pratiques, convenait parfaitement à l'intention: une transformation sociale.

Peu de sociétés ont poussé aussi loin que la nôtre ce désir de nivellement pour répondre à un idéal généreux d'égalitarisme, résultant d'une volonté plutôt que d'une pensée. Le système, dans son état actuel, a conservé de trop nombreuses traces de cette volonté réductive. En voici deux exemples extrêmes. D'une part, on souhaite intégrer les élèves dans un même type d'études, quels que soient les problèmes qui empêchent certains de suivre l'enseignement régulier. Et d'autre part, certains professeurs de collège sont convaincus que tous les élèves doivent suivre les mêmes cours de philosophie, indépendamment de leurs intérêts et de leurs aptitudes. Or la plus grande injustice dans l'enseignement, c'est de vouloir l'impossible. Il n'est pas étonnant qu'un réseau parallèle d'enseignement privé ait subsisté, au grand scandale de certains syndicats.

Il faudra amorcer un jour une réflexion sérieuse sur les dimensions de la démocratie si nous voulons guérir de notre inclination au monolithisme social et politique. J'affirme même que nous avons un urgent besoin d'autocritique, d'un nouveau souffle de liberté, d'une parole inédite.

Nous avons balayé bon nombre d'institutions tout en nous empressant de reconstruire une chape de plomb institutionnelle aussi lourde que l'ancienne. Heureusement, quelques créateurs nous invitent déjà à un espace de liberté, nous exhortent à effectuer un retour en nous-mêmes.

Tout système scolaire exige une certaine égalisation pour répondre à une nécessité sociale. L'école élémentaire sert admirablement cette fin. Il est bon que cette jeune humanité se frotte à un milieu social commun, à condition de ne pas profiter de cette situation pour nier le savoir et les règles. L'école élémentaire ne doit pas être le paradis du laisser-faire mais bien un véritable lieu d'apprentissage. On a commencé à le comprendre; on reconnaît maintenant qu'il n'y a ni langue ni société sans règles et qu'il n'y a pas d'acquisition de savoir sans effort et sans discipline.

Déjà au premier niveau, on peut distinguer les élèves les plus agiles des plus lents. Les plus doués se démarquent et ces écarts se manifesteront encore davantage dans les degrés ultérieurs. Si certains adultes sont portés à nier cette situation, il est à noter que les élèves en ont parfaitement conscience. L'enfant qui entre à l'école devient un élève et il devrait en sentir toute la différence. Les instituteurs auraient avantage à cesser de doubler les parents, retrouver un comportement symbolisant cette modification de vie chez l'enfant: changement de statut social, changement de mode d'apprentissage (par exemple, passage de l'oral à l'écrit, etc.). D'autant plus que cette transition tient maintenant lieu de rites d'initiation que nos sociétés ont abolis.

Si l'école est fondamentale dans les sociétés dites développées, nous devrions reconnaître que le cours primaire est le plus important de tous puisqu'il est le plus universel et le plus démocratique. Tous les enfants traverseront le niveau élémentaire, mais il est évident qu'ils n'accéderont pas tous aux degrés subséquents. Si notre société compte des analphabètes parmi ceux qui ont fréquenté l'école, c'est qu'elle administre mal le premier niveau de son système éducatif. Il faudrait rappeler qu'il ne serait pas nécessaire de donner des cours de français aux niveaux supérieurs si on avait institué des bases solides. Les déficiences d'un degré prennent des dimensions démesurées au degré suivant.

Si on avait vraiment voulu une réforme de l'enseignement, on se serait d'abord penché sur la question de la formation des enseignants. Ce qui n'a pas été fait car les penseurs de la réforme se proposaient avant tout de contribuer à une réforme sociale; projet certes nécessaire, mais dans lequel on a omis le pédagogique. Y a-t-il eu une réforme de l'enseignement? Je me pose souvent cette question paradoxale…

Si cette réforme a contribué à modifier la société, il faut ajouter cependant que d'autres éléments ont joué un rôle: facteurs économiques, culturels, etc. Le paysage humain a subi des changements inattendus. J'en soulignerai un qui touche aux problèmes des valeurs et par conséquent à l'enseignement. Nous avons vécu une révolution morale, les valeurs traditionnelles se sont affaissées comme un château de cartes. Ne pouvant inviter le dieu Raison, nous avons fait une large part à la déraison, au laisser-faire et nous en sommes venus à goûter le plus grossier matérialisme. Presque tous les groupes sociaux se sont montrés vénaux; le mépris des règles et des lois a mené à des grèves sauvages jusque dans les hôpitaux où règne la souffrance humaine. Nous avons été joyeux dans l'infamie; l'ivresse occultant l'affliction.

Si le chaos est un état premier eu égard au cosmos, c'est un état primaire par rapport à l'ordre social; nous n'avions pas d'autre choix que de sortir de cette impasse. Heureusement, au cours des ans, les relations de travail dans le secteur public se sont améliorées. Nous sommes moralement des convalescents!

On a maintenant dans le réseau scolaire les écoles confessionnelles, dernier relent de la tradition. Je peux comprendre cet archaïsme car nous n'avons pas la culture familiale et sociale qui nous permettrait de communiquer des valeurs appropriées à une société laïque. Nous sommes placés devant une situation où notre société civile ne peut assumer toute sa responsabilité.

Madame Lysiane Gagnon, dans sa chronique du 16 février 1993 publiée dans *La Presse* et intitulée «Résultats encourageants», souligne les progrès de la CECM (Commission des écoles catholiques de Montréal) tout en mettant en évidence les difficultés sociales et pédagogiques reliées à «l'immigration, à la solitude et à la pauvreté». La journaliste dit avec sagesse que le temps des bouleversements est terminé et je souscris entièrement à ce propos. De ce texte exemplaire, je retiens un extrait:

> Le monde de l'éducation est comme la mer: vaste, profond et agité, traversé par des courants, des tourbillons et des

marées. C'est un monde difficile à sonder, encore plus difficile à transformer. Certains s'y essaient pourtant,
patiemment, à coups de réformes modestes et limitées. Le
temps des super-réformes et des utopies excitantes est bien
fini […].

C'est le retour à la primauté de l'enseignement, le temps
des artisans; l'espoir est invité. Je demeure convaincu par ailleurs
qu'un changement majeur dans la formation des enseignants est
souhaitable, surtout en ce qui concerne l'enseignement élémentaire. Si on trouve l'énergie pour entreprendre cette modification, on verra du nouveau; il n'est pas nécessaire cette fois de se
précipiter comme on l'a fait il y a trente ans. Il faudra transformer les institutions responsables, accepter que la formation donnée depuis plus de vingt-cinq ans fait fausse route et repenser les
éléments de formation.

Je n'ai pas l'intention de proposer une philosophie de
l'éducation ni une pratique de l'enseignement; simplement, je
rêve d'une volonté collective. Si elle est encore possible, qu'on
s'engage sérieusement dans cette direction!

J'ai été amené à traiter de sujets qui ne concernent qu'in-
directement l'éducation à cause de la nature même de la réforme projetée. Quand je regarde le déroulement du mouvement politique et social, j'ai le sentiment que, d'utopie en utopie, nous avons plutôt liquidé le passé que construit de nouvelles
assises. Dans la pièce *Les aiguilles et l'opium*, l'auteur Robert
Lepage, dans un brillant monologue sur le Québec des trente
dernières années, exprime avec désenchantement sa vive impression d'une vacuité. Il serait téméraire de le désavouer.

Les doutes et les inquiétudes ne doivent pas nous rendre
aveugles aux couleurs d'aurore qui percent la grisaille. Il y a lieu
de signaler comme un événement notable la participation crois-
sante des femmes dans toutes les activités qui élaborent le discours culturel; un courant dont Simonne Monet-Chartrand fut
une des initiatrices. On assiste peut-être à l'avènement d'une
nouvelle culture…

Faire travailler ensemble
parents et enseignants

FLORIAN FORTIN

C'est à titre de collègue de travail et ami de Simonne Monet-Chartrand que je présente ce court témoignage des quelques années où nous avons collaboré ensemble à la cause de l'éducation en milieu syndical. Je retire de cette période une profonde leçon de choses bien faites, d'implication positive soutenue par une conviction de droit, de raison et d'amour des gens qu'elle transmettait par son rayonnement exceptionnel.

Le contexte de notre collaboration

Ma rencontre avec Simonne Monet-Chartrand a eu lieu au début des années 1970. Elle venait d'être engagée à titre de responsable des relations publiques et de l'information au Syndicat des enseignants de Champlain, le deuxième en importance à la CEQ (Centrale de l'enseignement du Québec), où je travaillais moi-même depuis quelques années en relations de travail et en pédagogie.

Florian Fortin a travaillé pendant plusieurs années dans les domaines de la pédagogie et des relations de travail à la CEQ. Il est maintenant conseiller en gestion et formation, service aux entreprises.

Les relations de travail dans l'enseignement étaient très tendues à cette époque, compte tenu des difficiles négociations avec le gouvernement et de l'emprisonnement des chefs syndicaux lors de la grève du front commun des secteurs public et parapublic en 1972. Les centrales syndicales refusaient de participer aux travaux des comités bilatéraux avec le gouvernement.

À ce moment-là, venait de paraître le règlement n° 7 du ministère de l'Éducation du Québec, règlement qui définissait le régime pédagogique aux niveaux primaire et secondaire dans les commissions scolaires et qui jetait les bases d'une école plus démocratique et plus humaine. Sur le plan pédagogique, ce règlement offrait aux enseignants la possibilité de s'impliquer au niveau des orientations et du plan d'action de leur école, avec les parents, qui y faisaient aussi leur «entrée officielle».

La femme d'expérience

Mon rôle consistait à analyser l'impact de ce nouveau règlement sur les conditions de travail des enseignants et sur les prochaines négociations, de même que le sens de l'intégration des parents dans le processus d'éducation dans les écoles publiques. Au départ, le rôle de Simonne était de soutenir mon travail par la recherche et la mise en forme d'un rapport; très tôt, cependant, j'ai pu constater l'énorme bagage d'expérience, de formation, de culture qu'elle pouvait nous apporter. Nous avons ainsi décidé d'ancrer cette étude dans la continuité des actions antérieures des mouvements de parents et de femmes au Québec pour orienter des actions à venir, tout aussi mobilisatrices. C'est alors que j'ai pu apprécier tout le professionnalisme que Simonne mettait à la recherche d'information et, surtout, sa riche expérience de militante convaincue et de parent impliquée.

Notre étude nous amenait à voir d'un œil très positif l'apport du règlement n° 7 à l'organisation de l'enseignement primaire et secondaire; il nous fallait cependant aller à contre-courant pour faire valoir en milieu syndical le bien-fondé d'un appui à sa mise en application. Remontant donc, dans sa mémoire et dans sa recherche, au Rapport Parent et aux intentions exprimées lors de la création du ministère de l'Éducation, Simonne a su élaborer une juste argumentation pour promouvoir les actions que nous allions recommander aux syndicats d'enseignants, tout en signifiant au ministère qu'il devait dorénavant composer avec notre présence très active dans le milieu à titre de partenaires. Il s'ensuivit d'ailleurs un important mouvement provincial, appuyé par les syndicats, où des enseignantes et des enseignants ont participé à cette réforme, se faisant élire comme commissaires ou aux comités de parents des écoles et des commissions scolaires.

Nous avons ainsi réussi à faire reconnaître comme prioritaire dans les plans d'action des syndicats une orientation pédagogique participative.

La femme d'action

Femme d'action mobilisatrice, Simonne a profité de la dynamique déclenchée par ce rapport, en l'utilisant comme base de discussion et d'intervention dans les groupes de travail sur la condition féminine; plusieurs de ces groupes étaient alors en pleine expansion, au sein de la centrale et Simonne y participait avec une ardeur soutenue par son désir de justice et d'équité.

Toujours sur la brèche, multipliant les communiqués, les conférences de presse, les mémoires, les interventions, Simonne a apporté dans nos rangs syndicaux le goût de l'action positive. Elle était toujours disponible, prête à fournir son témoignage et son aide à des groupes de parents comme à d'autres mouvements populaires, utilisant toujours l'argument de la raison et des droits pour soutenir la cause, plutôt que le désordre et l'action revancharde.

Bien que femme de caractère, elle ne cherchait jamais à prendre la vedette. Au contraire, elle menait son action avec les gens de la base, sans préjugés ni prétentions, à la manière d'une mère rassemblant ses petits et les initiant, tout en les rassurant, à la fois aux dangers et aux bonheurs de la vie.

Comment ne pas se sentir privilégié d'avoir côtoyé Simonne pendant quelques années, d'avoir bénéficié de sa grandeur d'âme et de son soutien, d'avoir partagé des causes à défendre? Je voudrais laisser par cet humble témoignage un peu de la sérénité qu'elle a su imprégner à notre action comme à toutes les autres causes qu'elle a défendues avec conviction et amour.

2

NATIONALISME
ET SYNDICALISME

Les gens de mon pays

Paroles:. GILLES VIGNEAULT
Musique: GILLES VIGNEAULT et GASTON ROCHON

Les gens de mon pays
Ce sont gens de paroles
Et gens de causerie
Qui parlent pour s'entendre
Et parlent pour parler
Il faut les écouter
C'est parfois vérité
Et c'est parfois mensonge
Mais la plupart du temps
C'est le bonheur qui dit
Comme il faudrait de temps
Pour saisir le bonheur
À travers la misère
Emmaillée au plaisir
Tant d'en rêver tout haut
Que d'en parler à l'aise
[...]

«Les gens de mon pays», du poète et chansonnier Gilles Vigneault, est devenu
un hymne national pour tous les Québécois. En voici quelques extraits que
l'auteur dédie à sa grande amie disparue.

Je vous entends rêver
Douce comme rivière
Je vous entends claquer
Comme voile du large
Je vous entends gronder
Comme chute en montagne
Je vous entends rouler
Comme baril de poudre
Je vous entends monter
Comme grain de quatre heures
Je vous entends cogner
Comme mer en falaise
Je vous entends passer
Comme glace en débâcle
Je vous entends demain
Parler de liberté

L'histoire en espérance

ANDRÉE FERRETTI

De ce qui mûrissait souterrainement depuis plusieurs années, tout s'annonce soudain, en septembre 1959, avec l'éclatement, sitôt mort Maurice Duplessis, de la puissance de créer du peuple canadien-français, de sa puissance de crier. On assiste alors à un vigoureux jaillissement d'œuvres littéraires et artistiques, à un foisonnement d'actes politiques et révolutionnaires. Puisés dans un imaginaire et une révolte qui couvaient fertilement sous le poids des interdits, poèmes et chansons, journaux et revues, envolées oratoires, manifestations de rue et explosions de bombes viennent maintenant irriguer la conscience collective, faisant naître dans l'étonnement et la fierté, dans l'enthousiasme et la colère, un immense désir d'émancipation nationale.

Ainsi inaugurées dans l'espérance d'une plus grande maîtrise du destin national, les décennies de 1960 et 1970 seront entièrement déterminées par la question nationale, avec l'indépendance du Québec comme enjeu primordial des débats et combats constitutionnels. Dans cette perspective, la période con-

---

Militante indépendantiste depuis le début des années 1960, Andrée Ferretti a été vice-présidente du RIN et choisie Patriote de l'année en 1980 par la Société Saint-Jean-Baptiste de Montréal. Auteure de plusieurs livres, elle a également collaboré à *La Presse* et aux pages littéraires du *Devoir*.

naîtra son apogée, en novembre 1976, avec l'élection du Parti québécois, et s'achèvera en queue de poisson, laissant le problème entier, en mai 1980, après l'échec du référendum du gouvernement péquiste sur son projet de souveraineté-association.

Quels que soient, en effet, les termes dans lesquels on la pose, la question nationale influence alors toute la dynamique politique, tant fédérale que québécoise. À la charnière des revendications, non seulement constitutionnelles et politiques, mais aussi économiques, sociales, culturelles et linguistiques, elle fonde les réformes entreprises ou tentatives de réformes proposées par les gouvernements en place, comme les divers projets de société élaborés par l'ensemble du mouvement indépendantiste. Elle est aussi, bien sûr, à la source de la répression constante, politique, policière et militaire, exercée contre les mouvements démocratiques de contestation sociale et de libération nationale, aussi bien que contre le Front de libération du Québec, par les pouvoirs tant municipal que provincial et fédéral, tous également subordonnés aux diktats politiques et aux intérêts économiques de la classe dominante anglo-saxonne. Répression qui culmine, en octobre 1970, dans l'occupation du Québec par l'armée canadienne et dans l'arrestation et l'emprisonnement, sans justification, de plus de 500 personnes, par suite de la mise en vigueur de la Loi sur les mesures de guerre, décrétée par Pierre Elliott Trudeau, alors premier ministre du Canada.

Et je suis étonnée. Ahurie que si vite ces années effervescentes soient devenues quelque chose du passé, histoire à reconstituer, en vue d'une aussi pleine compréhension que possible de la nature et du sens des engagements politiques et sociaux de Simonne Monet-Chartrand, et des témoignages qui lui sont ici rendus.

Simonne Monet-Chartrand occupe en effet une place tout à fait singulière dans la mouvance militante de cette époque. D'une part, bien qu'elle ait participé à la plupart des luttes, alors menées sur tous les fronts, on la rencontre rarement à la une des journaux et à peine plus souvent au cœur de l'événement, presque toujours, en revanche, à sa périphérie. Simonne militait plus volontiers dans les lieux désertés par les mouvements et les partis, plutôt que sur les estrades. On la retrouve là où sa parole, soutenue par l'exemplarité de sa vie, pouvait, mieux que toute autre, atteindre le cœur des gens plus sensibles aux souffrances et aux humiliations qu'entraîne nécessairement l'injustice sous toutes ses formes, qu'aux structures et aux fonctionnements des systèmes qui la produisent. Pédagogue et démocrate, elle croyait au travail d'éducation populaire, soucieuse d'éveiller la conscience des gens à la dimension politique de tous les problèmes sociaux et, ainsi, de les amener à vouloir s'organiser pour changer l'ordre des choses. Souci d'autant plus profond et constant, comme en témoigne son autobiographie, que, pour elle, accepter la moindre injustice, c'était se faire, consciemment ou non, complice de toutes les dominations, exploitations ou violences qui régissent le monde.

D'autre part, même si elle partageait globalement les points de vue et les objectifs des idéologies de la libération et du marxisme qui inspiraient alors les luttes menées, ici et partout dans le monde, pour l'émancipation des peuples, des ouvriers, des femmes, des Noirs américains, de tous les dominés et/ou opprimés, les considérant comme des expressions concrètes et agissantes des valeurs chrétiennes et humanistes auxquelles elle était profondément attachée, son engagement, tant dans l'action que dans la réflexion, ne dérivait d'aucune position idéologique rigoureuse. De même, il ne supposait en rien la nécessité d'un renversement révolutionnaire du système. Pourtant, comme le prouve la diversité des causes qu'elle soutenait, pacifiste et féministe, socialiste et indépendantiste, Simonne savait que l'avènement d'une société juste, pacifique et libre demeure impossible tant que perdure en elle une seule domination spécifique.

Et c'est précisément dans cette conviction et dans l'action qui en découle que le militantisme de Simonne Monet-Chartrand s'inscrit au cœur de la question nationale, telle que posée par le mouvement de libération nationale, pendant toute la décennie 1960 et jusqu'au milieu de la décennie 1970. Lutte qui, toujours, dépassait le seul contentieux constitutionnel, pour remettre en cause les déterminations des rapports entre colonisateurs et colonisés, entre capitalistes et travailleurs, entre hommes et femmes, entre clercs et laïcs, entre les nations impérialistes et les peuples dominés. Sachant que la liberté est indivise, les militantes et les militants engagés dans ce mouvement savaient aussi que l'indépendance du Québec ne pouvait advenir que porteuse d'un projet de société véritablement libérateur. Elle n'advint pas, comme chacun sait, allant même de recul en recul, dès le début des années 1970, jusqu'à l'échec du référendum qui, en mai 1980, clôt dans une nouvelle impuissance une époque commencée dans l'ivresse des secousses inventives.

Comme ce n'est pas ici le lieu d'analyser les tenants et aboutissants de cet itinéraire, je me limiterai à en tracer les grandes lignes, avec l'espoir de brosser un tableau aussi vivant que possible du Québec, alors si vivant.

Le désir de maîtrise

Le 22 juin 1960, le Parti libéral de Jean Lesage remporte les élections québécoises. Commence le temps des mises en chantier de la Révolution tranquille. De la nationalisation de l'électricité à la construction de Manic 5, de l'usage intensif des pouvoirs législatifs de l'État québécois à la modernisation de son appareil administratif, des réformes opérées dans les domaines de l'éducation, de la santé et du bien-être à la sécularisation des institutions qui y œuvraient, de l'adoption d'un code du travail à la syndicalisation massive des travailleurs des secteurs publics et para-publics, sans oublier la création de quelques institutions financières, gérées en tout ou en partie par l'État, tout un train de mesures est ainsi adopté, dotant le Québec d'outils et de ressources susceptibles d'assurer aux Canadiens francais une plus grande maîtrise de leur avenir.

«Maîtres chez nous» avait d'ailleurs été le thème de la campagne électorale québécoise de 1962. S'il manifestait bien la volonté des élites politiques et économiques de mieux contrôler le développement de la société québécoise, le slogan agissait, par ailleurs, dans la conscience du peuple, comme le révélateur de la domination étrangère jusqu'alors exercée sur lui, au point de le prolétariser et même sous-prolétariser dans sa grande majorité. Les transformations en cours lui permettaient également de voir combien la réappropriation collective de ses richesses et l'affirmation de son identité nationale étaient non seulement souhaitables mais nécessaires à son épanouissement.

Or, même quand un gouvernement provincial, tel celui de Jean Lesage, utilise au maximum et de la manière la plus dynamique qui soit les pouvoirs dévolus au Québec, pour élaborer des politiques favorables à une plus grande autodétermination nationale, ce gouvernement nationaliste n'en demeure pas moins dans la logique de l'inféodation au Canada. Ainsi, la Révolution tranquille a vite tourné court, se heurtant, à peine entreprise, à la résistance du pouvoir central à consentir au Québec les pouvoirs nécessaires à la réalisation des objectifs de son gouvernement, même quand celui-ci ne remet aucunement en cause les fondements du fédéralisme.

Cet échec démontrait, une fois de plus, l'impossibilité d'une réforme du fédéralisme canadien, allant dans le sens des intérêts et des aspirations du peuple québécois. C'est dans ce contexte que plusieurs mouvements et partis indépendantistes, porteurs de divers projets de société, sont nés et se sont rapidement développés, puisqu'aussi bien l'indépendance apparaissait de plus en plus clairement comme le fer de lance et la condition *sine qua non* de tout changement réellement et irréversiblement émancipateur.

Le mouvement de libération nationale ouvrait un nouveau et vaste territoire à la parole et à l'action. Peu à peu l'envahirent la jeunesse intellectuelle, les artistes, les membres des sociétés patriotiques, les travailleurs syndiqués, des milliers de femmes et d'hommes de tous les milieux, depuis longtemps en attente de cette invitation à se construire un pays bien à eux. Ensemble, mais chacune à leur manière et à leur rythme, toutes ces voix se mirent à dire que si l'on veut changer le monde, il faut le mettre en mouvement, c'est-à-dire prendre conscience de l'histoire réelle qui le façonne, puisque c'est en elle que se trouve accumulé ce qui est à connaître de ce qui est à changer. Elles se mirent à dire qu'ici était venu le temps de briser les chaînes qui, depuis la conquête anglaise, emprisonnent le peuple dans une histoire faite par les autres. Ensemble, elles entreprirent d'infléchir le cours de notre histoire.

La fusion du politique et du culturel

Semblables à des sœurs siamoises, la création intellectuelle et artistique et l'action politique ne cessent donc de se vivifier mutuellement, au cours des années 1960-1976. Des écrivains, dont une majorité de poètes qui, depuis quelques années déjà, publient leurs œuvres à l'Hexagone, sortent de leur tour d'ivoire, des artistes de leurs ateliers et de leurs théâtres, des intellectuels de leurs universités, pour envahir la place publique et exercer ainsi leur fonction sociale fondamentale.

Liberté donne le coup d'envoi, avec la parution de son premier numéro, en janvier 1959. Ses rédacteurs, dont quelques-uns participeront, en septembre 1960, à la fondation du Rassemblement pour l'indépendance nationale ou y militeront activement pendant plusieurs années, forment le premier noyau de réflexion sur la question du Québec. Ils examinent le problème national des Canadiens français à la lumière des sciences sociales, plutôt que des postulats de la religion. Ils s'interrogent particulièrement sur le rôle de la littérature dans la formation d'une culture québécoise moderne et de la présence de cette littérature et du Québec dans le monde. La revue consacre entièrement son numéro de mars 1962 au séparatisme. Elle fonde bientôt le prix Liberté qu'elle accorde chaque année à la personnalité québécoise qui a le mieux symbolisé par sa parole et son action les luttes menées au nom de la liberté et pour sa réalisation dans tous les domaines de la vie humaine. En 1969, la revue octroie son prix à Michel Chartrand.

À partir de 1962, de nombreuses autres revues verront le jour: *Maintenant, Socialisme, Parti Pris, Révolution québécoise, Possible(s)*, pour ne nommer que les plus influentes. Tout en attachant une grande importance à la création littéraire et artistique, ces revues consacrent néanmoins la plupart de leurs pages à l'analyse socio-politique. De manière plus ou moins radicale, toutes font le procès critique de notre passé, soumettant la situation coloniale du Québec à d'implacables réquisitoires, montrant comment la bourgeoisie canadienne se sert de l'État canadien, depuis les débuts de la Confédération, pour maintenir la nation québécoise dans l'aliénation, le sous-développement et la dépossession. Toutes s'appliquent à définir les conditions politiques, économiques, sociales et culturelles susceptibles de donner naissance à un État québécois indépendant, socialiste et démocratique, capable de réaliser la pleine souveraineté du peuple et de mettre ainsi fin à l'oppression nationale et à l'exploitation capitaliste. Conscients de l'énormité des enjeux du combat, les rédacteurs de ces revues, déjà membres, pour la plupart, d'un des nombreux mouvements indépendantistes et socialistes, en appellent à la politisation, la mobilisation et l'organisation du peuple. *Parti Pris* et *Révolution québécoise* uniront leurs efforts pour fonder, en 1965, leur propre mouvement d'organisation et d'action populaire: le Mouvement de libération populaire.

Même en dehors de ces revues et des mouvements alors actifs, les intellectuels et les écrivains épousent en grand nombre les idéaux et les objectifs de libération nationale du peuple québécois. Ils organisent des colloques, participent à des débats, collaborent au journal *L'Indépendance*, fondent *Québec-Presse*, envahissent la page «Des idées, des événements et des hommes» du journal *Le Devoir*, et les émissions d'affaires publiques des radios et des télévisions. Ils prononcent des discours et des conférences sur toutes les tribunes, favorables ou opposées à leur option. Par cette élaboration constante d'une pensée critique toujours mieux informée et articulée, ils attisent la ferveur révolutionnaire des militantes et des militants et éveillent la conscience d'un nombre sans cesse croissant de Québécoises et de Québécois à la nécessité d'une transformation radicale de leur société et à celle de s'y engager.

Cette extraordinaire dépense d'énergie intellectuelle portait d'autant plus loin son rayonnement que les artistes, en même temps et, souvent, dans les mêmes lieux et occasions, exprimaient les mêmes réalités, sans jamais les réduire à la théorie et à l'idéologie, sans jamais sommer à l'action immédiate, inculquant néanmoins dans les consciences, avec l'accent du nécessaire que confère toujours la beauté, le sentiment national comme élément fondateur de l'identité. La dimension apparemment ludique de leur engagement atténuait l'inquiétude de ce peuple aliéné devant lui-même, au moment où il revendiquait enfin, mais encore si timidement, le droit d'être lui-même.

À l'instar des intellectuels et des militants politiques qui fondent leur pensée et leur action sur l'exigence d'une rupture radicale avec l'ordre existant, colonialiste et impérialiste, les artistes définissent leur esthétique par une éthique de la rupture avec les formes passéistes ou empruntées à l'étranger, ouvrant notre culture à la possibilité de devenir civilisation plutôt que folklore.

Loin de seulement magnifier la liberté en soi, nos artistes expriment les conditions et les figures particulières de la nôtre. Ils atteignent ainsi à l'universel et, du même souffle, ils annoncent à notre peuple qu'il n'est pas vrai qu'il soit né pour un petit pain, pour être porteur d'eau jusqu'à la fin de l'histoire.

Néanmoins, la reprise en main par un peuple de son histoire n'est pas seulement affaire de prise de conscience, mais bel et bien d'organisation politique, puisqu'il s'agit en effet de mener une lutte et que les enjeux du combat sont colossaux. L'indépendance du Québec, conçue comme projet de libération nationale, s'attaque de plein front aux intérêts capitalistes, politiques autant qu'économiques, de la bourgeoisie canadienne, soutenue inconditionnellement par l'État canadien qui le démontrera brutalement, en octobre 1970.

Ainsi naissent plusieurs groupes de pression, des mouvements populaires et des partis, dont les plus importants seront le Rassemblement pour l'indépendance nationale (1960-1968), le Front de libération du Québec (1963-1972) et le Parti québécois.

Ces trois formations, chacune à leur manière, est-il besoin de le spécifier, mieux que les nombreux autres petits mouvements et partis alors actifs, tels l'Alliance laurentienne, le Parti républicain du Québec, le Parti socialiste du Québec, le Mouvement de libération populaire, le Comité indépendance-socialisme, etc. exprimeront et canaliseront la volonté de changement manifestée partout au Québec, où les sociétés patriotiques et les organisations syndicales se politiseront de plus en plus, où l'agitation sociale ne cessera de s'amplifier, au moins jusqu'en 1973. Parmi les événements majeurs, il faut souligner les premières assises nationales des États généraux du Canada français, tenues en 1967, année du centenaire de la Confédération, anniversaire qui donna lieu à de nombreuses et grandes manifestations de contestation; il faut évidemment mentionner la visite, la même année, du général de Gaulle et son «Vive le Québec libre», lancé du balcon de l'Hôtel de ville de Montréal, et l'émeute survenue à l'occasion de la fête nationale, en 1968, provoquée par la présence arrogante de Pierre Elliott Trudeau sur l'estrade d'honneur, à la veille des élections fédérales; sans oublier les innombrables manifestations organisées pour la défense de la langue française, dont celle, en 1969, pour un McGill français qui a mobilisé des dizaines de milliers de personnes; sans oublier, non plus, les innombrables débrayages, tant dans l'entreprise privée que dans la fonction publique, en particulier ceux qui ont eu lieu, en 1969, lors du conflit à *La Presse*, et en 1972, après l'emprisonnement des chefs de la Confédération des syndicats nationaux, de la Fédération des travailleurs du Québec et de la Centrale d'enseignement du Québec. À cette dernière occasion, plus de 300 000 travailleurs sont descendus spontanément dans les rues de toutes les villes.

C'est avec le Rassemblement pour l'indépendance nationale que ce mouvement prend son envol. D'abord groupe de pression, le RIN devient parti politique en 1963, année où Simonne Monet-Chartrand rejoint ses rangs. Fort de ses 10 000 membres, en juin 1966, il présente 76 candidats aux élections générales québécoises et obtient 9 % du vote. Le RIN, cependant, ne sera jamais un parti traditionnel, exclusivement électoraliste. Au contraire, convaincu que seul un peuple devenu conscient de son aliénation peut vouloir subvertir toutes les entraves qui l'empêchent de choisir librement les voies de son avenir, il demeurera, jusqu'à sa dissolution, essentiellement un mouvement d'éducation populaire, se donnant pour tâche primordiale de secouer les vieilles résignations et les vieilles craintes des Canadiens français, sans cesse soumis, depuis plus de deux siècles, à un implacable processus d'infériorisation. À cette fin, il déploiera des moyens d'action qui iront de l'organisation de cours de formation politique à celle de galas musicaux, en passant par la tenue de multiples assemblées publiques et de cuisine, par des appuis aux grévistes, par l'organisation de *sit-in* et de manifestations de rues.

Néanmoins, aux yeux de plusieurs jeunes, animés par une colère et une impatience irrépressibles, venues du tréfonds des humiliations et des spoliations subies par nos mères et pères, depuis des générations, le Rassemblement pour l'indépendance nationale n'apparaît pas suffisamment révolutionnaire, ni dans son discours, ni dans son action, pour vraiment venir à bout des forces colonialistes et impérialistes et mener à bien la lutte de libération nationale. Naîtra alors, dès 1963, le premier Front de libération du Québec, mouvement clandestin qui se livrera à des attaques radicales et violentes contre les symboles de la Couronne britannique, du fédéralisme et du capitalisme. Plusieurs générations de felquistes se succéderont jusque dans les premières années de la décennie 1970. Ils jouiront bien souvent de la sympathie secrète de la population et, même, ouverte, comme lors de la lecture de leur manifeste à la radio et à la télévision, en octobre 1970. Car, même si le peuple n'est pas d'emblée révolutionnaire, il est toujours profondément contre les injustices et les inégalités qui sapent la démocratie aussi bien que la violence contestataire. Il n'en reste pas moins qu'un mouvement révolutionnaire qui privilégie la violence, sans avoir les moyens de mettre en œuvre les changements proposés, ne contribue qu'à attiser la répression, non seulement contre lui-même, mais contre l'ensemble des forces qui mènent autrement la même lutte, fournissant aux pouvoirs contestés le prétexte à des interventions brutales.

La répression

Pour se convaincre de cette logique de l'escalade de la violence, même marginale, et de la répression, comme prétexte, des forces progressistes et démocratiques, il suffit de se rappeler les assauts portés contre tous les mouvements contestataires par une classe politicienne irresponsable devant la crainte de perdre ses privilèges, apeurée non par l'action du Front de libération du Québec, mais, bien au-delà, par la cohérence et la cohésion de la lutte menée par l'ensemble du mouvement indépendantiste et socialiste.

Ainsi, dès le début des années 1960, les polices municipale, provinciale et fédérale, n'hésitent pas à charger les manifestants qui défilent pourtant pacifiquement et légalement dans les rues, que des manifestations soient organisées par le mouvement indépendantiste ou par les travailleurs syndiqués. Ces polices procèdent aussi à des arrestations préventives, perquisitionnent dans les locaux des mouvements populaires, volent la liste des membres du Parti québécois, arrêtent les chefs syndicaux. La ville de Montréal va jusqu'à interdire la tenue de manifestations et le pouvoir central envoie l'armée canadienne occuper le Québec.

Et malgré la réaction des démocrates comme Simonne Monet-Chartrand, la répression, jointe à la dilution de l'objectif de libération nationale dans le projet de souveraineté-association du Parti québécois et de sa stratégie étapiste, jointe à la technocratisation de l'organisation syndicale et à la bureaucratisation générale des changements, est venue à bout de l'élan émancipateur, jailli au début des années 1960.

Néanmoins, à l'instar de Simonne Monet-Chartrand qui, jusqu'à la fin de sa vie, a cru à la nécessité de persévérer dans la poursuite de ses idéaux, le peuple québécois mènera sa lutte à terme, parce qu'elle procède des exigences spécifiques de son histoire et parce qu'elle s'inscrit à nouveau dans une prise de conscience mondiale de la nécessité de l'autodétermination de chaque peuple pour construire un monde juste, pacifique et libre.

J'ai un pays à bâtir!

GHISLAINE ROQUET, C.S.C.

À presque dix ans de distance, Simonne Monet-Chartrand et moi, pendant notre jeunesse, avons été soumises aux mêmes influences, avons eu les mêmes maîtres et partagé les mêmes aspirations et, malgré des itinéraires bien différents, nous avons été chacune à notre façon fidèles à nos rêves. C'est pourquoi nous nous sommes reconnues et suivies au long des ans «du coin de l'œil, du coin du cœur».

Une jeunesse semblable

Jeunes filles de la bourgeoisie, marquées par les valeurs de dignité, de travail, de service, d'honnêteté et de responsabilité léguées par nos familles, c'est grâce à l'Action catholique que nous sommes devenues des femmes modernes, libres, assurées d'être les égales de nos frères et amis, ouvertes aux problèmes sociaux et décidées à jouer un rôle dans la société. Avec quelle émotion je retrouve au fil de l'autobiographie de Simonne les livres que

---

Religieuse enseignante, Ghislaine Roquet a été membre de la Commission Parent. Elle est actuellement directrice littéraire aux Éditions Fides. Elle a écrit de nombreux articles.

119

j'ai lus moi aussi, le cœur brûlant, les pièces de théâtre qui m'ont enchantée, les musiques que j'ai écoutées avec passion.

Coïncidence remarquable, Simonne qui n'avait pas pu, à cause de sa santé, suivre l'enseignement d'un collège classique avait pourtant choisi les mêmes maîtres, en particulier le chanoine Lionel Groulx en histoire et Mgr Émile Chartier en littérature. Simonne les a connus plus intimement que moi — surtout le chanoine Groulx qui fut pour elle et Michel un ami fidèle. Il les a mariés et a baptisé leurs enfants.

Nous nous sommes donc retrouvées, à vingt ans, sans nous connaître encore, toutes deux nationalistes, soucieuses de voir les Canadiens français prendre en main le développement économique du Québec, spontanément féministes, bien décidées à nous engager socialement. Et cela malgré les obstacles tenant à notre choix de vie: Simonne, épouse et mère, moi, religieuse enseignante avec les contraintes de cette époque. Il faut reconnaître que les engagements de Simonne ont couvert un éventail plus vaste; ils ont été plus variés, comme le montrent bien les témoignages de ce livre, et ils ont eu une force d'entraînement pour beaucoup de femmes, épouses et mères comme elle.

L'influence du chanoine Groulx

Il est de bon ton depuis quelques années d'écraser le chanoine Groulx sous les accusations de racisme et de nationalisme dépassé, de tourner en ridicule sa vision de notre histoire, de rejeter ses prétentions à propos de la destinée française et religieuse du peuple canadien-français. Pour avoir suivi pendant huit ans les conférences austères qu'il donnait chaque mois au collège Basile-Moreau, je puis affirmer — comme Simonne — qu'il nous donnait le goût de l'histoire basée sur les documents et les faits rigoureusement vérifiés, que sa vision, surtout politique au départ, s'est progressivement élargie pour prendre en compte la dimension économique, que l'histoire telle qu'il l'enseignait était porteuse de leçons pour l'avenir et d'appels à bâtir un pays grand et fort.

Raciste, le chanoine Groulx? Pas dans son enseignement! Il était *pour* les Canadiens français, *pour* leur souveraineté, *pour* leur juste part d'influence et de pouvoir. Il n'avait guère d'inclinaison à être *contre*; cependant, il était lucide et savait identifier les adversaires. Mais anti-Anglais et anti-Juif, il ne l'était pas. La meilleure preuve, c'est que ses étudiantes et ses étudiants ne le sont pas devenus. Et la Révolution tranquille, que son action et sa pensée avaient préparée, n'a pas visé à détruire, mais plutôt à construire; elle n'a pas dépouillé «les autres», mais elle a invité les Québécois à prendre leur place, à développer un État et une société bien à eux.

Un nationalisme actif et multiforme

Le nationalisme de Simonne n'est pas théorique. Il trouve cent façons de s'exprimer; il s'incarne sur tous les fronts, tant économiques que politiques. Et d'abord dans le mouvement coopératif où les caisses populaires ont déjà fait une brèche importante, mais où les coopératives de consommation, malgré de louables efforts, ne réussiront pas à s'implanter. Michel et Simonne seront membres d'une coopérative de vêtements, la Bonne Coupe, qui ne tiendra pas... La politique d'achat chez nous — largement pratiquée par les anglophones — sera préconisée avec plus de succès par les nationalistes, à intervalles réguliers tout au long du XXᵉ siècle: par le chanoine Groulx avec insistance, par le gouvernement Lesage en 1960, par le Mouvement Desjardins encore tout récemment.

Dans le domaine politique, l'engagement des Chartrand se fait surtout dans les partis de gauche, les partis novateurs en matière sociale, par exemple dans le CCF (Cooperative Commonwealth Federation) dont Michel est le candidat à Longueuil en 1943 et où milite Mᵐᵉ Thérèse Casgrain qui en sera présidente provinciale en 1951. Puis c'est le Bloc populaire — de courte durée — qui mobilise les Chartrand; leur ami André Laurendeau y est candidat. Mais ce groupement sera récupéré par Maurice Duplessis dont la politique à courte vue sera particulièrement hostile et au mouvement syndical et au mouvement nationaliste.

Le nationalisme sort de l'ombre

Avec l'opposition grandissante à Duplessis, un nationalisme ouvert et d'avant-garde reprend vie, un nationalisme qui s'appuie sur l'État provincial, le seul où les Canadiens français soient majoritaires, un nationalisme qui vise la libération économique et entreprend de définir un projet de société pour le Québec.

Lorsque sont convoqués les États généraux du Canada français en 1967-68-69, on y retrouve Simonne déléguée par le comté de Chambly. Au cours de ces États généraux, le nationalisme d'ici cherche des assises solides et un programme rassembleur.

Par opposition à ces efforts constructifs, des actions terroristes émanant de groupuscules vont provoquer une réaction violente de la part du gouvernement. L'année 1970 constitue sûrement le chapitre le plus pénible de la vie de Simonne Chartrand. Plus de cent pages du dernier tome de son autobiographie sont consacrés à ces événements douloureux. Il faut les lire! Le courage, la sensibilité de Simonne s'y expriment librement. Rappelons simplement qu'à l'occasion du projet de loi 63, Michel Chartrand, qui a pris des positions radicales, est emprisonné avec les autres chefs syndicaux. Commence pour Simonne une période de vexations, de solitude et même de rejet. À cette crise syndicale se joignent bientôt les événements politiques qui aboutiront à la proclamation des mesures de guerre. Simonne est de toutes les résistances et de toutes les protestations contre ces mesures excessives qui s'attaquent à tout ce que le Québec compte de penseurs indépendants, de contestataires légitimes, de mouvements d'opposition démocratique. Le Québec est en état de choc!

Quand les libertés civiles seront rétablies et qu'un dialogue social et politique «normal» pourra se poursuivre, les principaux artisans de changement où figurent en bonne place les Chartrand sauront mieux que jamais combien la lutte sera longue et pénible.

Celles et ceux qui ont suivi Simonne dans ses combats tenaces et pourtant sereins voudront l'assurer de leur fidélité tant qu'un souffle les animera, pour bâtir le Québec dont elle rêvait.

Les États généraux du Canada français

En novembre 1966, deux avis de convocation, l'un adressé à Michel, en tant que «nationaliste» et l'autre à Simonne Chartrand, en tant que membre de la Fédération des Unions de familles, nous parviennent à notre domicile de Longueuil. Le programme mentionne que le chanoine Lionel Groulx sera le président d'honneur des assises préliminaires des États généraux du Canada français. Il prononcera l'allocution d'ouverture. [...] J'accepte donc avec enthousiasme d'être déléguée de la région de Chambly à ces assises.

L'initiative de l'organisation des États généraux du Canada français est due à la Fédération des Sociétés Saint-Jean-Baptiste et a été endossée en avril 1964 par un grand nombre d'associations et de corps intermédiaires. [...]

Jacques-Yvan Morin, professeur de droit constitutionnel à l'Université de Montréal, préside l'assemblée et salue en ces termes les membres présents: «Le but des assises préliminaires est de créer un climat de dialogue entre les groupes qui composent le Canada français, en se penchant sur des problèmes bien concrets d'ordre économique, social, culturel et politique. C'est un sentiment d'urgence qui nous réunit. Dans son rapport préliminaire, la Commission Laurendeau-Dunton constate que les Canadiens français "se définissent de plus en plus comme nation". On ne saurait mieux dire: nous sommes une nation.»

Par la suite, le très efficace Rosaire Morin, président de la commission technique s'exprime ainsi: «[...] Nous sommes divisés: nous comptons au-delà de 20 000 associations locales et plus de 2500 associations provinciales aux objectifs divers et aux vocables différents. Ces milliers de bataillons travaillent dans l'isolement. Ils combattent en rangs dispersés. Ils finissent par en oublier les problèmes de l'avenir de la nation. À cette absence de coordination et de cohésion, il faut encore ajouter le jeu des divisions politiques. N'est-il pas urgent de voir des États généraux assurer la coordination de tous nos efforts? Il importe de circonscrire les problèmes à étudier, fixer les modalités et les procédures pour établir un aussi vaste dialogue.»

(*Ma Vie comme rivière*, tome 3, p. 70-73)

Des gestes qui prenaient figure de symboles

ROSAIRE MORIN

Simonne Monet-Chartrand demeure un modèle pour la jeunesse d'aujourd'hui. Son histoire, ses joies et ses deuils inspireront les générations futures. J'aimerais relater ici quelques faits saillants qui illustrent son attachement indéfectible à sa patrie québécoise.

Dès les années 1940, ses convictions sont formées. Cette grande dame était une femme de principes. Elle exprimait ses convictions par des actes qui prenaient aussitôt figure de symboles. Ainsi qu'ils l'avaient tous deux voulu, c'est l'abbé Lionel Groulx qui avait béni son union avec Michel. C'est aussi l'abbé Groulx qui avait baptisé leurs sept enfants, chacun d'eux drapé pour la circonstance dans un immense drapeau fleurdelisé! Il faut imaginer la scène…

Simonne était une femme de caractère. Toute jeune, elle ne craignait déjà pas d'affronter un auditoire hostile. À titre d'exemple, citons son intervention, en 1942, à une assemblée libérale tenue en la salle Saint-Jean-de-la-Croix à l'époque de la

Ex-président de la Ligue d'Action nationale, Rosaire Morin est membre du conseil d'administration de la Fondation Lionel-Groulx et directeur de la revue *L'Action nationale*.

crise de la conscription. Simonne est dans la vingtaine. De son siège d'auditrice, elle intervient crânement et se met à questionner l'orateur, en l'occurrence le major Laflèche. Les «hommes forts» de service l'abordent sans courtoisie et l'expulsent de la salle *manu militari* en dépit des protestations et de l'intervention du jeune Pierre Elliott Trudeau, qui subit aussitôt le même sort!

Simonne était courageuse. Au cours de la guerre de 1939-1945, lors de la campagne électorale d'Outremont qui opposait le candidat des «conscrits», Jean Drapeau, au même major Laflèche, elle participait activement aux assemblées publiques anti-conscriptionnistes. En l'apercevant au rassemblement tenu au marché Jean-Talon, Henri Bourassa, qui connaissait fort bien cette fille de juge, lui conseille de retourner promptement à la maison, à cause de sa «condition»… Simonne était alors enceinte et le chef nationaliste estimait que sa place n'était pas dans un tel lieu! L'exhortation de l'illustre vieillard demeura sans suite et Simonne resta aux côtés de Michel qui s'activait à l'organisation.

Simonne était sincère. Que de fois elle a payé cher pour demeurer fidèle à ses convictions! Aux premiers temps de son mariage, déjà mère de quatre enfants, elle refusa d'encaisser les chèques d'allocation familiale versés par le gouvernement fédéral, pour la simple raison que la sécurité sociale était, selon elle, une compétence qui relevait en exclusivité de l'État du Québec!

Simonne était très active. Elle prononça des centaines de discours pour appuyer tour à tour le Bloc populaire, le Parti social démocratique et enfin le Parti québécois auquel elle avait adhéré dès sa fondation. Elle consacra beaucoup d'efforts pour développer des coopératives: la Bonne Coupe, la Familiale, la Coop de Longueuil. Il faut aussi souligner ses multiples interventions pour appuyer les femmes des grévistes de Magog, de Shawinigan, de Lachine et d'ailleurs.

Simonne était une femme énergique. Les exemples en sont multiples. Citons son attitude lors de l'assemblée de protestation contre la Loi sur les mesures de guerre en octobre 1970. L'assemblée se tenait à la salle des Dominicains de Saint-Albert-le-Grand, chemin de la Côte-Sainte-Catherine. Marc Lalonde, alors ministre dans le cabinet fédéral, s'y présente en affectant une attitude des plus décontractées… Simonne Chartrand, au nom de son mari emprisonné, réclame et obtient de l'assemblée, outrée, l'expulsion de la salle du ministre fédéral qui était venu les narguer.

Simonne était une femme de devoir, toujours sur la brèche. Elle n'avait pas froid aux yeux. Elle était éprise de justice sociale. Elle s'est battue toute sa vie pour des idées, pour la défense des droits, pour améliorer le sort des personnes défavorisées et pour la libération nationale du Québec. Elle demeurera l'une des grandes dames qu'aura produit le peuple québécois au cours de son histoire.

Au temps du Bloc populaire et de la crise de la conscription

12 janvier 1944. Je compte accoucher de mon second bébé d'ici une quinzaine de jours. Nous avons quand même, avant cet événement, décidé de réunir chez nous parents et amis pour discuter de l'importance de mieux propager le journal du Parti, *Le Bloc,* et d'y faire collaborer des gens de divers milieux. Ont répondu à notre invitation l'abbé Lionel Groulx, Paul Massé, Eugène Therrien, Philippe Girard, Ginette et Victor Trépanier, rédacteur du journal, André Laurendeau et Ghislaine. Ce fut une rencontre amicale et joyeuse qui laisse présager de bons résultats.

Dominique Beaudin, rédacteur de *La Terre de chez nous* publiée par l'Union catholique des cultivateurs [devenue l'Union des producteurs agricoles], s'engage à rédiger une «chronique du conscrit». Pour ma part, je m'offre à écrire quelques articles si mes tâches maternelles m'en laissent le loisir. [...]

Gabriel [Chartrand], de dix ans l'aîné de Michel, s'était enrôlé volontairement dès septembre 1939 au tout début de la guerre dans le Royal Montreal Regiment (RMR). Sergent, il était parti en décembre avec le premier contingent des troupes canadiennes. Il avait été attaché au War Office de Londres, puis, en 1940, la France étant occupée, il était entré dans la Résistance et y avait servi durant neuf mois. Ses bons états de service et la nécessité d'un repos bien mérité lui valurent un retour, un congé dans sa famille. Ce 2 février 1944, je rencontrai pour la première fois ce «phénix de capitaine». Inutile de relater ici les vives discussions et les propos contradictoires échangés entre les «archanges Chartrand» sur le rôle du Canada et des Canadiens dans la guerre en Europe.

(*Ma Vie comme rivière,* tome 2, p. 203)

Mère et militante

FRANÇOIS-ALBERT ANGERS

J'ai, à la fois, bien connu et peu connu Simonne Monet-Chartrand!

Peu connue: je pourrais compter les fois où nous nous sommes rencontrés. Tout en participant dans l'ensemble aux mêmes courants de pensée, en particulier sur le plan canadien-français, nous circulions plutôt dans des milieux parallèles. Nous avions aussi des amis communs, notamment les Laurendeau[1]. C'est avec le côté Chartrand du couple que j'ai été le plus associé, par périodes plus que continûment, sans être devenu un familier de la maison.

Quand même bien connue, parce que j'ai constamment entendu parler d'elle, de ses idées, de son activité. Il arrivait que nous nous parlions au téléphone. Je l'ai vue et entendue, comme bien d'autres alors, à la radio ou à la télévision. Et, bien sûr, j'ai

---

Professeur à l'école des Hautes Études commerciales, François-Albert Angers a été engagé pendant plus d'un demi-siècle dans l'action nationale. Il a été président de la Ligue d'Action nationale, directeur de la revue *L'Action nationale* et président de la Société Saint-Jean-Baptiste de Montréal (1969-1973).

1. André et Ghislaine Laurendeau. André Laurendeau a participé à *L'Action nationale* et a été rédacteur en chef au *Devoir*. Il a aussi été l'un des coprésidents de la Commission Laurendeau-Dunton sur le bilinguisme et le biculturalisme.

lu ses livres. J'avais pour elle beaucoup d'estime, pour ce qu'elle représentait. Je trouvais son expérience de vie particulièrement intéressante dans un monde en pleine évolution, tout spécialement le nôtre qui a été en ébullition.

C'est par rapport à ce dernier aspect, capital cependant, que je peux porter témoignage. Il m'est facilité par les quatre tomes de son autobiographie, où elle se révèle elle-même telle qu'elle voulait ou croyait être. Ma connaissance d'elle me permet d'apprécier l'authenticité de son témoignage. Il m'apparaît alors que, dans notre monde, elle occupe, avec Michel d'ailleurs, une place toute spéciale. Les Chartrand, par leur authenticité et leur sincérité sans failles, malgré des excès (qui sont plus le fait de Michel) et dans ces excès mêmes, en appellent à notre amitié et aussi à notre admiration.

Tout d'abord — car je crois que chez elle c'était l'essentiel — ce fut une femme de foi, de foi en Dieu, de foi chrétienne. Si profonde qu'elle transcendait les personnes (sauf celle de Jésus) et portait sur des valeurs. Les erreurs humaines ne l'en faisaient pas dévier. Quelles valeurs? «Le respect et l'autonomie des personnes, le don de soi et la gratuité des gestes, la puissance de la solidarité, la force de l'amour», nous dit-elle. (*Ma Vie comme rivière*, tome 2, p. 9)

Cette foi s'organisait au départ en fonction du couple, du couple traditionnel même, où la femme se veut l'accompagnatrice du mari, quoique dans la complète autonomie des deux personnes. Elle l'a affirmé dix fois plutôt qu'une à travers ses mémoires. Couple traditionnel au surplus jusque dans l'idée de fécondité biologique du couple. Elle écrit dans son autobiographie:

> Comme épouse et mère, j'ai voulu réaliser les exigences de ma personnalité et de mes convictions, hors des modes, de la puissance de l'illusion, des méfaits du pouvoir, des critères établis de succès. [...] Ce que j'ai fait de mieux dans ma vie, ce sont des personnes; non des bébés, non des petits

enfants, mais des personnes. L'éducation à les rendre adultes commence tôt et a des exigences et des joies quotidiennes parfois épuisantes, le plus souvent valorisantes pour tous: enfants, parents, société. À condition d'y mettre le prix: celui de l'amour, de la patience, de la persévérance. C'est ce que j'ai fait de mieux. (Tome 3, p. 193)

À remarquer: cette vision des choses ne comporte aucune sublimation de la maternité. C'est le constat que cette réalité biologique apporte à une mère l'occasion d'une contribution de la plus haute portée au progrès de l'humanité: des personnes humaines formées à la recherche de l'excellence par l'éducation. Elle écrira à son père à ce sujet: «Pour moi, la maternité n'est pas qu'une vocation, c'est aussi une profession. Il faut être bien qualifiée pour l'exercer, donc lire et étudier sur divers sujets de puériculture, de psychologie, de nutrition, d'éducation.» (Tome 2, p. 289)

Fernand Dumont écrivait, dans la revue *RND* de mars 1993, au sujet des véritables sentiments chrétiens:

Ceux qui pratiquent vraiment le grand sacrement [de l'amour], ce sont ceux qui acceptent de risquer leur réussite personnelle en essayant de faire le bonheur de l'autre. Ce sont tous ceux qui croient assez en l'humanité pour donner la vie, même si cela coûte parfois beaucoup et longtemps. Le grand sacrement est si peu affaire de belles paroles. Quand un couple croit que l'amour est la loi profonde de l'histoire humaine, ne touche-t-il pas l'éternelle vérité de la vie?

Ce texte situe bien la vision de Simonne Monet-Chartrand sur le couple, la famille, la maternité, comme étant au cœur de la pensée chrétienne. Mais sa façon de le dire s'inscrit dans un langage adapté aux structures sociales modernes. Vocation, certes! Mais en termes de fonction sociale, véritable profession en raison même du rôle à jouer dans la société! Il y a là une intuition qui constitue une véritable «analyse». Une analyse qui renouvelle un certain langage sociologique, lequel à l'heure actuelle dégrade quasi systématiquement la maternité et le rôle de la femme au foyer. On ne cesse d'insister sur les exigences de l'école pour former les nouvelles générations dans un monde qui réclame des humains de plus en plus développés. Et le rôle de la famille dans tout cela?

Vous me direz que cette conception de la maternité impliquerait la rémunération du travail de la mère au foyer! Je rappellerai seulement ici que l'Église catholique, contre laquelle les femmes ont souvent tant de griefs à formuler — y compris d'ailleurs Simonne Monet-Chartrand —, a réclamé, pendant tout le siècle de l'installation du capitalisme, la rémunération du travail salarié sur une base familiale. Le salaire familial comportait une allocation pour l'épouse comme pour les enfants.

Femme au foyer, certes, Simonne Monet-Chartrand a tenu à l'être et même à s'y complaire. Mais femme confinée au foyer, il n'en était pas question! Inutile d'insister puisque c'est son activité publique qui lui valut la renommée qu'elle a aujourd'hui, plus que ses exploits familiaux. Mais ses succès dans les deux domaines et le sentiment de satisfaction bien équilibré qu'exhalent ses mémoires invitent à la réflexion sur beaucoup de problèmes d'aujourd'hui.

D'autres, dans ce livre, auront fait l'inventaire et dressé le bilan de cette activité publique. Dans ce témoignage, je voudrais seulement en souligner l'esprit. Sous son apparence de douceur et de modération, Simonne Monet-Chartrand était une radicale. Et en cela, dans un style différent, il y avait plein accord entre Michel et Simonne. Dans une entrevue à Radio-Canada, elle expliquait:

> Il y a eu, à travers l'histoire, des anarchistes, des révolutionnaires non violents qui ont changé le cours des événements. Je me suis mise à leur école. À celle de Jésus de Nazareth et, plus récemment à celle de Gandhi, le Mahatma, la «grande âme». [...] Lanza del Vasto appliqua les mêmes

principes en France [...]. Ces hommes n'ont pas cherché à exercer le pouvoir par la force mais à convaincre leurs contemporains de la nécessité de développer un pouvoir moral. (Tome 3, p. 28)

Pourquoi ce radicalisme? «Pour éviter les abus d'autorité, les citoyens doivent être très vigilants, très exigeants et même contestataires afin de sauvegarder les libertés individuelles et collectives durement acquises et assainir les mœurs politiques.» (Tome 3, p. 28)

Dans cet esprit et ces perspectives, elle nous dit elle-même ce qu'elle a été dans la vie publique:

À la fois indépendantiste et socialiste (Parti socialiste du Québec), j'ai toujours entretenu des liens précieux avec des groupes féminins et féministes radicaux: j'ai milité au sein de groupes de défense des droits civiques tant au Québec que dans l'ensemble du Canada. Dilemme? Paradoxe? Plusieurs y ont vu une attitude paradoxale, pour moi, c'est une attitude d'ouverture et d'équilibre. (Tome 3, p. 317)

Encore ici, dans sa vie publique comme dans sa vie privée, nous sommes face à l'inusité, dans un monde lui-même inusité, en transition, en dépit de ses certitudes proclamées et qui pourraient bien n'être que des apparences. Et ce qui est remarquable chez Simonne Monet-Chartrand, et qui en fait une figure de proue du monde féministe, c'est son souci de tenir tout ensemble, de concilier ce qui est apparemment inconciliable et d'y réussir, au moins pour elle-même et pour ses proches. D'aller de l'avant sans rien laisser tomber de ce qui doit être conservé du passé. Que ce parti pris d'équilibre et de conciliation fut bien dans son caractère et dans ses motivations conscientes, ses mémoires nous en apportent le très net témoignage:

Ma Vie est tissée de l'amour reçu et donné. Ma Vie est comme une rivière, je sais d'où elle vient, je devine où elle va. Je vis sur chaque rive. Ma Vie est une rivière féconde qui me ravit. D'une rive à l'autre, ma Vie est tissée de l'amour reçu et donné. [...] Par l'écriture, mon nouveau moyen d'expression, ma Vie coule entre deux rives que j'essaie de rejoindre en créant un pont d'affection entre les hommes et les femmes, entre les générations passées et présentes. (Tome 3, p. 29)

Qui était Simonne Monet-Chartrand? Qui est-elle maintenant en tant que témoignage et symbole pour la solution des problèmes de notre société? Lors de ses funérailles, alors que Monique Richer, du *Journal de Montréal*, sollicitait ma réaction, je répondais, comme cela, à brûle-pourpoint: «C'est une femme exemplaire en ce qu'elle a su concilier dans sa vie tradition et progrès, et en faire un succès.» Surtout qu'elle n'a pas fait les choses à moitié; et que dans sa rivière, il y a des contre-courants à la fois pour ceux qui sont trop rigoureusement traditionalistes et pour les féministes à tout crin. Il reste que sa position, de par ses idées et sa vie, se situe au nœud gordien des questions que soulève, à l'heure actuelle, l'évolution du féminisme: celui des enfants, de la jeunesse, en fonction de la place et du rôle de la maternité dans une société qui se veut civilisée. Après les euphories du premier demi-siècle féministe, où il s'est agi surtout de rectifier des situations en fonction des droits individuels de la femme, il reste — et c'est là le sens profond des débats actuels chez les féministes mêmes, ou plus généralement dans le monde féminin — à harmoniser les modes d'exercice de ces droits individuels avec les droits collectifs. Cela pose forcément — vu la spécificité féminine de la maternité — la question de l'avenir des enfants, de ce qu'ils deviendront dans la société de demain à la suite des transformations provoquées dans la vie familiale par les nouvelles définitions des rôles féminins.

On peut bien croire que Simonne Monet-Chartrand ne serait pas facilement acceptée comme modèle formel. J'espère cependant qu'elle ne sera pas oubliée; qu'elle sera considérée au contraire comme un prototype qu'il conviendra sans cesse d'interroger.

Jamais elle n'a renoncé

NICOLE BOUDREAU

Dans une lettre qu'elle m'adressait le 16 mars 1990, Simonne écrivait: «Excuse le griffonnage, mes doigts sont perclus d'arthrite et j'ai peine à les plier pour écrire. Mais je persiste quand même.» Je persiste, je persévère, aurait-elle pu écrire également. Quand on compare le sens de ces deux mots, on se rend compte qu'elle cumulait les deux qualités. Non seulement était-elle persévérante, constante dans l'effort et dans l'action, mais elle demeure, au-delà de la mort, persistante, celle qui dure, qui ne disparaît pas. Et cela, comptons sur les générations futures pour en témoigner.

Ses doigts perclus d'arthrite ne l'empêchaient pas, dans cette même lettre, d'exprimer ses inquiétudes concernant la reprise du traditionnel défilé de la Saint-Jean. Ça l'inquiétait, elle se rappelait les événements de 1968 et 1969. En 1968, la présence à la tribune d'honneur de Pierre Elliott Trudeau avait mis le feu aux poudres. Des manifestants indignés l'avaient bombardé de projectiles de toutes sortes. En 1969, des militants

Première femme présidente de la Société Saint-Jean-Baptiste de Montréal (1986-1989), Nicole Boudreau a assumé la direction générale de la Fête nationale du Québec en 1990. Elle est présentement à la Direction des communications de l'Année internationale de la famille (1994).

nationalistes avaient renversé le char allégorique promenant un gigantesque saint Jean-Baptiste en papier mâché, le décapitant littéralement.

Ayant en mémoire ces événements, Simonne était éminemment consciente des répercussions qu'un climat politique tendu comme celui qui prévalait au Québec en 1990 pourraient avoir sur l'humeur populaire. Deux événements majeurs étaient prévus pour le 23 juin, la veille même de la Fête nationale: c'était l'échéance fixée par le gouvernement canadien pour la ratification de l'Accord du lac Meech et la date de l'accession d'un nouveau chef, Jean Chrétien en l'occurrence, à la tête du Parti libéral du Canada. Simonne n'était pas sans en mesurer les conséquences. Les débats houleux qui avaient entouré les multiples tractations des dirigeants québécois et canadiens qui souhaitaient, prétendaient-ils, voir le Québec réintégrer le giron constitutionnel «dans l'honneur et dans l'enthousiasme» lui semblaient porteurs de lendemains inquiétants.

Elle appréhendait d'autres bouffées de violence, de rage trop longtemps contenue. Elle était inquiète, mais elle avait confiance. Elle terminait son message d'amitié en écrivant: «Bonne chance et beaucoup d'espoir. Je suis à ta disposition en tout temps.» Pas étonnant qu'elle ait, encore une fois, dans un même souffle, réaffirmé sa disponibilité et parlé d'espoir. Cela lui était propre.

Parlons de sa disponibilité d'abord. L'extrême complaisance qu'elle mettait à accéder à nos requêtes pour toutes les causes qui nous étaient chères n'était en rien surprenante, puisqu'elle savait au fond d'elle-même qu'elle avait été en quelque sorte l'une des sources, sinon la première instigatrice de notre engagement à ces causes. Tel le Petit Prince, elle se sentait tout simplement responsable de ce qu'elle avait apprivoisé. Simonne avait accouché d'une nouvelle façon de faire, d'une nouvelle manière de s'engager et toutes, nous nous reconnaissions des affinités avec ce style unique.

Le sceau de Simonne, la griffe de Simonne étaient identifiables entre mille. Simonne avait, une fois pour toutes, courageusement laissé au vestiaire ce que l'auteur Alexandre Jardin qualifie de prêt-à-porter de la pensée, ces idées de tout le monde sur le comment faire. Elle avait développé un style indiscutablement nouveau et une approche tout à fait inédite, pourtant nettement inspirés de la plus pure tradition de gros bon sens paysan qui a toujours caractérisé son peuple. C'est ce gros bon sens légendaire, reçu en héritage, plus une profonde sensibilité qui lui dictaient ses comportements. Elle était là où il fallait être. Dans l'ombre ou à la lumière. Peu lui importait. Ce qui la préoccupait, dans toutes les causes qu'elle a défendues, c'était justement le triomphe du bon sens. Uniquement.

Elle fuyait la confrontation et les rapports de force. Elle les trouvait stériles et cela la rebutait. À d'autres, disait-elle. Cela ne l'empêchait pas d'avoir son franc-parler. Elle faisait sienne cette phrase de Marguerite Yourcenar: «On ne doit pas craindre les mots, lorsqu'on a consenti aux choses.» Quand finalement elle avait consenti à une chose que son sens aigu de la justice et de l'équité lui faisait apparaître incontournable, alors elle ne craignait pas les mots.

Ils sortaient clairs, nets, précis, terriblement percutants et, surtout, si profondément teintés d'humanité qu'ils distillaient en chacun de nous la nécessaire dose de vrai, d'authentique, de réel si souvent reléguée au second plan. Elle parlait notre langage, celui du cœur, de la raison, de la passion. Ah, la passion de Simonne! Ah, l'éblouissante, la contagieuse passion de Simonne! Une passion qui vous happait, qui vous retournait comme une crêpe, qui vous donnait envie de partir au grand galop derrière elle, dans ce sentier lumineux qu'elle ouvrait à grands coups de passion. Une passion débordante et dévorante. Simonne faisait tout passionnément. Elle aimait un homme passionnément, elle aimait les Québécois passionnément, elle aimait les femmes passionnément, elle aimait l'écriture passionnément, elle aimait discuter, convaincre, persuader passionnément. Elle aimait la vie… passionnément.

La passion de Simonne n'avait d'égale que sa séduction. Je

ne sais pas si elle aimerait qu'on dise d'elle qu'elle était séduisante. Et pourtant, Simonne était l'incarnation même de la séduction. Elle était séduisante, envoûtante même. Il fallait la voir après une causerie ou une conférence. Avant la conférence, elle se demandait pourquoi, d'un bout à l'autre du Québec, on continuait à l'inviter. Elle se demandait, la modeste Simonne, ce qu'elle pourrait bien raconter qui suspendrait l'auditoire à ses lèvres. C'était compter sans ses yeux, pétillants d'intelligence et qui scrutaient l'assistance pour mieux sentir quel ton, quels mots utiliser pour trouver le chemin du cœur, c'était compter sans sa verve, son humour, sa mémoire vive d'où surgissaient tant de détails, tant d'images toutes plus évocatrices les unes que les autres. Et surtout, c'était compter sans la puissance et la force du message qu'elle portait en elle et qu'elle consentait à partager avec nous. Après la conférence, Simonne rayonnait. Encore une fois elle avait conquis, elle avait séduit ces hommes et ces femmes qui, l'espace d'un moment, s'étaient sentis moins seuls, plus solidaires que jamais, partie prenante, indissociables d'un tout. Souvent, elle leur avait redonné l'espoir.

Simonne parlait beaucoup d'espoir. Elle savait que l'espoir fait vivre. Et elle aimait passionnément la vie. L'espoir de Simonne reposait sur la confiance qu'elle témoignait aux siens. Son homme, ses enfants et petits-enfants, les Québécois, nous les femmes, l'humanité. Chez elle, le mot espoir était automatiquement assorti du mot confiance. C'est parce qu'elle n'a jamais perdu confiance que, même dans les moments les plus sombres, scintillait toujours la petite flamme de l'espoir.

La désespérance ambiante, ce sentiment terriblement répandu en cette fin du XXe siècle, lui donnait la chair de poule. Elle ne pensait qu'à soulager, apaiser, atténuer la douleur. Jamais elle ne s'est déclarée vaincue devant la bêtise humaine qui la plupart du temps est la source même du désespoir.

Il y a des tas de choses dont j'aime me souvenir d'elle. J'aime me rappeler sa force mais aussi, j'aime me rappeler sa fragilité. Fragile et vulnérable comme sont les êtres humains parfois, quand ils décident d'abattre les remparts. Une fragilité qui inverse les rôles, le dernier acte d'amour qu'une femme comme Simonne pouvait poser à l'endroit de ceux qu'elle aimait. Nous dire à quel point elle avait besoin de nous, nous qui l'avions de tout temps harcelée de mille demandes, nous qui l'avions sollicitée pour tous les combats, nous qui avions pleuré sur son épaule, déroutées, désenchantées.

Et puis ce que j'aime me rappeler d'elle par-dessus tout, c'est sa dignité. Qui demandait à quelqu'un d'autre, un jour, s'il connaissait la différence entre une femme du monde et une grande dame? La femme du monde, disait-il, est une femme qui se tient droit. La grande dame, c'est celle qui se tient debout. Je ne l'ai pas connue autrement. Simonne se tenait debout. C'était une grande dame. Ce qui se fait de plus grand. Elle en imposait. Jamais elle n'a vacillé, jamais elle n'a renoncé, jamais elle n'a abdiqué quand elle avait le sentiment profond de travailler au bien commun, quoi que cela lui ait coûté. À maintes occasions, elle aurait pu se révolter, pousser les hauts cris. Elle a préféré agir. Sereinement, efficacement, humblement très souvent.

Sa vie aura été féconde. Les gestes qu'elle a posés nous interpellent. Ils sont empreints d'une qualité rare, peu courante de nos jours: la bonté. Simonne était bonne. Elle faisait le bien à une époque où les gestes teintés de bonté surprennent, tellement ils sont inattendus, inespérés peut-être. C'est parce qu'elle était bonne, d'une bonté lucide que Simonne s'inquiétait de la reprise du défilé en 1990. Elle craignait pour le peuple québécois. Elle avait peur de ses excès. Peur qu'il ne trouve là, comme il l'avait fait en 1968 et 1969, un moyen d'exprimer ses frustrations, sa colère, son impuissance. Peur qu'il ne perde sa dignité.

Quelques jours après le défilé, Simonne m'a téléphoné. Elle était radieuse. Elle était tellement, tellement fière, ne cessait-elle de répéter. À la fin de notre conversation, je n'ai pu m'empêcher de penser que cette fierté, elle avait toutes les raisons de la ressentir. Elle pouvait bien être fière, Simonne! En ce 25 juin

1990, ce «Trente ans de puissance tranquille» qui, sous un soleil éclatant, défilait rue Sherbrooke, illustrant toute l'évolution qui a marqué le Québec depuis le début de la Révolution tranquille, elle y avait plus que largement contribué!

Octobre 1970

Michel Chartrand venait de quitter subitement la maison, encadré de deux policiers de la Sûreté du Québec et de deux autres de la Gendarmerie royale. C'était le 16 octobre, il était 5 h 10 du matin.

Éduquée dans un milieu juridique, j'avais demandé, dès la brusque entrée des policiers: «Avez-vous un mandat d'arrestation?» On m'avait répondu: «On n'en a pas besoin. La proclamation de la Loi sur les mesures de guerre nous donne tous les pouvoirs. Des pouvoirs d'urgence.»

— Guerre de quoi? Urgence de quoi? Comment pouvez-vous justifier d'entrer chez des gens endormis au petit matin, sans mandat?

— Simonne, ne discute pas avec eux. Ils font «leur job»; ils sont en service commandé. Ouvre plutôt la radio.

La nouvelle était consternante: «Par une décision du gouverneur général en conseil, la Loi sur les mesures de guerre, votée à 4 heures de la nuit, autorise les corps policiers à perquisitionner et à emmener sans mandat tout citoyen soupçonné d'affiliation ou même de sympathie au Front de libération du Québec (FLQ). Le gouvernement fédéral invoque les pouvoirs de la Loi sur les mesures de guerre pour parer à l'état d'insurrection appréhendé dans la province de Québec.» [...]

J'étais très agitée. Mes gestes étaient surveillés de près. Je courus au téléphone de la cuisine. Les policiers m'en interdirent l'usage. Je grimpai à toute allure au second étage où dormaient les deux plus jeunes, Dominique et Madeleine, et l'un de leurs amis cégépiens. Deux policiers étaient déjà postés près du téléphone du deuxième étage. Ils déposèrent leurs pistolets sur l'appareil. Je me sentais prise dans un guet-apens. Je tenais à demander des explications et des renseignements sur cette nouvelle loi à mon frère, alors juge à la Cour supérieure. Par abus de pouvoir, on me le défendit. [...]

Mais moi, qui étais-je maintenant? Simonne Chartrand serait-elle dorénavant perçue comme la femme de Michel ou «la femme à Michel» selon les milieux? J'étais une simple citoyenne, sans droit de recours, que le pouvoir et les médias d'information avaient à l'œil.

(*Ma Vie comme rivière*, tome 1, p. 17-19)

Le soir du 16 octobre, à la télévision d'État, le premier ministre Trudeau fait une déclaration: «Les ravisseurs du FLQ auraient pu s'emparer de n'importe qui, de vous, de moi ou même d'un enfant. Demain la victime aurait été un gérant de caisse populaire, un fermier, un enfant si l'armée n'était intervenue par la Loi sur les mesures de guerre.»

Comment puis-je oublier son odieuse et impertinente intervention? J'ai pu lire par la suite, grâce à un journaliste mieux informé, Louis Fournier de *Québec-Presse*, que la position du gouvernement fédéral avait d'abord été exprimée en Chambre, le 16 octobre, par nul autre que Jean Marchand, ex-syndicaliste, bras droit de Trudeau: «Nous savons, grâce à des informations de la police, qu'il y a une organisation qui possède des milliers de fusils, de carabines, de "machine-guns", de bombes et à peu près 2000 livres de dynamite, ce qui est suffisant pour faire sauter le cœur de la ville de Montréal.»

Démagogie. Hypocrisie.

(*Ma Vie comme rivière*, tome 4, p. 176-177)

Nous n'avons rien oublié

PAULE DAVELUY et SUZANNE CLOUTIER-ROCHER

Montréal, 19 janvier 1993

Madame Suzanne Rocher
Lakeworth, Floride, É.-U.

Chère Suzanne,

Ce n'était pas à mon programme de t'écrire aujourd'hui. Je suis lancée dans ma traduction à fond de train. Mais la vie réelle nous rattrape au tournant. Tu as dû apprendre le décès de ta compagne de campagnes d'autrefois, Simonne Monet-Chartrand. J'ai découpé pour toi les témoignages qui abondent dans les journaux. «Un modèle», dit-on d'elle. Tu liras. Si tu avais été là, je suis certaine que tu serais allée lui rendre un dernier hommage (même si elle s'était faite plus rare pour toi, ces dernières années). L'hommage, toi, tu le lui as rendu dans des circonstances exceptionnelles. Tu as peut-être oublié. Pas moi. Et je vais même le raconter à Michel C. en envoyant un don pour l'UNICEF. J'ai eu *pour toi*, à ce moment-là, une énorme admiration: tu étais fidèle à l'amitié. *Pour elle*, Simonne, aussi: elle faisait face à l'opinion. T'en souviens-tu? C'était la crise d'octobre. Les Forces armées régentaient le Québec et plus particu-

Paule Daveluy, née Cloutier, écrivaine pour la jeunesse et sœur de Suzanne Cloutier-Rocher dont on peut lire le texte à la page 53.

143

lièrement Montréal. Il régnait un climat de peur, surtout chez les indépendantistes. Michel Chartrand avait été arrêté comme nombre d'autres militants. Pas Simonne. Toi et moi assistions à une rencontre des États généraux de la culture du Canada français à la Place des Arts. On attendait l'ouverture des portes, et des groupes se formaient. Et voilà que Simonne apparaît, toute seule, la figure défaite, et les gens chuchotent: «Son mari a été arrêté. Il est en prison.» Et on la laissait là, comme une pestiférée, craignant d'être associé à la femme d'un homme marqué. Alors toi, tu t'es avancée vers elle, en me tirant par la main, et tu l'as embrassée. Son sourire las mais soulagé, à ce moment-là. C'est ton plus beau titre de gloire. Les autres ont suivi, honteux, je pense, de leur hésitation. Je vous ai trouvées magnifiques, toutes les deux.

C'est juste ça que je voulais te dire. En t'embrassant, moi aussi.

Paulette

*
* *

Note de Suzanne Cloutier-Rocher

Je n'ai pas eu grand mérite à manifester ma sympathie à Simonne. J'étais contre les mesures de guerre et l'incarcération sans procès des cinq cents personnes arrêtées. J'étais contre toute violence: celle des felquistes et celle des gouvernements.

Je me suis impliquée en contribuant à organiser, avec Madeleine Ryan et le Comité des huit, une réunion chez les pères dominicains (le père Vincent Harvey[1] faisait partie du Comité

---

1. Alors directeur de la revue *Maintenant* dans les locaux desquels se réunissait le Comité des huit (Fernand Dumont, Vincent Harvey, o.p., Jean Gérin-Lajoie, Raymond Laliberté, Guy Rocher, Claude Ryan, Charles Taylor) que le gouvernement fédéral accusa par la suite de vouloir former un gouvernement parallèle au Québec.

des huit pour protester contre les mesures de guerre). Cette rencontre réunissait plus de trois cents personnes et les moyens d'action envisagés pour contrer les mesures de guerre divergeaient. Certains voulaient une action directe, une grande manifestation — Simonne faisait partie de ce groupe —, d'autres hésitaient sur la conduite à tenir. La décision fut remise à plus tard.

Les événements, par la suite, obligèrent le Comité des huit et des participants à la rencontre à manifester devant la prison Parthenais où se trouvaient encore les prisonniers. C'était le jour de Noël 1970. Ce jour-là, mes quatre filles, alors adolescentes, et leur père, président du Comité des huit, se retrouvèrent avec Simonne à manifester, une clochette à la main, pendant plusieurs heures devant l'édifice Parthenais.

Simonne était aux barricades, moi à la maison à préparer le festin de Noël pour la famille. Valait-il mieux être Marthe ou Marie? Ou laquelle était Marthe, laquelle était Marie dans les circonstances?

La marche à l'amour

GASTON MIRON

je marche à toi
je titube à toi
je meurs à toi jusqu'à la complète anémie
lentement je m'affale tout au long de ma hampe
je marche à toi, je titube à toi je bois
à la gourde vide du sens de la vie
à ces pas semés dans les rues sans nord ni sud
à ces taloches de vent sans queue et sans tête
je n'ai plus de visage pour l'amour
je n'ai plus de visage pour rien de rien
parfois je m'assois par pitié
j'ouvre mes bras à la croix des sommeils
mon corps est un dernier réseau de tics amoureux
avec mes doigts des ficelles de souvenirs noués
je n'attends pas à demain je t'attends
je n'attends pas à la fin du monde je t'attends
dégagé de la fausse auréole de ma vie

Michel Chartrand, lors de son emprisonnement à Parthenais en février 1971, a fait parvenir ce poème à Simonne. «La marche à l'amour» est tirée de *L'homme rapaillé* de Gaston Miron.

*

*   *

Le poète Gaston Miron a fait paraître ce court texte en hommage à Simonne Monet-Chartrand dans l'aut'journal.

Je ne verrai plus Simonne Chartrand, mais sa présence, autrement, continuera à m'être précieuse. J'ai toujours été impressionné par Simonne. Sa détermination à être elle-même en toutes circonstances, sa ferveur généreuse, sa parole juste et franche. Sa fidélité à ce qu'elle tenait comme étant le sens de sa vie: l'amour de Michel et des enfants, la justice sociale sous toutes ses formes, la lutte des femmes, l'humain, la paix, le pays à instituer... Simonne infatigable, Simonne inépuisable. On ne le saura jamais assez: sa pensée, son action, son espoir font dorénavant partie de notre héritage à tous et à toutes. Merci Simonne.

Libre et fou

Paroles et musique: CLAUDE GAUTHIER

Tout comme un enfant en pénitence
Dans chaque prison il y a toujours un homme
En train de chanter sa résistance
Libre et fou comme un homme
Toi, ô toi, Simonne
Tu sais qu'on grisonne
D'être un peu fou
Toi dans mon silence
Moi dans ton absence
J'␣t'aime comme un fou
J'␣t'aime jusqu'au bout
J'␣t'aime libre et fou
Mais tous ceux qu'on met en pénitence
Ne sont pas toujours dans des prisons qu'on nomme
Dans le cachot de leur existence
Y a des femmes y a des hommes
Vous les patriotes
Vous les Don Quichotte

Texte d'une chanson composée à l'occasion des événements d'octobre 1970 et dédiée à Simonne et Michel Chartrand.

D'un monde à bout
Vous mes camarades
Vous les «mange d'la marde»
J'suis avec vous
Debout debout
Jusqu'au bout
Debout debout
Libre et fou

Syndicalisme, cinquante ans d'histoire vécue

PIERRE VADEBONCOEUR

Il est évident que la modernité se cherchait un passage, vers 1945 ou 1950, dans la société à demi paralysée qu'était la nôtre. La modernité, la créativité, l'actualité, l'authenticité, la liberté. On n'a aucune idée aujourd'hui du confinement où cette société étriquée et autoritaire gardait ses membres. On peut le mesurer rétrospectivement au peu de latitude alors laissée ici aussi bien à l'affirmation qu'à la négation. Le discours était borné, l'action l'était aussi. Mais ce qu'on voit se produire dans ces années-là un peu partout, chez les catholiques, chez les agnostiques, dans la vie intellectuelle, dans le domaine social, dans le domaine politique également, dans la religion, dans les arts, ce sont des signes annonciateurs d'un dégagement. Les individus, dès qu'ils se mettent à agir, prennent spontanément le parti d'ouvrir chacun de leur côté cette société fermée.

L'on comprend bien aujourd'hui cette unanimité fortuite, ce réflexe partout le même, qu'expliquait sans doute une situation très générale. Mais à l'époque, pour l'observateur, il s'agissait de phénomènes sans guère de signification commune et sans portée historique.

Ex-syndicaliste, Pierre Vadeboncoeur est écrivain.

Qu'est-ce qu'on relève? Des choses apparemment dispara-
tes: par exemple, pendant la guerre, la publication de *La Nouvelle
Relève*; tout de suite après, les romans de Gabrielle Roy et de
Roger Lemelin; en 1948, *Refus global* et l'extraordinaire essor de
la peinture; en 1949, la grève de l'amiante et l'impulsion donnée
au *syndicalisme contestataire* par Gérard Picard, Jean Marchand et
quelques autres; en 1950, la fondation de la revue *Cité libre*,
principalement par Pierre Elliott Trudeau et Gérard Pelletier;
enfin, un antiduplessisme croissant, accompagné et renforcé par
le Parti libéral de Georges-Émile Lapalme. Quelques années seulement et l'histoire québécoise commence déjà à s'infléchir...

Le Canada français catholique traditionaliste avait conduit
son monde dans une impasse incroyable. Cependant, des individus çà et là cherchaient instinctivement à rompre ce cercle. Le
parallélisme de ces efforts dispersés saute maintenant aux yeux.
L'art se libère, le roman s'émancipe, une ou deux véritables
rébellions intellectuelles se produisent très ouvertement, la liberté de pensée se proclame, le catholicisme lui-même, chez
certains de ses fidèles, sort de ses ornières, l'action sociale se
radicalise et défie l'ordre établi, la politique se met à penser et
à contester. Enfin, simple détail, il est significatif que deux revues qui naissent au milieu du siècle, à quelque six ans d'inter-
valle, portent en un sens le même étendard: *Cité libre* et *Liberté*.

Michel et Simonne Chartrand n'étaient qu'un cas particulier dans ce mouvement commençant, qu'on ne croyait guère
appelé à se généraliser. Les gens qui y prenaient part n'avaient
pas conscience du caractère foncièrement collectif du phénomène. Je m'en souviens très bien pour ma part: j'écrivais des
articles pour *Cité libre* et ni les miens ni ceux des autres ne me
semblaient jamais devoir avoir d'effets pour la peine, même à
long terme.

Ce n'est qu'à la Révolution tranquille qu'on s'est rendu
compte de ce qui s'était passé et continuait. Vers 1950, chacun
avait intuitivement visé sans trop s'en rendre compte un coin de
l'édifice, une petite partie de cette Bastille. Faire quoi que ce fût

à cette époque, quand on avait vingt ans, trente ans, atteignait nécessairement et ébranlait notre Ancien Régime sur un point ou sur un autre. Le simple fait de vivre, de vivre vraiment, totalement, s'opposait de soi jusqu'à un certain point à l'esprit et à la lettre de ce Régime. On peut dire que la vie de Simonne Chartrand fut une remarquable illustration de cette loi ainsi formulée.

J'ai connu Michel et Simonne en 1950, après mon entrée à la CTCC (Confédération des travailleurs catholiques du Canada, ancêtre de la CSN), au lendemain de la grève de l'amiante. Au même moment, j'entrais aussi à *Cité libre*. Parmi nos camarades, soit à la revue, soit dans la centrale syndicale, soit aux deux: Jean-Paul Geoffroy, Pierre Elliott Trudeau, Gérard Pelletier, Réginald Boisvert, Maurice Blain, Roger Rolland, Jean Marchand et d'autres, tous de classe moyenne ou bourgeoise (y compris les Chartrand, ex-Outremontais comme moi). Quelques-uns étaient passés par l'Action catholique. C'était le cas de Michel et de Simonne. On y prenait, semble-t-il, je ne sais quel sens de la mission, ou du devoir, ou d'une morale, ou d'un programme général d'existence altruiste, ouvrant sur la perspective du salut. Cela procédait d'une pensée forte, cohérente, mais généralement peu artiste, et parfois quelque peu détestable. Cette pensée entretenait cependant des motivations de caractère social.

L'esprit jéciste se transforma rapidement chez Simonne et chez Michel. Grâce à leurs natures également robustes, vivantes et généreuses, le côté artificiel d'une certaine formation cléricale chez les laïcs n'eut pas de prise sur eux. C'est peut-être pour cette raison que leur action n'a jamais cessé et qu'ils ont été absolument fidèles à leur engagement, quel que fût le prix à payer...

Pour ma part, l'Action catholique, je ne m'étais jamais intéressé à cela, bien que je n'étais pas irréligieux. Je m'intéressais à l'art, à la vie personnelle. Ce n'est pas par sentiment du devoir que je me suis lancé dans l'action syndicale, mais par esprit contestataire, indignation, enthousiasme, esprit de solidarité, et

sans doute aussi à cause d'un fond d'agressivité jusque-là inem-
ployé mais considérable... Et puis je me cherchais un emploi. En
tout cas, mon adhésion était directe et se passait de justification
externe. Certaines de ces dispositions sans détour me rappro-
chaient du couple Chartrand ou de Geoffroy, par exemple.

Il n'y avait pas de mérite particulier, pour un enfant de la
bourgeoisie, à plonger dans l'action populaire. Cela se voit partout dans le monde. J'avais fait mon droit. L'exercice de cette
profession me paraissait ennuyeux au possible et je trouvais toute
carrière conformiste assommante. Chez les enfants de la bourgeoisie, l'obsession ou le souci de l'argent peuvent ne pas exister. Simonne était fille de juge, comme elle l'a rappelé si souvent, et elle avait vécu une enfance sans problème. La condition
plus que modeste, difficile, qu'elle allait connaître ne pouvait
l'effrayer. En 1950, 1955, 1960, mes amis, militants syndicaux,
s'arrangeaient avec rien. L'argent n'avait pas d'importance. Mais
il est vrai que les Chartrand, à certaines périodes, connurent le
dénuement, la misère même. L'action tumultueuse de Michel,
emprisonné parfois, congédié un jour de la CTCC et risquant si
fréquemment tout, était cause d'innombrables soucis pour
Simonne, qui avait sept enfants, un militant de mari toujours
parti, les problèmes du foyer, un budget impossible à adminis-
trer, etc.

Les Chartrand n'étaient ni plus ni moins engagés que
d'autres que j'ai connus, mais les circonstances, pour eux,
étaient plus ardues. Il faut dire que les femmes de militants
avaient de la trempe et n'étaient pas plaignardes. Les hommes
ne rechignaient pas non plus devant le travail à accomplir ni
devant les soucis de leur condition financière. Cela ne comptait
pas, ni les congés, ni même les vacances: souvent on s'en passait
complètement. D'ailleurs, il en était certes de même pour les
syndicalistes, plus nombreux, ouvriers, employés, qui avaient
quitté leur emploi pour devenir permanents syndicaux et dont
les heures de travail n'avaient pas de fin. Cet esprit était des
mieux partagés.

À la CTCC, les sources intellectuelles des permanents ou dirigeants qui avaient une instruction universitaire, tels Geoffroy, Marchand, Picard, étaient européennes, surtout françaises, plus qu'américaines. Un type comme Geoffroy, par exemple, avait fait un séjour en France où il avait travaillé avec le père Lebret et le groupe Économie et humanisme. Dans l'Action catholique, on lisait Jacques Maritain, Emmanuel Mounier. Moi-même, j'étais féru de Charles Péguy et je lisais des ouvrages sur l'histoire syndicale française. Cette référence à la France était répandue au Québec. Paul-Émile Borduas avait vécu et travaillé en France, de même qu'Alfred Pellan. L'enseignement, dans les collèges, était de tradition française, notamment chez les Jésuites. Dans l'histoire moderne et contemporaine de la France, que nous avions apprise, il y avait un grand nombre de modèles dont on pouvait s'inspirer. Le pays intellectuellement le plus illustre au monde, et historiquement le plus remuant depuis près de deux siècles, fournissait en abondance des exemples que l'Amérique était souvent incapable d'offrir. Pour les catholiques: le renouveau religieux, les prêtres-ouvriers, la liberté dans la foi, le radicalisme social des catholiques de gauche. Pour eux encore et pour les autres: la tradition révolutionnaire, l'exemple de l'engagement, si en faveur depuis la fin de la guerre. Il résultait de tout cela que le syndicalisme de la CTCC allait trancher sur le syndicalisme américain. Ce serait un syndicalisme de gauche, où l'on sympathiserait d'ailleurs avec le socialisme anglo-canadien, surtout celui de l'Ouest, qui était encore proche de ses sources. Je me souviens entre autres qu'au congrès de fondation du Nouveau Parti démocratique, en 1961, la délégation québécoise s'entendait fort bien avec celle de Colombie-Britannique et que l'une et l'autre formaient l'aile gauche du parti que l'on était à fonder, à l'encontre des tendances de plusieurs autres délégations provinciales, dont celle de l'Ontario, plus centriste. C'est le centre qui prévalut, avec l'aide de tous les gros canons du parti.

La pensée sous-jacente de la CTCC des années 1950 (à ne pas confondre avec sa pensée «officielle») était une sorte d'amalgame de la pensée sociale française, de christianisme social de gauche, d'un socialisme démocratique d'inspiration britannique ou canadienne, d'antiduplessisme, de volonté de changer l'ordre social québécois, de critique anticapitaliste, de radicalisme syndical et de liberté naissante de pensée et d'action. Ajoutez à cela les pratiques américaines de négociation collective. Il n'y a aucun doute que la CTCC commença à réaliser la Révolution tranquille bien avant la lettre.

Cette fusion originale d'éléments tout de même divers, et aussi l'élément nationaliste, le pacifisme et plus tard le féminisme, formèrent l'essentiel de la pensée progressiste de quarante ans de notre histoire. Simonne Chartrand avait intégré tout cela dans sa propre pensée — aisément, car cela correspondait à ce qu'elle était naturellement elle-même. Elle menait sa propre action, indépendamment de celle de son mari. Elle faisait de l'éducation populaire, s'activait dans divers mouvements, dont le Mouvement pour le désarmement nucléaire et la paix, rencontrait des assemblées de femmes de grévistes dans certains conflits syndicaux, animait différents groupes de réflexion et d'action.

Une certaine lecture du Québec moderne peut donc aisément se faire à travers l'histoire de cette femme. Mais Simonne n'en était pas moins reliée à une tradition et, pour elle, la modernité et le présent avaient tout de même de fortes racines. Les valeurs, anciennes et nouvelles, signifiaient à ses yeux quelque chose. Et c'étaient des valeurs, notion aujourd'hui quelque peu oubliée.

Cette description est assez abstraite, comme il arrive quand on se met à évoquer des idées. Mais il y avait le climat. Il y avait la ferveur. Je ne crois pas que ce soit principalement à cause des idées que les années 1950 et 1960 exercent aujourd'hui une certaine fascination. À mon avis, c'est davantage à cause de leur esprit, de tout ce qui s'est passé de nouveau dans ces quelques années, et aussi de la passion avec laquelle les gens vivaient à cette époque pour des causes et des valeurs qui les dépassaient, au mépris de leurs aises et, chez les Chartrand, de leur sécurité.

Dans les années 1950, on n'avait pas l'impression de faire l'histoire en agissant, en écrivant. On agissait au jour le jour, comme ça se présentait. On faisait ce qu'il fallait faire, tout simplement, mais avec une ardeur qu'on peut envier aujourd'hui. Cette action était emballante, ce n'était pas une corvée, même si les conditions d'alors, familiales et autres, n'étaient pas spécialement légères.

Tel était le climat du temps, dans une société qui cherchait de toutes parts à se renouveler. Tel était ce climat, du moins dans certains milieux, en particulier le milieu syndical et le milieu des arts. Mais chez les Chartrand, ce fut certes plus difficile, comme je le dis, à certaines périodes et d'ailleurs un peu tout le temps. Simonne a toujours assumé les difficultés de son état et de ses choix; elle les a supportées sans fléchir. Je suis témoin, par les confidences qu'elle m'en a faites parfois, que les difficultés qui jalonnèrent sa vie étaient bien âpres. Mais elle avait du cœur et du courage. Je ne crois pas qu'elle ait jamais été inférieure à son destin, ni à ce qu'elle était appelée à donner soit à sa famille, soit à son mari, soit à la société. On peut donc dire que, de la sorte, cette existence porte ce que l'on appelle une *signature*.

Belœil, 5 juin 1939

[...] Jean Narrache décrit, en rimes, les récentes années de crise économique et de chômage en exprimant à la fois la résignation des individus à la pauvreté et la nécessité d'une revendication sociale.

Je n'ai pas éprouvé de plaisir dit littéraire à lire Jean Narrache, mais j'ai beaucoup appris sur la triste condition de la vie ouvrière des villes. Ses rimettes, écrites sur un ton ironique, expriment à la fois des sentiments de pitié et d'injustice ressentis par la majorité de la population.

Ces poèmes m'ont beaucoup fait réfléchir, même plus que la lecture d'une étude sociologique en milieu ouvrier. Je prends la résolution de me rapprocher davantage dorénavant des jeunes filles et garçons de la JOCF afin d'essayer de rendre service aux jeunes non instruits, malchanceux et défavorisés de la ville de Montréal.

Moi, si favorisée par l'aisance de mon milieu, je me rends compte, peut-être bien vraiment pour la première fois, que je vis dans l'abondance du point du vue matériel, intellectuel et culturel.

(*Ma Vie comme rivière*, tome 1, p. 13)

Simonne a changé ma vie

Je n'ai pas côtoyé Simonne Monet-Chartrand d'aussi près que
d'autres. En fait, je ne puis pas dire que je l'ai bien connue. La
dernière fois que je l'ai rencontrée, ce fut lors du lancement du
deuxième tome de *Ma Vie comme rivière*. Au cours des dernières
années, elle m'avait appelé à quelques reprises pour faire appel
à ma mémoire sur tel ou tel épisode de l'histoire sociale et politique du Québec. Je ne l'ai pas côtoyée d'aussi près que d'autres
mais elle a changé ma vie parce que je l'ai rencontrée à un
moment où, venu des confins de l'Abitibi, je cherchais à me
situer, à m'orienter, dans le tourbillon du grand monde intellectuel, syndical et politique dans lequel j'étais brusquement
plongé, un tourbillon qui me ballottait impitoyablement et dont
je ne parvenais pas à comprendre le fonctionnement.

Ce que je puis dire de Simonne Monet-Chartrand relève de
souvenirs épars d'une époque qui débute dans la deuxième
moitié des années 1950. J'étais devenu permanent syndical un
peu par accident, après avoir été bûcheron, puis mineur «au
fond» pendant sept ans, engagé politiquement par instinct et par

---

Émile Boudreau a travaillé dans divers syndicats, notamment au syndicat des
Métallos. Il a également milité dans plusieurs partis politiques.

rage plutôt que par un processus d'analyse rationnelle, ce qui faisait de moi un contestataire chronique.

En 1955, encore imbu de la doctrine du Crédit social selon l'Évangile de Louis Even, mais réfractaire à l'anti-syndicalisme et à l'anti-sémitisme des Gilberte Côté-Mercier et des Réal Caouette, je me retrouve un jour à une réunion du Parti social démocratique (PSD) à l'invitation de Pat Burke, directeur de mon syndicat, ami et admirateur de Mme Thérèse Casgrain. Le principal orateur est un homme dans la quarantaine (à peu près mon âge) dont j'ai vaguement entendu parler auparavant. Il s'appelle Michel Chartrand. Je signe ma carte d'adhésion au PSD et j'échange quelques mots avec Chartrand. C'est le «coup de foudre». Bien que demeurant à Sept-Îles, je m'arrange pour suivre de près les activités du parti.

À l'époque, le président du PSD est William (Bill) Dodge. Un bon gars, qui parle assez bien le français, mais… un anglophone. Mme Casgrain et d'autres croient que la CCF (Cooperative Commonwealth Federation) québécoise doit se donner un visage français: lors d'une réunion informelle chez Pierre-Louis Gélinas, à Belœil, on me demande de me présenter à la présidence. Fait qui peut paraître assez cocasse avec le recul des années, c'est Pierre Elliott Trudeau qui propose ma candidature. Lors du congrès subséquent, en 1957, je suis élu sans opposition. Chartrand est *leader* du parti. C'est donc mon accession au poste de président du PSD qui marque le début de mes relations avec la famille Chartrand.

Je me souviendrai toujours de la grande admiration que j'avais éprouvée pour Mme Chartrand dès nos premières rencontres. Avec un plaisir presque narcissique, je constatais que cette grande dame (je n'aurais jamais osé l'appeler Simonne à l'époque), s'intéressait à moi! Très tôt, je devais comprendre qu'elle s'intéressait à tout, surtout au gens, et que je n'étais pas une exception à la règle.

Elle savait tout de moi: que j'étais d'origine acadienne, que j'avais été colon en Abitibi, que j'avais travaillé dans une mine, et surtout que j'avais été un adepte du Crédit social. Je dis «surtout» parce que, contrairement aux autres intellectuels que je fréquentais, elle ne faisait pas des gorges chaudes du fait que j'avais été créditiste. Au contraire, elle voulait tout savoir des circonstances qui m'avaient amené à devenir créditiste et, par la suite, à me joindre au PSD, la bête noire «socialiste» du Crédit social. Elle voulait aussi tout savoir des circonstances de mon engagement dans le syndicalisme. Nos discussions portaient également sur une foule d'autres sujets et j'en sortais invariablement avec une conception nouvelle et plus généreuse du rôle social du syndicalisme et de la politique.

Ce n'est que beaucoup plus tard que j'ai appris qu'elle était fille de juge. De le savoir n'a aucunement modifié la fascination qu'elle exerçait sur moi. Elle était l'incarnation même de l'image que je me faisais d'une «grande dame», d'une aristocrate. Mais en même temps, elle représentait une sorte de mystère. J'aurais imaginé une dame de cette envergure régnant dans un salon cossu, devisant aimablement de tout et de rien avec les gens de son rang; je la voyais ici dans une demeure modeste, trônant dans sa cuisine, philosophant avec ses enfants comme s'ils avaient été des adultes et ajoutant son brin de sagesse aux discussions parfois enflammées que Michel entretenait avec ses invités.

Épouse d'un «phénomène» comme Michel Chartrand, mère de sept enfants qu'elle initiait à la vie d'une façon sereine et respectueuse de leurs personnalités respectives, hôtesse chaleureuse qui mettait immédiatement à l'aise les invités qui se présentaient souvent à l'improviste, cordon-bleu accompli, on aurait pu croire que toutes ces tâches étaient amplement suffisantes pour remplir une vie. Et pourtant, combien de fois ne l'ai-je pas vue fouiller de volumineux dossiers, suivre attentivement des cours à la télé-université en prenant studieusement ses notes, rédiger des projets de prise de position sur tel ou tel aspect de la vie sociale et politique, solliciter, au téléphone, des collaborations et des engagements, participer à des groupes de discussion et à des colloques, assister à des conférences, en un mot, être

161

partout à la fois, d'un engagement total, renseigné et efficace. Où donc puisait-elle toute cette énergie? Pour moi, c'était un mystère en même temps que le motif d'une admiration qui ne s'est jamais démentie.

Je garde un souvenir ému de la grande marque de confiance que Simonne m'a témoignée lorsqu'elle a fait appel à mon amitié au moment où il lui fallait faire face à la dure épreuve de l'emprisonnement de Michel. Elle m'avait appelé. Nous nous étions rencontrés. Nous avions discuté longuement des façons d'envisager la crise. En plus des souffrances morales, il lui fallait faire face aux impératifs très matériels de la vie quotidienne avec sept enfants à la maison. Elle avait obtenu un emploi temporaire à Radio-Canada, mais… la paie ne venait que plus tard. Qu'elle ait songé à moi en une telle occasion m'avait profondément touché.

Simonne ne parlait pas souvent du syndicalisme. Elle déplorait le fait que les femmes n'y prennent pas assez de place. Elle déplorait surtout les luttes stériles entre centrales «rivales» au Québec. «Pourquoi des centrales syndicales au Québec seraient-elles rivales, disait-elle, alors qu'il y aurait tant à faire en travaillant ensemble?» Ses engagements personnels étaient plutôt ponctuels. Elle a dit cette phrase qui définit bien tant sa modestie que la continuité de son action: «Quand je suis d'accord avec une idée, je signe une carte de membre; quand je suis contre, je signe une pétition.»

Comment explique-t-on le charisme et l'influence bénéfique d'une personne? Pour ce qui est de Simonne, l'explication est simple. Elle était vraie, elle donnait beaucoup d'elle-même, et surtout elle aimait beaucoup. Elle aimait les gens, très simplement, sans ostentation. Elle ne détestait que l'injustice.

Mes contacts avec Simonne m'ont puissamment aidé à orienter mon engagement social dans les domaines syndical et politique. Il se dégageait d'elle un genre de fluide énergétique qui faisait qu'on se sentait meilleur chaque fois qu'on la rencontrait. Ce que j'ai surtout appris d'elle, par son exemple, c'est que lorsqu'on s'engage, il n'est pas suffisant de le faire du bout des lèvres, et que pour être valable il faut qu'un engagement soit total et désintéressé.

Merci, Simonne.

[Lors de la grève d'Asbestos en 1949], bien des épouses vécurent des semaines d'angoisse, de privations, de doutes. La femme du gréviste avait tout à supporter: problèmes d'argent, de santé, de perte d'emploi, de craintes de représailles de la part de la police provinciale, de la compagnie ou des femmes des briseurs de grève. Selon son tempérament, son attitude face aux activités syndicales de temps de grève de son mari et de ses fils, elle pouvait être ou une bonne collaboratrice de son mari en grève ou entraîner celui-ci à devenir un briseur de grève.

Ma Vie comme rivière, tome 2, p. 349

Sur les pas de Laure Gaudreault
Notes de voyage, juillet 1936

J'avais entendu parler quelques jours auparavant, à Clermont, d'une maîtresse d'école exceptionnelle, Mlle Laure Gaudreault. Depuis l'âge de seize ans, elle avait reçu, tout comme d'autres enseignantes rurales, un salaire de 125$ par an, d'abord comme institutrice aux Éboulements près de La Malbaie, puis dans diverses localités du beau comté de Charlevoix. [...]

Durant notre séjour à Chicoutimi, j'ai lu dans *Le Progrès du Saguenay* deux articles de Laure Gaudreault. Dans l'un, elle lançait, en vue de la prochaine année scolaire, l'idée d'une association d'institutrices rurales. [...] Dans le second article, elle annonçait son intention de parcourir le diocèse de Chicoutimi pour faire signer des pétitions et former des associations d'institutrices. [...]

L'exemple du courage de Laure Gaudreault m'inspire des réflexions très sérieuses. Il faut s'instruire, oui, mais aussi et en même temps travailler à améliorer les conditions économiques de celles qui travaillent dans la profession enseignante. Les religieuses, elles, peuvent enseigner sans salaire; leurs communautés les font vivre et elles font aussi vivre leurs communautés. Une institutrice célibataire, elle, devrait pouvoir gagner sa vie convenablement, surtout dans une profession aussi importante que l'enseignement.

Le sens de l'organisation, le feu sacré et le courage de cette femme qui mène avec quelques compagnes une action difficile contre l'opinion des notables laïques et religieux m'ont fait une grande impression. Cette femme me stimule à faire en septembre de l'action dans mon milieu scolaire. Ce serait un bon moyen de me préparer pour plus tard à améliorer les conditions de vie des femmes en général.

(*Ma Vie comme rivière*, tome 1, p. 180-181)

Une vie d'amour et de combat

JEAN-GUY HAMELIN

On ne peut pas avoir travaillé, en Église, dans le domaine social sans avoir rencontré à tous les coins de rue et au cœur de tous les combats la figure prophétique et interpellante de Simonne Monet-Chartrand. Ce fut mon cas.

J'admirais beaucoup cette femme engagée au nom de sa foi. Car c'est bien de cela qu'il s'agit: une femme aux convictions chrétiennes très profondes qui dès sa prime adolescence avait planté l'Évangile au cœur de sa vie et avait décidé de lui donner des résonances concrètes. Sa vie s'est déroulée dans la droite ligne de ses options premières. Pas une injustice qui ne la laissât indifférente. Pas une atteinte aux droits humains qui ne la blessât profondément. Et cette grande cause de la place des femmes dans la société et dans l'Église qu'elle a épousée jusqu'au fond de l'âme. Il faut dire qu'elle était stimulée et épaulée par Michel, le fidèle compagnon d'une vie d'amour et de combat. Les deux ont donné la vie à sept enfants. Ils les ont sans doute embrasés de la flamme qui les brûlait. Je me souviens d'avoir eu jadis dans une classe où j'enseignais leur grande fille Hélène.

Jean-Guy Hamelin a été aumônier syndical. Il est actuellement évêque de Rouyn-Noranda.

Dès le premier abord j'avais saisi quelle éducation sociale elle avait reçue. Elle était bien de la famille et rien ne la laissait insensible des graves interrogations que posaient mes exposés. De mère en fille, je voyais la même ligne de pensée.

Simonne est partie. Retrouver le Dieu de toute justice et du grand amour. Sa vie a été un engagement total, radical, sans concession. Son départ est un message. Un appel à poursuivre sa tâche, à continuer son œuvre. N'y a-t-il pas dans l'Évangile le souffle susceptible de susciter de nombreuses vocations semblables? Une vie si bien remplie, au service d'une famille, de ses concitoyens et de ses concitoyennes, n'est-elle pas un véritable cri lancé à des jeunes et à des moins jeunes qui cherchent un sens à leur existence? Et ce Jésus qui a été le soutien de Simonne au long des années, n'enverra-t-il pas son Esprit pour faire éclore et resplendir d'autres vies comme celle-là?

Ces quelques mots, à la mémoire d'une grande dame, se veulent l'expression de mon admiration et de mon amitié pour un couple qui n'a jamais laissé indifférente toute personne engagée dans la voie de la justice sociale chez nous.

3

FOI ET ENGAGEMENTS

Contempler et libérer

YVONNE BERGERON

Il est sur nos chemins des êtres dont l'existence se présente comme un signal de route vers des lieux de dépassement, des espaces d'humanité, des horizons d'espérance. Simonne Monet-Chartrand est l'une de ces personnes dont la lucidité, les convictions, la liberté et la cohérence ont force d'entraînement. Pour rendre hommage à cette femme merveilleuse, tant de mots pourraient être dits... Tant d'autres le seront! Pour ma part, je viens en écrire quelques-uns. Quelques-uns qui veulent traduire une double réalité de sa vie «comme rivière»: l'appel réciproque de la contemplation et de l'action libératrice.

Une vie alimentée aux sources de la foi

> Après mon réveil, il me dressera près de lui
> et, de ma chair, je verrai Dieu.
> Celui que je verrai sera pour moi,
> celui que mes yeux regarderont ne sera pas
> un étranger.
>
> *Job* 19,26-27

Particulièrement intéressée à la condition des femmes, Yvonne Bergeron, c.n.d., est théologienne et enseigne à la faculté de théologie de l'Université de Sherbrooke. Elle est aussi coordonnatrice du Service de la pastorale sociale au diocèse de Sherbrooke.

169

Celui que Simonne peut «voir» aujourd'hui n'est pas un étranger pour elle. Ce Dieu, depuis longtemps elle le cherche, elle l'aime et le prie dans la vérité au rythme du quotidien. Depuis longtemps elle se fait particulièrement attentive à sa Parole faite chair: «Pour moi, la foi ne serait pas possible à vivre, si Dieu, dit le Père, ne s'était pas incarné dans une personne, le Christ.» (*Ma Vie comme rivière*, tome 4, p. 291) Militante dans la Jeunesse étudiante catholique féminine (JECF), elle dira: «Dans le domaine religieux, nous cherchions par de nouvelles lectures et des récollections d'ordre spirituel à découvrir une spiritualité qui nous soit propre, qui convienne à notre âge et à notre état de vie.» (Tome 1, p. 221)

Croire c'est entrer dans un mystère d'espérance

Nous le disons souvent, il est illusoire de chercher à «embrasser» Dieu par la pensée et de prétendre l'enfermer dans nos catégories. Sa gratuité absolue fait éclater toutes les mesures et toutes les limites. Jamais son action ne peut être confinée à nos choix, nos réalisations, nos vérités partielles. Jamais son Esprit ne peut être identifié à l'Église, à ses formules, ses modèles, ses institutions. De cela Simonne est très consciente. Aussi ne se lasse-t-elle pas de rencontrer son Dieu, de méditer sa Parole, d'en scruter le sens et de s'en nourrir: «Pour moi, la foi, c'est comme l'amour. Il faut l'alimenter. Ça doit aider à mieux vivre. Comme l'amour, c'est un mystère, une expérience vitale. On éprouve la foi devant la maladie, l'incompréhension humaine, devant la mort. C'est un sentiment très profond qui fait partie intégrante de ma vie affective et mentale. J'y fais référence quotidiennement d'où prière, réflexion et méditation[1].»

À l'instar des disciples, elle sait venir et demeurer auprès du Maître (*Jn* 1,35-39). Soif de vérité. Langage de contemplation. Et

---

1. Cité par Mgr Robert Lebel dans l'homélie qu'il a prononcée pendant les funérailles. Le texte de l'homélie est reproduit p. 347.

d'amour: «La foi c'est la confiance», répète-t-elle. Confiance en ce Dieu qui ébranle les certitudes et les sécurités humaines mais qui laisse s'épanouir la créativité. N'est-ce pas d'ailleurs la force de cette confiance qui lui permet de s'apprivoiser et de goûter la joie, mais aussi de composer avec le doute, la douleur, les embûches, les craintes: «Dans l'obscurité existe la lumière, subtilement. Je la cherche avec passion, détermination dans une vision de foi et d'espérance en la survie.» (Tome 4, p. 357) C'est ainsi par exemple que, dans le mouvement d'une foi espérante, tout en elle se confronte à la dure réalité de l'emprisonnement de Michel, moment où sa vie devient «torrent», et à l'indicible déchirure de la mort de sa fille Marie-Andrée, moment où sa vie devient «cauchemar». «Lorsque assaillie par le doute, confiera-t-elle plus tard à l'animateur de l'émission télévisée *Rencontres*, j'investis dans l'espérance chrétienne.» (Tome 4, p. 291) Et dans son journal elle écrit le 3 mars 1987:

> Il y a 16 ans déjà! Triste anniversaire de la mort de Marie-A.!
> Je lis dans la *Voix de l'Être*, le magnifique volume de Germaine Gagnon:
>
> > Ce qu'il en faut d'amour et de foi
> > Devant la haine
> > Et l'injustice
> > Ce qu'il en faut
> > De paix et de joie
> > Devant l'agressivité
> > Et l'angoisse…
> > Ce qu'il en faut de foi
> > Pour accepter sans comprendre
> > Pour espérer.
>
> L'oubli n'existe que si l'on oublie. Je n'oublie pas, Marie, Marie-Andrée, ma Marichette. Tu es là dans mon cœur. À jamais. (Tome 4, p. 361)

Oui, en évoquant son Dieu, Simonne peut certainement faire sienne cette affirmation de José Maria Arguedas: «Ce que nous savons est beaucoup moins que la grande espérance que nous sentons[2].» Espérance fondée sur la souveraine liberté de l'Esprit du Ressuscité qui nous entraîne toujours ailleurs en faisant constamment reculer l'horizon de nos affranchissements. Et en nous assurant l'énergie nécessaire pour devenir des femmes et des hommes porteurs de la bonne nouvelle. Dès 1939, n'affirme-t-elle pas: «Je veux faire don à la JEC et à ses programmes de réflexion et d'action de toutes mes capacités intellectuelles et morales, témoigner publiquement de ma foi en la présence réelle de l'Esprit Saint et de mon appartenance au corps mystique du Christ. Je veux communiquer le message évangélique, le faire rayonner autour de moi.» (Tome 1, p. 228)

Croire, c'est affirmer la victoire de la vie

Le Dieu que Simonne peut «voir» c'est le Dieu de la Vie! Celui qui est à l'origine de la vie et la communique. Amoureux des humains, il affronte tout ce qui menace ou détruit la vie. Le Dieu qui l'habite, c'est celui dont l'amour vulnérable pour les femmes et les hommes en fait le défenseur des pauvres, des humiliés, des exclus. C'est celui qui, dans la personne de Jésus le Nazaréen, s'est «identifié» historiquement aux personnes et aux groupes déshumanisés. En effet, la bonne nouvelle que Jésus apporte aux pauvres (*Lc* 4,18) n'est pas pour lui une activité parmi d'autres: c'est *la* réalisation fondamentale de son action et la clef qui donne le sens de sa mission. Mission dans laquelle il offre sa vie. Amour plus fort que la mort elle-même. «La force vitale de ma Vie, affirme Simonne, vient de la Foi en l'Amour, en l'amitié du Père.» (Tome 3, p. 321) Et elle écrit encore: «L'Amour, c'est vivant, c'est sensuel, c'est fécond. [...] Je crois encore en une

---

2. Cité par Gustavo GUTIERREZ, *Le Dieu de la vie*, Paris, Cerf, coll. Théologies, 1986, p. 15.

communion d'esprit et de cœur avec les membres de ce que le christianisme a appelé le corps mystique du Christ. [...] Le Christ s'est incarné. Il est vivant. Ressuscité.» (Tome 4, p. 258-259)

D'ailleurs, n'est-ce pas Simonne-la-vivante que nous rencontrons en entrant dans le champ de son histoire? Champ dont les récits autobiographiques laissent entrevoir l'étendue et l'horizon, sans perdre contact avec l'exigence du temps des semailles et la longue attente des mûrissements. Mais, quelle que soit la saison, il nous est possible de voir à quel point Simonne sait à la fois donner du prix aux humbles réalités quotidiennes, savourer les joies de l'esprit, goûter la beauté artistique, nourrir la profondeur des relations humaines et s'investir dans les combats sociaux. Bref, prendre le monde à bras le corps et entrer dans la vie en l'aimant passionnément. Car pour cette croyante dont les pensées, les activités, les amitiés et les amours sont d'une telle intensité, la vie doit triompher. En effet, même si les expériences douloureuses (inquiétudes, angoisses, humiliations, maladies, etc.) secouent et ébranlent parfois jusqu'aux racines de l'être, elles ne peuvent lui enlever sa vitalité. À travers le tumulte extérieur des événements, peut demeurer «une forme de sérénité et de vitalité intérieures». (Tome 4, p. 276) Ainsi, parmi les affirmations les plus vigoureuses de la force de la vie, il y a incontestablement celle qui monte du cœur même de l'événement évoqué précédemment: la mort de Marie-Andrée. Dans son journal, Simonne écrit: «Marie, le sais-tu? À la fin de la cérémonie funèbre, ton père s'est rendu dans la nef de l'église et spontanément, il a communiqué à l'assistance sa vision d'une espérance en la jeunesse, en la Vie éternelle. Ce témoignage valut, pour moi et tes frères et sœurs, toutes les homélies de circonstance. La Vie, ma Vie va triompher de l'absurdité de ta mort, ma très chère Marie. Je m'en porte garante sur la tête des six ans de Philippe, notre Picolo[3].» (Tome 4, p. 251-252)

---

3. Philippe est l'enfant de Marie-Andrée.

Comment ne pas ajouter à ces réflexions un merveilleux poème cueilli dans son journal intime?

La Vie va jaillir...
Je suis en grossesse
En état de grossesse
J'accouche chaque jour
de ma vie
Antérieure
Présente
Future
C'est la débâcle
Mes eaux vont crever
Et rejoindre la rivière...
La Vie va jaillir
Brillante
Forte
Éternelle
À travers celle de mes enfants et petits-enfants
À travers les êtres et les saisons
Mes espoirs en l'humain
se cachent en la Femme, en l'Homme.
Vive l'enfance!

(Tome 4, p. 321)

Oui, femme de foi tout au long de son parcours, Simonne garde ferme la conviction que la force d'une existence ou d'une association réside d'abord dans la profondeur de leur intériorité. Aussi cultive-t-elle en sa propre vie l'attitude contemplative de Marie sans négliger aucunement le caractère actif et engagé de Marthe. «Auprès d'elle, rappelle Hélène Pelletier-Baillargeon, nous avons été nombreuses, nous les plus jeunes, à nous ressourcer. À nous nourrir après coup de ses longues méditations poursuivies durant des années, tandis que ses mains allaient et venaient, épluchaient et tranchaient, lessivaient et repassaient[4].» Chez elle, le langage de la contemplation n'appelle-t-il pas comme de l'intérieur celui de la libération?

Une vie aux accents prophétiques

> Car je délivrais le pauvre en détresse
> et l'orphelin privé d'appui [...].
> J'avais revêtu la justice comme un vêtement,
> j'avais le droit pour manteau et turban.

Job 29,12 et 14

Prononcer le nom de Simonne Monet-Chartrand, c'est en même temps faire écho à sa passion pour la démocratie, la justice, la liberté individuelle et collective. Passion et engagement qui viennent de source non équivoque: «Mes convictions religieuses et mon engagement social sont très liés. La foi, pour moi, ne consiste pas surtout dans la pratique religieuse ou l'adhésion aux dogmes et à tout ce que déclare le Vatican. C'est d'abord une appartenance à la parole du Christ, à l'Évangile, en liaison avec l'apostolat de toutes les communautés chrétiennes et même au-dehors d'elles.» (Tome 4, p. 291) On ne rencontre pas chez Simonne cette distorsion qui peut convertir la force de la foi et de l'espérance en une évasion sécurisante ou une résignation passive et stérile devant l'injustice. Bien au contraire. Sa foi «se fait chair». Sa vie de croyante réclame le courage d'une lutte quotidienne, lucide et tenace. Convaincue de l'importance de l'engagement social et apostolique, elle affirme dès 1939: «Pourquoi distinguer et séparer l'être humain sur tant de plans: physique, intellectuel, moral et politique? [...] le Christ, Lui, s'est incarné pour vivre sur terre comme un homme, en communion constante avec l'Esprit.» (Tome 1, p. 244) Et lors d'une causerie

---

4. Hélène PELLETIER-BAILLARGEON, «Pour faire mémoire de Simonne Monet-Chartrand», texte prononcé à l'occasion de ses funérailles, reproduit p. 357.

elle déclare: «Ce que je veux étudier, c'est la théologie contemporaine, surtout les recherches sur le sens spirituel de la Parole de Dieu dans la vie temporelle, la vie courante.» (Tome 1, p. 228) Elle déplore le manque d'incarnation de la religion et il y a chez elle une sorte d'urgence à présenter une parole d'espérance qui soit humainement et historiquement crédible[5]. Pour elle, on ne peut aimer Dieu dans la vérité sans travailler à la promotion des personnes et des collectivités. Cela se traduit d'ailleurs éloquemment dans ses options fondamentales.

Une cause prioritaire: celle des humains laissés pour compte

Dans tous ses combats (féministes, pacifistes, scolaires, sociaux, nationaux, ecclésiaux ou autres), les gestes et les dires de Simonne laissent émerger son parti pris pour les plus «maganés» et les plus déconsidérés. Pour elle qui se sent, selon sa propre expression, «transmetteur» du message évangélique, la fidélité à Jésus-Christ comporte cette solidarité concrète. Aussi n'est-il pas étonnant de l'entendre dire: «Je me range définitivement du côté des défavorisés» (Tome 4, p. 275) ou encore: «[...] je suis devenue féministe parce que les femmes, sur bien des plans, sont particulièrement défavorisées. Mais je lutte aussi pour les droits des handicapé-e-s et des malades mentaux, ceux des enfants abandonnés, des jeunes collégiens qui doivent être représentés au conseil d'administration des cégeps, pour les prisonniers dits politiques et bien d'autres catégories de citoyens objets de discrimination.» (Tome 4, p. 312) Sa vie étant liée à celle des perdants et des perdantes de ce monde, son action et son discours sont constamment dynamisés par *la recherche de la justice et de la liberté* en faveur de celles et de ceux qui sont aliénés par les systèmes politique, économique, idéologique, judiciaire ou ecclésiastique.

---

5. En parcourant son récit autobiographique, nous constatons à quel point ses souvenirs s'articulent autour de ses engagements et avec quelle conviction ils en rendent compte.

Des engagements qui montent de la vie

C'est au cœur de la riche diversité des réalités quotidiennes vécues dans la famille ou en d'autres lieux que Simonne pense et mûrit les options et les engagements qui non seulement marquent son histoire mais aussi influencent fortement le Québec. Influence qui rejaillit à la fois au plan social et politique, dans le sens d'une libération et d'une prise en charge de notre avenir, et au plan ecclésial, dans le sens d'une présence au monde plus réelle et plus significative. La vie courante devient pour elle comme un «lieu de culture» privilégié. Ainsi, «l'arrivée de notre première fille, dira-t-elle, [...] devait nous sensibiliser, moi surtout, à tous les problèmes d'éducation[6]». Quand par exemple ses filles doivent interrompre leurs études musicales faute d'argent, elle comprend qu'un système d'éducation dans lequel l'enseignement de la musique n'est accessible qu'aux mieux nantis est inacceptable, injuste et anti-chrétien. Cela la conduit à s'engager, vers les années 1960, dans la cause de l'éducation publique et gratuite. Au moment où, comme d'autres, elle se débat avec la pauvreté, avec l'angoissante question de la régulation des naissances et ses conséquences, commencent à s'organiser les Unions de familles, dans lesquelles elle investit beaucoup et avec une créativité remarquable. Également, c'est en militant avec Michel dans l'Action catholique et en étant tous deux très actifs dans le Service de préparation au mariage qu'ils réalisent davantage la mainmise du clergé sur les laïcs et décident de mener une lutte sur ce terrain[7]. Enfin, c'est en partageant de l'intérieur les conditions concrètes, les souffrances et les détresses des familles de grévistes que Simonne, jeune maman elle-même, réunit les femmes de grévistes pour chercher avec elles comment vivre ces événements dans la plus grande dignité possible.

---

6. *Maintenant*, octobre 1971, p. 267.

7. Lutte de cinq ans qui leur permet finalement de préparer eux-mêmes leurs propres cours avec le Dr Paul David et son épouse, Anne-Marie.

On le voit, c'est dans l'élargissement de son expérience de femme, d'épouse, de mère, de militante, de citoyenne et de croyante que Simonne fait naître ses solidarités, donne du poids à ses engagements et invente ses gestes prophétiques. À travers ces rencontres, ces échanges et ces interactions, elle acquiert *une vision globale* des problèmes individuels et familiaux: «[...] c'est ainsi que Michel et moi avons évolué d'un niveau personnel de problèmes à leur dimension sociale et politique et cela à mesure que notre propre famille se formait et grandissait[8] [...].»

Une action qui libère

Chercher à créer quotidiennement et socialement un climat de confiance qui favorise le droit à la liberté d'expression à tous les niveaux (attitudes, comportements, etc.) et changer les structures qui font obstacle à la liberté, voilà des constantes chez Simonne Monet-Chartrand. Pour elle, les lois, les normes, les institutions sont jugées par leur capacité à servir la liberté évangélique. Elle ira jusqu'à dire: «La liberté, c'est un bien grand mot. Les artistes, les révolutionnaires et les vrais chrétiens en vivent et en meurent.» (Tome 4, p. 306) Aussi, dans sa pratique de changement social, demeure-t-elle fidèle à cette démarche qui offre les meilleures chances de libération intégrale.

Cela commence par des expériences simples, modestes, concrètes, avec des regroupements à la base dans lesquels les gens s'impliquent parce qu'ils sentent que le changement, c'est leur affaire. Suivre le développement des besoins, l'éveil de la conscience critique, l'évolution de la prise en charge s'avère toujours pour elle la pédagogie à privilégier. Imposer des structures par le haut, chercher à les justifier par toute espèce d'idéologie serait ignorer ou ne pas prendre en compte les ressources des personnes et paralyser leur créativité. Affirmer cela c'est dire l'importance prioritaire qu'elle accorde toujours aux personnes:

---

8. *Maintenant*, octobre 1971, p. 268.

«La foi de Simonne-la-croyante est indissociable de sa foi inébranlable en la personne, foi en ses dons, en ses ressources cachées. Devant un mandement d'Église, un projet de loi, une
convention collective, Simonne se demandait toujours si les
structures proposées avaient été pensées en fonction des personnes ou en fonction des principes abstraits[9].» Foi dans les personnes au-delà des querelles idéologiques, des multiples croyances
et des catégories sociales. Foi qui rassemble autour d'une cause
tant de militants et de militantes pour en arriver, en se solidari-
sant, à des solutions collectives en profondeur: «Michel et moi,
tous deux socialistes depuis 1955, [...] avons toujours voulu changer les rapports de force dans la société pour qu'elle soit plus
juste pour tous les citoyens. [...] À nous tous de faire changer à
la fois les mentalités, les lois et de surveiller leurs modes d'application. Fortes de l'expérience de toutes sortes de luttes syndicales, féministes ou politiques, décidons, après analyse, du type de
société que nous voulons bâtir avec tous [...].» (Tome 4, p. 312
et 314)

Ainsi donc, l'action qui libère, Simonne nous le rappelle,
doit dépasser la stratégie de l'*assistentialisme* qui considère les
gens mal pris comme des objets de charité sans plus et engendre
fréquemment chez eux une grande dépendance. Elle doit aussi
dépasser la stratégie du *réformisme*, laquelle, tout en cherchant à
améliorer la situation des personnes, laisse perdurer le même
type de relations et la même structure sociale marginalisante.
C'est au contraire une action qui adopte une stratégie de transformation des rapports sociaux. Considérant les pauvres et les
exclus comme les véritables sujets de leur propre libération,
cette action permet d'amorcer avec eux un processus de
conscientisation, de découvrir les causes des problèmes, d'articu-
ler les interventions susceptibles de mener à bonne fin la poursuite des objectifs.

---

9. Hélène PELLETIER-BAILLARGEON, *op. cit.*

Oui, elle a des accents prophétiques la vie de Simonne. Son regard lucide, son attachement à l'Évangile, sa capacité d'indignation et sa passion pour la justice nourrissent une action constructive et un sens critique particulièrement aigu à l'endroit de certaines institutions (scolaires, sociales, politiques, ecclésiales). Cela n'est évidemment pas de tout repos, surtout pour ceux et celles qui exercent l'autorité[10]. Mais elle est de ces témoins dont la société et l'Église ont tellement besoin pour secouer leur inertie, démasquer leurs peurs et consentir au changement libérateur.

En guise de prolongement...

La vie de Simonne Monet-Chartrand nous reste comme un signal de route et aussi comme un chant de ralliement. Chant dont les harmoniques, montant du cœur de la vie, laissent émerger *la voix de la contemplation et celle du prophétisme*. Prenant à la fois le chemin de la rencontre de Dieu et celui de la préoccupation pour la justice, elle nous rappelle de façon éloquente que ces deux langages sont nécessaires. Ils s'alimentent et se complètent mutuellement mais ils le font dans la mesure où ils s'unissent et finalement ne sont plus qu'un[11]. D'une part, croire au Dieu de Jésus-Christ c'est choisir son parti pris pour les pauvres et cela conduit à la solidarité avec les personnes et les groupes exclus de nos sociétés. D'autre part, toute action prophétique renvoie à la rencontre de Dieu et à la gratuité de son amour.

---

10. À titre d'exemple, voici en quels termes elle s'adresse aux évêques canadiens en 1967: «Je doute parfois, devant certaines déclarations traditionalistes, que les rigides structures de la hiérarchie s'assouplissent à temps pour y laisser pénétrer des influences féminines et l'apport de la jeunesse.» *Ma Vie comme rivière*, tome 4, p. 133.

11. N'est-ce pas ce lien que le prophète Jérémie exprime en ces termes: «Chantez Yahvé, louez Yahvé, car il a délivré l'âme du malheureux de la main des malfaisants» (20,13)? Choisir les pauvres constitue une caractéristique essentielle du discours prophétique.

Choisir Jésus-Christ et choisir les appauvris ne sont pas deux options possibles mais deux dimensions ou deux moments d'un unique choix. «Sans la prophétie, dira Gustavo Gutiérrez, le langage de la contemplation court le danger de manquer de prises dans l'histoire où Dieu agit et où nous le rencontrons. Sans la dimension mystique, le langage prophétique peut rétrécir ses perspectives et affaiblir la perception de Celui qui rend toute chose nouvelle (*Ap* 21,5)[12].»

Dans sa vie de croyante, Simonne tend constamment à relever le défi de la conjonction des deux dimensions[13]. Par-delà les évasions spiritualistes et les réductionnismes toujours possibles, elle cherche à vivre en fidélité au Dieu de Jésus-Christ. En cela elle demeure une *femme-témoin inspiratrice,* nous rappelant que la tâche des disciples du Nazaréen se situe dans la dialectique entre l'accueil de la liberté évangélique et les exigences historiques qui en découlent. Être témoin de la Résurrection dans la trame de notre vie quotidienne individuelle et collective, c'est annoncer le Dieu de la Vie. Être témoin de la Résurrection, c'est s'engager à faire triompher la Vie en ces lieux mêmes où l'injustice, l'oppression et la haine font déjà œuvre de mort.

---

12. *Job, Parler de Dieu à partir de la souffrance de l'innocent*, Paris, Cerf, coll. Théologies, 1987, p. 159-160.

13. Dans son journal intime elle écrira le 4 novembre 1977: «Le surcroît de lucidité qu'apporte l'arrêt de l'activisme, l'observation plus objective des faits et événements par une forme de distanciation de l'immédiat engendrent un meilleur équilibre entre l'émotif, le rationnel et le spirituel qui nous habitent et souvent s'entrechoquent.» *Ma Vie comme rivière,* tome 4, p. 304. Cohérence de sa vie. Unification qui demeure pour elle un grand souci jusqu'à la fin.

Sa foi comme source

BENOÎT LACROIX

Qu'il est difficile pour un adulte de croire! D'aimer aussi! Et autant d'espérer! Pourtant, Simonne Monet-Chartrand aura réussi ses trois «appartenances», comme elle dirait, chacune différemment, à sa manière. Pour ne parler que de sa foi religieuse, don sacré d'un héritage qu'elle a sans cesse interrogé, *Ma Vie comme rivière* nous impose l'image de la source. À la source, l'eau est pure et, en un sens, plus tonifiante.

C'est de cette eau qu'elle veut surtout s'alimenter. Justement, la première qualité de sa foi militante adulte sera de rechercher l'essentiel, la pureté primitive, la rivière à sa *source*. Cela veut dire qu'elle tient à ce que sa pensée, autant que son action, se relie d'abord à l'Évangile, au Christ vivant, le Christ des derniers et des marginaux. Il y a chez elle comme une noblesse à ne pas vouloir se limiter à des engagements purement conventionnels et à ne pas se contenter des seules institutions en place. Peu à peu elle écarte ce qui ressemble trop à des adhésions passives et à des pensées toutes faites:

Né en 1915, Benoît Lacroix est entré chez les Dominicains en 1936 et à l'Université de Montréal en 1946. Il est médiéviste et historien du sentiment religieux populaire.

Mes convictions religieuses et mon engagement social sont très liés. La foi, pour moi, ne consiste pas surtout dans la pratique religieuse ou l'adhésion aux dogmes ou à tout ce que déclare le Vatican. C'est d'abord une appartenance à la parole du Christ, à l'Évangile, en liaison avec l'apostolat de toutes les communautés chrétiennes et même au-dehors d'elles. (*Ma Vie comme rivière*, tome 4, p. 291)

Au tome premier de son autobiographie, elle écrit: «La religion est trop désincarnée, alors que le Christ, lui, s'est incarné pour vivre sur terre comme un homme, en communion constante avec l'Esprit.» (Tome 1, p. 244) Voilà qui la mènera très loin: elle sait que la foi est un don de Dieu, tout comme la conscience, tout comme la liberté. Or, ces trois privilèges sont antérieurs aux lois de l'Église qui, selon Simonne Monet-Chartrand, veut se substituer à la conscience individuelle dont elle deviendra de plus en plus une ardente défenseure. Par exemple, elle n'accepte pas les positions récentes de l'Église en matière de sexualité. Comme femme, elle se sent souvent violentée. Elle proteste: elle a eu sept enfants et sait de quoi elle parle. Sa conviction est d'autant plus ferme qu'elle souffre de prendre parfois des distances. Elle délibère, elle écoute, s'informe et finalement prend sa décision:

Quand j'ai, subitement, par-delà la réflexion et l'étude, une vision hors de l'ordinaire [...] je crois sincèrement que c'est l'œuvre du Saint-Esprit et je me sens responsable d'en tenir compte en mon âme et conscience. (Tome 3, p. 51)

Une marque de sa foi religieuse est qu'elle se ressource sans cesse, qu'elle vit d'interrogations et de discernements. Sa croyance est moins idéologique que pratique, moins théorique qu'expérimentale, quoique soucieuse d'intelligence. Simonne veut vivre, s'incarner, agir, s'engager.

Pour moi, la foi, c'est comme l'amour. Il faut l'alimenter. Ça doit aider à mieux vivre. Comme l'amour, c'est un mystère, une expérience vitale. On éprouve sa foi devant la maladie, l'incompréhension humaine, devant la mort. (Tome 3, p. 51)

Déjà en 1939 — au temps de Duplessis! — elle veut approfondir ses croyances: «Ce que je veux étudier, c'est la théologie contemporaine, surtout les recherches sur le sens spirituel de la Parole de Dieu dans la vie temporelle, dans la vie courante.» (Tome 1, p. 228) Rien ne la rebute. Mais jamais, oh non! jamais, elle ne se refermera sur sa seule personne, jamais il ne lui viendra à l'idée de tout décider par elle-même et de miser sur sa seule intelligence. Elle veut s'insérer dans le grand projet humain, public et social. «C'est parce que chrétienne, que je suis devenue socialiste.» (Tome 4, p. 85) C'est un côté attachant de sa foi, elle ne veut pas limiter ses choix à son seul salut, ni à sa seule survie. «Nul ne vit pour soi-même. Nul ne meurt pour soi-même», écrivait Paul de Tarse. La foi de Simonne Monet-Chartrand est sociale et communautaire. Ce que les théologiens appellent parfois la Communion des saints ou le Corps mystique lui va bien. Jusqu'à la fin d'ailleurs, avec courage et lucidité, elle appelle dans sa prière Marie, sa fille, décédée accidentellement. Elle irait enfin la rejoindre ainsi que tous ceux et toutes celles qui ont cru et aimé comme elle et avec elle.

Parlons de son courage...

Les plus grands ennemis, ce sont probablement la peur d'agir, l'opinion publique, l'impatience devant la lenteur des réformes sur le statut de la femme dans l'Église, l'attitude fataliste qui mène souvent à l'impuissance. Malgré ces obstacles réels, je me sens rarement démobilisée, démoralisée... Je dois en toute logique aller au bout de mes convictions pour réaliser ce en quoi je crois. Au-delà de mes certitudes et angoisses, une force supérieure me soutient. Surnaturelle. Ma foi s'incarne dans les événements, les décisions et attitudes à prendre dans le bonheur comme dans le malheur. (Tome 4, p. 292)

Nous pourrions parler de sa foi prophétique. Le fait qu'en 1939 elle veuille étudier la théologie et prendre le pouls de la pensée moderne est une initiative qui prédit l'essor des sciences religieuses chez les laïcs des années 1980. Son militantisme en faveur des femmes, authentiquement féminin, annonce les nouveaux jours où la femme prendra des initiatives non plus sur des modèles masculins, mais dans l'invention d'institutions et de rites qui lui sont propres. Par son action séculière, Simonne Monet-Chartrand annonce depuis trois décades une religion davantage laïque, très attachée aux valeurs sociales de partage et d'amour humain. Elle annonce l'engagement humain, route du divin.

À l'homélie des funérailles de Simonne Monet-Chartrand, le 20 janvier 1993, le célébrant Mgr Robert Lebel, évêque de Valleyfield, dira à son tour cette phrase prophétique s'il en est: «C'est de cette sorte de témoins que l'Église a besoin pour progresser. Ces témoins sont d'autant plus efficaces qu'ils sont de l'intérieur. Ils sont de l'Église, ils sont l'Église qui s'autocritique pour replacer sans cesse sa double fidélité au Christ et au monde.»

Si nous avons tenté d'identifier à sa source spirituelle *Ma Vie comme rivière*, c'est surtout pour signifier à quel point Simonne Monet-Chartrand aura été fidèle à elle-même. Comparable à une source souterraine mystérieuse, sa foi a creusé son tracé jusqu'à la rivière, qui parfois a pris les allures d'un torrent vigoureux. Aujourd'hui, ému et reconnaissant, nous croyons que la rivière est devenue pour la même Simonne cet océan infini, symbole mystique de l'insondable divinité.

L'Évangile d'abord

BERNARD HUBERT

Simonne Monet-Chartrand a été une femme aux multiples engagements, ce qui l'a amenée à côtoyer un grand nombre de gens. Pour ma part, je l'ai rencontrée à quelques reprises: la première fois, dans le cadre des activités de Développement et Paix, puis au moment où elle était recherchiste à l'émission *5D* de Radio-Canada. Enfin, nous avons discuté quelques fois, au téléphone, lorsqu'elle préparait un livre sur la paix. Ces brefs contacts m'ont permis de connaître une femme de zèle et d'Évangile.

Dans tous ses témoignages, Simonne Monet-Chartrand n'a jamais caché qu'elle était croyante. Au contraire. La foi était pour elle une composante essentielle de sa vie. Une donnée incontournable, aussi, dans sa compréhension des événements et des personnes. Non pas d'abord une foi religieuse centrée sur l'Absolu ou l'Infini, mais surtout la conviction que Dieu est présent à notre vie, qu'Il est le partenaire de notre destinée. Cette femme a été animée de la foi chrétienne, c'est-à-dire de la certitude que Jésus est mort et ressuscité.

Pour elle, l'Évangile est d'abord Quelqu'un. Jésus Christ est vivant au cœur du monde et c'est Lui qui donne sens aux événe-

---

Bernard Hubert est évêque de Saint-Jean-Longueuil.

ments de l'histoire. Dans sa victoire sur la mort, Il ouvre une espérance pour toutes les luttes menées au nom de la justice, de la paix, de la solidarité. Simonne Monet-Chartrand a cru en un monde meilleur et elle a combattu l'injustice et le mal parce qu'elle avait une foi active dans le règne de Dieu. Sa fidélité au Seigneur s'alimentait dans la solidarité avec ses sœurs et ses frères humains.

Même si son espérance trouvait sa source en la résurrection du Christ, ses engagements révèlent que l'Évangile était pour elle un ensemble de valeurs bien humaines qu'il lui fallait incarner dans le quotidien. En particulier, l'égalité des personnes, la justice dans les rapports sociaux, la paix dans le monde, la solidarité entre les groupes et les peuples. La vie de Simonne Monet-Chartrand témoigne éloquemment de son souci à promouvoir ces valeurs. Cette femme a sans cesse milité pour ce en quoi elle croyait.

A-t-elle été aussi femme d'Église? Loin de moi l'idée de la récupérer dans la communauté chrétienne. Elle-même, au soir de sa vie, disait qu'elle n'était pas pratiquante; elle précisait, cependant, penser alors aux actes de dévotion. Mes contacts avec elle me laissent croire qu'elle s'identifiait à la tradition catholique et qu'elle aimait son Église. Bien sûr, cet amour était très critique, mais suffisamment vif pour souhaiter voir l'institution ecclésiale adopter des positions et des comportements plus nets quant à la justice et à la paix.

Simonne Monet-Chartrand, comme tous les humains, avait ses limites et ses vulnérabilités. Elle ne nous laisse pas moins une leçon de vie par la manière dont elle a vécu. Ses engagements sont des chemins de lumière pour qui veut servir ses semblables. Personnellement, j'ai pour elle grande admiration et chaleureuse gratitude. Elle nous invite, au-delà de sa mort, à bâtir des solidarités vivantes pour un monde plus juste. Dans la foi, ses œuvres s'inscrivent dans l'action du Ressuscité.

Femme d'action et d'associations

GISÈLE TURCOT

> «Mlle Monet, n'oubliez jamais que l'élite c'est
> celle qui rend service.»
>
> Sœur Marie GÉRIN-LAJOIE

Parmi les événements les plus lointains que Simonne a retracés pour nous, il y a le souvenir ému, et semble-t-il décisif, de sa rencontre avec Marie Gérin-Lajoie, fondatrice de l'Institut des Sœurs de Notre-Dame du Bon-Conseil de Montréal[1]. Tout au long de sa vie, et encore davantage dans les dix dernières années, Simonne a été proche de notre Institut, nous traitant un peu comme ses sœurs et amies, avec sa manière à elle de vous

---

Membre de l'Institut des Sœurs de Notre-Dame du Bon-Conseil de Montréal, Gisèle Turcot a travaillé en milieu populaire, avant d'occuper le poste d'adjointe aux affaires sociales, puis de secrétaire générale de l'Assemblée des évêques du Québec (1976-1983). Elle a participé à la fondation des groupes Femmes et ministères et Réseau œcuménique des femmes du Québec. Directrice de la revue *Relations* de 1988 à 1993.

---

1. Pour connaître la vie de cette pionnière de l'action sociale, voir Hélène PELLETIER-BAILLARGEON, *Marie Gérin-Lajoie. De mère en fille, la cause des femmes*, Montréal, Boréal, 1985, 384 pages.

189

dire: vous êtes uniques! Mais ne nous laissons pas distraire, voyons plutôt en quels termes le journal intime de Simonne a conservé les traces de sa rencontre avec la fondatrice, dès son arrivée à l'École d'éducation familiale et sociale[2]:

> 8 septembre 1937. Sœur Marie Gérin-Lajoie m'est apparue non pas comme une sœur mais comme une femme, supérieurement intelligente, courtoise, très évoluée, attentive aux recrues soit comme religieuses dans sa communauté, ou comme simples élèves. Le programme de cours comprend une formation théorique et pratique, en vue de l'action sociale auprès des familles défavorisées, ignorantes et pauvres, afin d'améliorer la condition de vie de ces gens. Ces sœurs œuvrent dans les quartiers du bas de la ville comme travailleuses sociales. Sœur Marie m'a accueillie avec sympathie. Elle m'a présentée aux religieuses et aux élèves. Elle a tout de suite compris mes difficultés de santé et ma curiosité intellectuelle. [...] «L'élite, c'est celle qui rend service», dit sœur Marie. (Tome 1, p. 201-202)

La fille du juge Amédée Monet vient de croiser la petite-fille de Sir Alexandre Lacoste, juge en chef de la Cour du Québec. Consciente de son origine sociale, Simonne note immédiatement l'action qui s'accomplit en milieu défavorisé, dans le bas de la ville. À l'âge de seize ans, l'avenir la fascine, le sien l'inquiète sans doute un peu en raison des difficultés pulmonaires qu'elle a connues. Entrevoit-elle déjà une ouverture pour ses engagements ultérieurs?

---

2. Les élèves de cette école, située au 1215, boulevard Saint-Joseph Est à Montréal, renommée par la suite l'Institut familial et social de Montréal, étaient invitées à s'inscrire à l'École d'action sociale, fondée par sœur Marie Gérin-Lajoie en 1931, et dont les premiers cours furent dispensés à l'École d'enseignement supérieur pour les jeunes filles, chez les religieuses de la Congrégation de Notre-Dame.

La suite de son journal relate les principales étapes de la lutte pour l'obtention du droit de vote des femmes, telles que Simonne les entend raconter à la fois par sœur Marie Gérin-Lajoie et par son père:

«Dans un cours d'introduction, sœur Marie Gérin-Lajoie nous a parlé des Droits de la Femme, des luttes de sa mère Mme Henri Gérin-Lajoie contre le gouvernement, le Vatican et l'évêché de Montréal.» (Tome 1, p. 202) Puis sœur Marie cite le nom des premières associations qui réclament successivement le droit de vote pour les femmes du Québec: la Fédération nationale Saint-Jean-Baptiste (1907), le Comité provincial pour le suffrage féminin (1922), le Comité de suffrage provincial devenu la Ligue des droits de la femme (1929). De la tribune où sœur Marie donne son cours d'initiation à l'action sociale, les noms des pionnières de la réforme du Code civil défilent, ils prennent visage; Simonne les transcrit soigneusement dans ses carnets personnels.

L'enthousiasme suscité par sa première rencontre avec sœur Gérin-Lajoie ne paraît pas se démentir. En octobre, l'étudiante note dans son journal: «Depuis ce cours, j'ai l'idée de faire des recherches personnelles dans les bibliothèques en ces matières.» (Tome 1, p. 203) D'un trait de plume, Simonne a résolu son dilemme: comment faire de l'action sociale quand on a des idées plein la tête, mais une santé fragile? Qu'à cela ne tienne, c'est par la voie de la recherche qu'elle atteindra son objectif. La vocation de la documentaliste-recherchiste prend corps, tout orientée déjà vers l'amélioration du sort des femmes.

L'action sociale, avant 1940

Au moment où Simonne Monet fait ces découvertes, le Québec sort lentement de la crise des années 1930, qui a si cruellement touché les familles ouvrières. Les allocations familiales ne sont encore qu'un rêve. En cas de chômage, les familles canadiennes-françaises doivent demander la charité au bureau de la société Saint-Vincent-de-Paul de leur paroisse, s'habiller au vestiaire des dames patronnesses ou à l'ouvroir des pauvres des communautés religieuses.

Ce système de charité privée est à peine compensé par les pouvoirs publics. Les municipalités dispensent au compte-gouttes les maigres subventions gouvernementales qu'elles reçoivent en vertu de la première Loi sur l'assistance publique, que le gouvernement du Québec a fait adopter en 1921 pour les «institutions sans murs», c'est-à-dire autres que les hôpitaux. À Montréal, où continuent d'affluer les familles rurales, le «secours direct» offert par la Ville demeure l'humiliante bouée de sauvetage des sans-travail et des mères nécessiteuses.

Lorsque Marie Gérin-Lajoie initie ses jeunes élèves aux problèmes sociaux, à l'automne de 1937, elle utilise probablement l'une de ses méthodes favorites qui consiste à commenter l'actualité, comme elle le fait régulièrement avec les sœurs de sa communauté. Or quelques mois auparavant, le premier ministre Maurice Duplessis s'est fait le promoteur d'une législation plus favorable aux mères nécessiteuses. L'idée n'est pas de son cru; il la tire plutôt des recommandations de la Commission royale d'enquête sur les assurances sociales (Commission Montpetit), créée en 1932 par le gouvernement Taschereau.

Selon Yves Vaillancourt, spécialiste des politiques sociales, la Commission Montpetit s'est montrée impressionnée lors des audiences par le témoignage de la fondatrice de la communauté des Sœurs de Notre-Dame du Bon-Conseil en faveur des mères nécessiteuses:

> En s'appuyant sur l'expérience de sa communauté dans le service social auprès des familles de quartiers populaires montréalais, sœur Gérin-Lajoie avait présenté devant la Commission un vigoureux plaidoyer en faveur des familles désunies par la misère, en considérant que l'éclatement de plusieurs de ces familles, dont celles des mères nécessiteuses,

pouvait être évité, si la société leur offrait un plus grand support, notamment sous forme de services sociaux à domicile[3].

À l'école de Marie Gérin-Lajoie, Simonne comprend de mieux en mieux que la solution aux problèmes des plus pauvres, souvent exploités, passe par l'action sociale et politique. Sans mépriser l'assistance matérielle, parfois nécessaire à court terme, il faut d'abord faire justice au prochain. Selon sœur Marie, «soulager ne suffit pas, il faut transformer». L'ancienne rédactrice de *La Bonne Parole* a des idées claires sur ce point:

> Si on cherche à modifier le milieu conformément aux exigences individuelles de toute une classe, de toute une portion de la société, si on supplée à l'insuffisance personnelle par des institutions permanentes, par des transformations sociales, alors on fera de l'action sociale au sens propre du mot: on agira en quelque sorte directement sur la société pour le bien des individus[4].

Ce langage n'est pas vraiment répandu dans les milieux catholiques de l'époque. Les catholiques peuvent pourtant fonder leurs initiatives sur une «doctrine sociale» que le pape Léon XIII a développée dans *Rerum Novarum,* la première grande encyclique sociale sur la question ouvrière. Tout en se situant dans une perspective de restauration chrétienne, ce document établit le droit des ouvriers face aux tout-puissants patrons, reconnaît la valeur de leurs associations et prône l'amélioration de leurs conditions de vie. Marie Gérin-Lajoie, conférencière aux Semaines sociales du Canada en 1922 sur le syndicalisme féminin, ne manquera pas de souligner dans ses cours l'importance de la vie associative pour atteindre des objectifs de transformation sociale.

----

3. Yves VAILLANCOURT, *L'évolution des politiques sociales au Québec 1940-1960*, Presses de l'Université de Montréal, 1988. Voir spécialement le chapitre 6, intitulé «L'assistance aux mères nécessiteuses».

4. Marie-J. GÉRIN-LAJOIE, «L'action sociale» dans *La Bonne Parole*, novembre 1931.

Sur son propre chemin

Sur les bords du Richelieu, en 1979, Simonne Monet-Chartrand entreprend une autre étape de sa vie. Ses forces physiques ne lui permettent plus les mêmes combats. Elle reprend la plume, accorde des entrevues, se met à la disposition de ceux et celles qui interrogent l'air du temps ou la réclament pour une bonne cause. Que reste-t-il alors de sa rencontre avec ses premiers modèles féminins? À Jean-Louis Gauthier, qui l'interviewe pour la revue *Châtelaine*, Simonne répond:

> Je me définis volontiers comme une contestataire, à la suite de celles qui m'ont précédée dans l'action sociale. Les quelques femmes qui m'ont influencée étaient justement des femmes qui allaient à l'encontre des politiques établies. Thérèse Casgrain, dissidente des vieux partis politiques, Madeleine Parent et Léa Roback, militantes syndicalistes d'avant-garde, Laure Gaudreault, fondatrice du syndicalisme rural chez les institutrices dans Charlevoix, les écrivaines Françoise Gaudet-Smet, Gabrielle Roy et Simone de Beauvoir, entre autres. Des femmes contestées et qui contestaient. Des femmes qui ont pris des risques, qui ont plaidé pour revendiquer des droits alors niés. [...] Il me semble d'ailleurs que j'ai toujours crié intérieurement, que jamais je ne me suis résignée à l'injustice. (Tome 4, p. 334)

Cette autodéfinition sonne juste. Elle n'a pas retenu le nom de sœur Marie Gérin-Lajoie dans la fournée des grandes figures contestataires. D'une part, Simonne s'est clairement située comme femme laïque, à la recherche d'une spiritualité laïque, au cœur du monde. D'autre part, ces premières complicités ont révélé à elle-même une personnalité en quête d'identité qui ne demandait qu'à être confirmée dans ses intuitions créatrices.

Le premier lieu où Simonne a trouvé à vivre ses idéaux de jeunesse, c'est dans sa vie de couple avec Michel Chartrand et dans leur famille. Laissons-la nous enseigner une fois encore comment le rêve est possible...

Notre conviction profonde au plan social a toujours consisté à ne pas être indifférents et passifs face aux difficultés occasionnées par l'incertitude, la peur et l'humiliation que vivent bien des gens, à ne pas démissionner face aux problèmes aigus de notre temps. Notre seule ambition: réaliser les changements sociaux nécessaires, même audacieux, idéalistes et révolutionnaires. Et cela, dans les attitudes mentales, les structures et les lois sociales, avec des équipes de jeunes couples entraînés à l'action directe. [...] Notre règle de conduite, dans l'agir à deux, inclut la recherche des moyens de créer, à travers toutes les régions du Québec, une plus grande justice distributive. Aussi, de rebâtir un mode de vie plus fraternel, une meilleure communication entre les êtres de divers milieux. (Tome 3, p. 57)

Un regard jeté sur le type d'action sociale que Simonne Monet-Chartrand a mené au cours de sa vie révèle l'importance qu'elle accorde au pouvoir des associations. «Je suis une femme à la carte de membre», disait-elle fréquemment, parfois en brandissant l'une de ses cartes d'adhésion. Sa participation à la fondation de la Voix des femmes, en 1960 au Canada et en 1961 au Québec, et à la fondation de la Fédération des femmes du Québec, en 1966, sa participation à la Ligue des droits et libertés révèlent son intelligence du politique et son sens inné des mouvements sociaux. Éducatrice populaire et militante, Simonne s'engagera dans des organisations communautaires jusqu'à l'épuisement.

Parmi tous ses engagements, Simonne fera toujours siennes les causes des femmes québécoises et canadiennes, de toutes origines et conditions sociales. Là aussi, on peut constater une ressemblance assez fondamentale entre la conception de l'action sociale chez Simonne Monet et Marie Gérin-Lajoie: toutes deux franchissent les barrières des classes sociales. L'une ancre sa vision de la société dans une fondation religieuse où il n'y aura qu'une seule «classe de sœurs», une première à l'époque; l'autre témoigne mille fois plutôt qu'une de sa vision égalitaire des rapports sociaux en n'hésitant jamais à rencontrer son public où qu'il se trouve, indépendamment de l'appartenance à telle génération ou à tel statut économique, à telle communauté culturelle, voire à tel parti politique.

Simonne était une femme enracinée et universelle. Qui pouvait tenir autant qu'elle-même et Michel Chartrand à leurs racines québécoises? Sa passion du pays ne l'a pas enfermée dans d'étroites ornières mais lui offrait, au contraire, un solide tremplin pour nouer de profondes solidarités avec les autres peuples, en recherche eux aussi d'une terre de liberté et d'un projet de société plus juste. Jusque dans les petits comités de solidarité internationale, son amour pour l'humanité a trouvé à s'exprimer.

Incarnant à la fois la fidélité à ses racines et l'ouverture au monde, Simonne Monet-Chartrand détient certainement une partie de la réponse intime que chacune et chacun de nous devons inventer lorsque nous faisons face à des conflits d'appartenance apparemment insurmontables. Son aptitude reconnue à concilier l'inconciliable lui venait sans doute de sa confiance viscérale en l'humanité, indissociable de sa foi en un Dieu incarné. Elle ne l'a jamais caché: le Jésus de Nazareth en qui elle croyait a un cœur et des mains. «À mon point de vue, l'idéal chrétien prend sa forme dans l'entraide, la solidarité, le partage, la revendication de la justice sociale, toutes valeurs fondamentales dans les récits évangéliques.» (Tome 3, p. 329) Sais-tu, chère Simonne, à quel point les filles de Marie Gérin-Lajoie se reconnaissent en ton credo?

La rencontre des politisés chrétiens

J'ai connu Simonne Monet-Chartrand, comme des milliers d'autres Québécois et Québécoises. J'ai eu la chance de l'approcher, d'un peu plus près, au Réseau des politisés chrétiens puis à la Ligue des droits de l'Homme devenue, durant son passage, la Ligue des droits et libertés. Nous avons participé ensemble à bien des réunions, plus grandes ou plus intimes. Nous sommes toujours restés en contact, de loin en loin, par un appel téléphonique ou par un lancement d'un de ses livres.

Et pourtant, je ne la connaissais guère (sinon, comme tout le monde, par sa réputation, ses interventions publiques et, plus récemment, par son autobiographie), je n'étais pas un intime, je ne suis jamais allé la visiter dans son royaume de Richelieu.

Et pourtant, paradoxalement, je me sentais étonnamment proche, comme un membre de sa famille; et j'ai pleuré son départ comme on pleure une mère.

Avocat de formation, Dominique Boisvert travaille depuis vingt ans à la formation missionnaire et dans les milieux de la solidarité internationale, des droits et libertés, de l'immigration et des réfugiés. Assistant à la rédaction de la revue *Relations*, il participe, depuis avril 1993, à la mission civile d'observation envoyée par les Nations Unies en Haïti.

D'une certaine façon, cela dit bien ce qu'a été Simonne pour bien des hommes et des femmes de ce pays: quelqu'un qui nous rejoignait personnellement, de la façon la plus simple, la plus chaleureuse, comme si chacun de nous était unique, important, familier. Même quand on ne la rencontrait qu'une fois. Même quand la rencontre était brève. Même quand on la rencontrait à plusieurs. Chacun avait l'impression de la connaître et elle donnait à chacun le sentiment d'exister vraiment.

*
* *

D'autres diront ici, beaucoup mieux que moi, ses qualités de pédagogue, sa passion pour la justice, son engagement de tant de combats pour les femmes, pour les familles, pour les travailleurs et travailleuses, pour les droits.

Je veux ajouter ici simplement le témoignage de *sa foi profonde, sereine, exigeante, discrète mais non timide*. Simonne a toujours été habitée et inspirée par cette foi en Jésus de Nazareth, qui aimait les gens simples et interpellait les puissants. Et même quand ses engagements et ses convictions l'amenaient à critiquer certains hommes d'Église ou leurs positions, Simonne ne se sentait pas moins partie prenante de cette Église, membre de cette famille des fils et filles de Dieu, des frères et sœurs de Jésus.

De manière exemplaire, elle a vécu cette réalité de tant d'hommes et de femmes du Québec, dont toute l'éducation et la formation ont été imprégnés par le christianisme (avec des richesses profondes tout autant qu'avec ses aspects plus folkloriques ou formalistes), et qui ont par la suite pris des distances *extérieures* avec l'Église. Pourtant, cette absence de pratique dominicale, cette absence de liens formels avec des mouvements ou des regroupements de chrétiens, cette absence *apparente* de vie religieuse ou spirituelle ne signifient pas nécessairement une foi moins profonde ou un christianisme moins vivant. Combien de ces hommes et de ces femmes ne sont-ils pas, dans le concret de leur quotidien, des témoins discrets mais souvent interpellants du message d'amour et de justice qu'a été celui de Jésus?

Cet aspect de Simonne, je l'ai surtout découvert durant la période des Politisés chrétiens. Ce réseau de chrétiens et de chrétiennes clairement engagés avec la classe ouvrière et avec les groupes populaires est né au Québec, vers 1974, dans la mouvance de l'organisation internationale des Chrétiens pour le socialisme. Regroupant de 300 à 400 personnes partout au Québec, le Réseau avait surtout pour but d'être «un groupe de soutien pour les chrétiens marxistes» (qu'on se rappelle la conjoncture sociale et politique des années 1970 au Québec), «avec mission politique dans les domaines de la culture et de l'idéologie[1]».

Simonne, qui était pragmatique bien plus qu'idéologue, ne mettait pas l'accent sur les subtiles analyses et les débats serrés. Elle trouvait dans les réunions du Réseau, ou dans celles de l'équipe de Montréal, un lieu de communion et de ressourcement pour sa foi; elle trouvait là des frères et des sœurs en Jésus-Christ, pris par la même passion de justice et de liberté, par le même service des petits et des démunis, par la même critique des pouvoirs et des compromissions, fussent-ils d'Église. Et elle disait souvent sa chance d'avoir trouvé un tel lieu pour alimenter sa foi et stimuler son espérance.

Pourtant, Simonne n'était pas une inconditionnelle du Réseau. Dans ce domaine comme dans tous les autres, elle ne supportait pas les chapelles et s'intéressait d'abord aux résultats concrets, pour les hommes et les femmes qu'elle faisait passer avant toutes les théories et tous les discours.

C'est cette foi vivante en Jésus et en son message d'amour libérateur que j'ai découverte chez Simonne, au cours de nos années chez les Politisés chrétiens. Une foi qui brûlait, j'en suis

---

1. Gregory BAUM, *The Church in Quebec*, Ottawa, Novalis, p. 79. Le chapitre trois de ce livre, «Politisés chrétiens: A Christian-Marxist Network in Quebec, 1974-1982», p. 67-89, est l'une des rares analyses publiées sur le Réseau, qui s'est finalement dissout en 1982.

convaincu, au cœur même de ses innombrables combats sur tant de fronts, une foi qui ne disait pas souvent son nom sur la place publique, mais une foi qui était heureuse de s'exprimer librement, comme en famille, au sein du Réseau des politisés chrétiens.

Et ce sont des lieux de foi, d'engagement et de liberté comme celui-là qui font trop souvent cruellement défaut dans notre Église et notre monde actuels. Et que Simonne nous invite à inventer sans cesse, autour de nous...

Une figure prophétique

LUCIE BÉLANGER

À travers la débâcle de la rivière

Je suis depuis longtemps ménopausée
Je n'ai plus de règles
Je n'ai plus que des souvenirs
Et beaucoup de désir

Ils viennent du fond de mon âme, de mon cœur
Ils sont au-dessus des politiques établies, douteuses
        et opportunistes
Je n'ai plus qu'une règle, celle dictée par l'amour
        des humains
Leur épanouissement et leur bonheur
Bonheur d'aujourd'hui
De demain
Et cela même à travers la débâcle de la rivière...

Sociologue et théologienne de formation, Lucie Bélanger a milité sur le terrain des droits sociaux, des droits des femmes, au sein des mouvements populaires et communautaires. Elle est actuellement agente de développement à Relais-femmes.

Richelieu, en ce 17 février 1979, anniversaire de mariage de Simonne et Michel Chartrand. (*Ma Vie comme
rivière*, tome 1, p. 287)

Il est là, lové dans cet écrin poétique, le joyau de la spiritualité de
Simonne. Dans tout l'éclat de sa simplicité, sa beauté, sa dureté,
sa force de vie: l'amour des humains envers et contre tout.

Un souffle de vie et de justice

J'ai rencontré Simonne Monet-Chartrand pour la première fois
en avril 1971, lors d'une session de travail de la Conférence des
évêques catholiques du Canada (CECC), qui acceptent de «se
pencher» sur notre situation de femmes et de se mettre à
l'écoute de nos recommandations.

Il est de ces moments privilégiés dans notre vie où notre
route croise celle de personnes exceptionnelles qui prennent le
temps de s'arrêter, de nous regarder, de nous parler. Dès lors,
elles deviennent un phare qui nous guide et nous stimule à vivre.
Ma rencontre avec Simonne Monet-Chartrand, et plus tard avec
Léa Roback, fut un de ces moments-là. Ces femmes sont-elles des
«saintes» que la tradition chrétienne pourrait nous proposer
comme modèles? J'en doute, non pas à cause de la spiritualité de
ces femmes mais à cause des critères reçus de la spiritualité. À
mes yeux, voilà des femmes dont la *ruah*[1], a redonné souffle à
d'autres personnes et à des courants de société coulant vers plus
de vie et de dignité. Des femmes insoumises, de chair et de
vérité, irréductibles.

En ce printemps 1971, je rencontre une femme nourrie à
l'école du «Voir, juger, agir» de la Jeunesse étudiante catholique
féminine (JECF), une femme habitée par l'action: luttes des femmes pour l'accès au statut de citoyennes à part entière, pour

---

1. Mot hébreu qui signifie «souffle». Nom féminin de Dieu dans la Bible.

l'accès des jeunes à l'école gratuite, pour le respect des droits démocratiques dans un Québec alors sous le coup de la Loi sur les mesures de guerre (Michel Chartrand était à peine sorti de prison). Une femme de démesure et de passion, qui n'avait que faire de la diplomatie mensongère.

Et d'ailleurs, les femmes qui participent à ce rendez-vous avec la hiérarchie ecclésiale centrent leurs débats sur la justice sociale. Nous refusons de nous laisser enfermer dans des «affaires de femmes» et tenons à rappeler à «nos seigneurs» notre volonté d'engagement dans le combat pour la justice comme personnes à part entière. Pour Simonne, et pour nous, assumer de façon autonome les décisions personnelles et collectives concernant nos vies s'inscrit dans cette quête de justice.

Nos chemins continueront de se croiser au gré des actions autour des droits et libertés et du mouvement des femmes, en particulier, à cette époque, à la Ligue des droits et libertés du Québec. Face à cette militante douloureusement initiée, je demeurerai la néophyte qui se laisse interpeller et inspirer. J'ai aimé cette femme passionnée et souhaité humblement suivre ses traces.

Une apôtre

Femme d'action, Simonne se voue à la défense et à la promotion des droits et libertés afin que tous et toutes, jeunes et moins jeunes, blanches et noires, hommes et femmes nous puissions jouir de leur exercice réel et concret. Nous pouvons parler littéralement d'une foi qui transporte les montagnes. Aucun obstacle ne doit résister à l'exercice des droits, particulièrement pour ceux et celles qui en sont exclus en raison des conditions économiques et sociales que leur imposent l'implacable loi du profit et ses «politiques établies, douteuses et opportunistes». Aucun obstacle ne décourage Simonne.

Sa passion s'enracine dans une liberté de conscience lucidement cultivée et déclinant toute concession condescendante.

Simonne ne cède à aucun compromis lorsqu'il s'agit de droit et de justice. Son courage donne cours à une parole agissante. Et à une action qui veut mobiliser et rassembler dans la lutte. Une «femme à la carte de membre», c'est ainsi que Simonne se décrit. C'est une manière bien à elle d'exprimer son énergie créatrice et sa persévérance à répondre à l'appel des jeunes, des femmes, des hommes qui ploient sous le joug de l'exploitation et de l'oppression. Toujours disponible et accueillante, avec une tendresse à la mesure de sa fougue.

Une prophète en colère

Je vois en Simonne une femme libre, affranchie des règles de la civilité hypocrite. Une indomptable, animée par la colère divine, qui n'hésite pas à porter le scandale sur la place publique, à crier fort sa révolte et celle de milliers de sans-voix. Ne jamais s'habituer au scandale de l'injustice, quotidienne et systématique. Dénoncer, obliger à voir la pauvreté, la violence, l'exploitation. Inviter à temps et à contretemps à s'atteler à l'immense tâche de leur éradication.

Cette colère puissante, créatrice, libératrice, vivificatrice explique l'intransigeance de Simonne qui appelle constamment à la riposte et à l'action. Elle s'alimente elle-même à une espérance indéfectible, la croyance que tout est possible, que la vie vaincra. Non pas la foi stérile et stérilisante qui détourne le regard du monde, mais l'espérance qui mène à la besogne quotidienne qu'est l'action véritable, celle qui finit par bouleverser le monde, qui fait progresser vers la terre promise, celle qui obéit à cette seule règle: «l'amour des humains».

Le jardin des oliviers

Un tragique sentiment d'abandon se faufile au cœur de cette femme ardente et passionnée. Sentiment né de la cruelle expérience du reniement de personnes qu'on croit proches. À quelques reprises, Simonne partage avec nous la souffrance qu'elle a ressentie, à l'automne 1970, en sortant de l'église ce dimanche matin, devant le vide qui se crée autour d'elle alors que Michel Chartrand est en prison et que l'appui et la chaleur de l'amitié la réconforteraient tant. On lui tourne le dos, on ne la connaît plus. Où est-elle, la communauté chrétienne? Où sont les amis d'hier? Pour Simonne, cette expérience d'abandon demeurera l'événement révélateur de la solitude des militantes et des militants.

Et durant les dernières années de sa vie, je rencontre une militante meurtrie, moins peut-être par le vide qui se crée autour des personnes engagées que par l'affadissement des luttes au Québec, qu'elle ressent comme un abandon. La pointe d'amertume qui traverse alors parfois l'affirmation de ses fidélités inconditionnelles traduit moins des regrets qu'un souffle de vie et de justice demeuré vigoureux et impatient de transformer la réalité. Authentique, Simonne n'affiche pas de façade trompeuse. C'est la véracité de son être qui parle, l'être d'une femme réelle, incarnée, qui reconnaît ses limites.

L'évangéliste

Pour beaucoup, la «révélation» est chose du passé. Simonne est au contraire le témoin, l'actrice d'une parole actuelle. Habitée par l'urgence d'écrire, de raconter, de dire, de faire voir, elle passe d'innombrables heures à dépouiller les archives de la Bibliothèque nationale et l'abondante documentation personnelle qu'elle a accumulée au long de son itinéraire de femme engagée. Elle veut raconter l'histoire vraie, la sienne et celle du Québec intimement mêlées; elle veut faire parler l'histoire, en tirer la parole qui s'adressera à notre esprit et le sollicitera. Cette femme généreuse nous fait le don de la parole. Elle nous laisse en héritage le courage d'écrire et de révéler. Le courage de transmettre à nos enfants et à nos amies la tradition et l'espérance qui nous animent.

205

Simonne fait acte de révélation, de révélation féministe. Et sa «vie comme rivière» me redit cette conviction inscrite dans sa praxis: le privé est politique. L'écriture de Simonne nous mène au cœur de son privé, qui fut toujours politique, et au cœur du politique, qui fut au centre de sa vie intime. Parce que vie et justice sont d'un même souffle, privé et politique se lient en un seul élan. L'unité de Simonne est là, de même que sa spiritualité.

Toujours vivant, l'esprit de Simonne repose sur nous et nous confirme dans notre engagement à poursuivre son action libératrice.

Simonne, le secret de ta fidélité demeurera pour moi un mystère et un appel.

Pâques, le 11 avril 1993

Le rôle de la femme dans l'Église

Il est vrai que le vocabulaire, les prises de position et certaines structures ecclésiales changent quelque peu, s'adaptent, se démocrati-
sent. [...]

Mon orientation va vers la recherche d'une théologie de la féminité et d'une spiritualité laïque. [...] Que chaque croyant et croyante
agisse dans le sens de ses possibilités propres, de sa conscience bien
éclairée. Il importe que la femme théologienne diplômée puisse
avoir accès au sacerdoce. Cette question est délicate mais plusieurs
d'entre elles attendent une réponse positive de l'Église officielle au
plus tôt. [...]

Je doute parfois, devant certaines déclarations traditionalistes,
que les rigides structures de la hiérarchie s'assouplissent à temps
pour y laisser pénétrer des influences féminines et l'apport de la
jeunesse. La garderons-nous, cette nouvelle jeunesse, dans l'Église
telle que nous la connaissons? La vie des femmes doit s'épanouir
dans toutes ses dimensions: psychologique, économique, morale et
spirituelle, telle est aujourd'hui la tâche primordiale que la femme
doit assumer. L'Église l'aidera-t-elle? En s'en acquittant, elle accom-
plirait une mission humaine et une mission d'Église. Je le souhaite
bien sincèrement.

(Extrait d'une conférence de Simonne Monet-Chartrand prononcée
devant les évêques membres de la Conférence catholique canadienne.)

(*Ma Vie comme rivière*, tome 4, p. 133)

«*Souvent à contre-courant,*
mais dans la limpidité d'une eau courante»
La cinquième dimension

ROGER LECLERC

Simonne Monet-Chartrand a travaillé comme recherchiste à *5D*, durant trois ans, de 1969 à 1972. À son arrivée, les réalisateurs avaient déjà fixé les orientations de l'émission. Mais Simonne, avec les onze membres de l'équipe, a été invitée à préciser et concrétiser la problématique de cette série qui devait durer six ans, et connaître un certain rayonnement dans le milieu québécois et la francophonie canadienne.

En quoi Simonne a-t-elle enrichi la dynamique et l'équipe de *5D*? Nous le verrons plus loin. Auparavant, faisons rapidement un peu d'histoire.

Un magazine d'information religieuse télévisé

L'avènement de la série *5D*, en septembre 1969, a été un des moments importants dans l'histoire du service des émissions religieuses, à Radio-Canada, pour deux raisons.

Roger Leclerc a fait des études en théologie à Montréal, en cinéma et télévision aux États-Unis. Il a été réalisateur au service des émissions religieuses de Radio-Canada pendant 31 ans. À la retraite depuis juillet 1990.

5D devenait d'abord un des premiers magazines d'information de Radio-Canada à adopter le format d'une heure. L'année suivante, l'émission *La Semaine verte* nous empruntait cette formule et reconnaissait volontiers s'être inspirée de notre démarche. Plus tard, les formats d'une heure se sont multipliés jusqu'à l'inflation de l'information-spectacle et celle du fait divers, telle entre autres exemples, l'émission *Montréal ce soir*.

En deuxième lieu, *5D* manifestait à haute voix un phénomène nouveau aux émissions religieuses: celui d'une critique ouverte de l'institution ecclésiastique catholique. Le concile de Vatican II, qui avait amené un courant d'air frais dans l'Église, était terminé depuis quatre ans. L'équipe de *5D* était jeune, quelques-uns de ses membres venaient des milieux scolaire et universitaire contestataires.

Le service des émissions religieuses et l'Église

Jusque-là, le service des émissions religieuses, fondé en juillet 1959, avait toujours défendu farouchement sa liberté et son autonomie vis-à-vis l'institution ecclésiastique. Mais il s'agissait d'une autonomie d'action de gens qui se situaient spontanément dans l'Église; des laïcs professionnels, croyants et probablement pratiquants, comme tout le monde alors; des laïcs soucieux d'assumer leurs responsabilités dans les domaines qui les concernaient et soucieux de faire évoluer l'Église à laquelle ils appartenaient. Sans mandat de la hiérarchie catholique. Sans déclaration de foi. Sans prédication ni prosélytisme. Jamais!

Ce fut la grande intuition de Gérard Veilleux, premier «organisateur des programmes» et d'Edmond Labelle, le fondateur du service. Le service des émissions religieuses à Radio-Canada est un fleuron de l'héritage de l'Action catholique qui a formé les Simonne Chartrand, les Gérard et Alec Pelletier, les Claude Ryan, Gérard Lemieux, Roger Varin et combien d'autres.

La première équipe du service des émissions religieuses s'est également nourrie de l'idéal de la revue française *Esprit*, dirigée alors par son fondateur Emmanuel Mounier, un catholique de gauche. Elle fut aussi, et plus encore, influencée par une autre revue française, *Les Informations catholiques internationales*, et l'équipe des Georges Hourdin, Jean-Pierre Dubois-Dumée, José de Broucker, etc. avec qui nous avons entretenu d'étroits échanges pendant plusieurs années.

Donc, avec *5D* et plus tard *Second Regard*, une distanciation s'établit par rapport à l'Église. La critique viendra désormais, progressivement sinon imperceptiblement, plus de l'extérieur. Les liens d'allégeance à l'Église institutionnelle sont moins serrés. Officiellement, c'est la séparation de l'Église et de l'État, de l'Église et des mass media, de l'Église et de l'information religieuse.

5D

Le titre *5D* (la cinquième dimension) indiquait où dans l'information religieuse notre équipe entendait poser l'accent. Tout le monde est familier avec les trois dimensions de la réalité que sont la hauteur, la largeur et la profondeur. Einstein en a ajouté une quatrième: celle de la relativité du temps et de l'espace. *5D* voulait rappeler une cinquième dimension, celle de la transcendance, celle du sens ultime de la vie, celle de Dieu. *5D* nourrissait l'intention d'approfondir la nouvelle religieuse, devenait un lieu de questionnement.

Simonne recherchiste

Ceux et celles qui ont connu Simonne entrevoient ce qu'elle a pu apporter à *5D*. Dans le tome 4 de son autobiographie (p. 271 et suivantes), Simonne consacre quelques pages à son passage à Radio-Canada. Elle titre ses souvenirs de l'interrogation suivante: «L'information religieuse a-t-elle sa place à la télévision de Radio-Canada?» Elle ne répond pas à la question; mais on sait que la réponse est positive pour elle qui avait suivi des cours de télévision avec Claude Sylvestre.

Cette interrogation me frappe, par suite de la disparition du service des émissions religieuses à Radio-Canada, en 1991. Elle me frappe surtout quand j'entends la publicité-maison pour *Second Regard*: une émission, dit-on, qui parle des valeurs morales et spirituelles. On n'ose plus maintenant, à *Second Regard* comme dans plusieurs milieux au Québec, prononcer les mots «religion», «religieux». Ces mots sont trop lourdement hypothéqués. Dans le même courant, on n'ose plus prononcer le nom de Dieu. Le jargon du Nouvel Âge est plus à la mode. On préfère parler d'énergie, de forces cosmiques en soi, etc.!

Simonne, qui a toujours été critique de la religion et surtout de ses institutions, n'était pas de cette école. Elle aurait été d'accord avec cette amie carmélite qui disait un jour à la télévision: «Dieu est Dieu. Aujourd'hui on essaie d'adapter Dieu à l'homme. C'est peut-être l'homme qui devrait s'adapter à Dieu!»

Coordinateur de *5D*, j'avais proposé Simonne comme recherchiste pour deux raisons: son ouverture face à la question religieuse et le fait qu'elle était une femme.

Dans les pages où elle évoque sa collaboration à *5D*, elle décrit trois reportages auxquels elle a participé: l'action de Mgr Helder Camara, évêque de Recife au Brésil, auprès des pauvres; la présence des femmes dans l'Église canadienne; les jeunes. Sujets significatifs et révélateurs de ce qu'elle était et de ses préoccupations.

Rencontre avec Mgr Helder Camara

Lors d'une visite à Montréal de l'évêque brésilien, Simonne et une équipe de *5D* l'avaient suivi toute une journée. De ce reportage d'une heure, les deux seules phrases de l'évêque qu'elle cite la décrivent très bien.

Aux étudiants de l'Université de Montréal qui lui demandaient comment il pouvait concilier son engagement à fond avec les pauvres et son allégeance à une Église de pouvoir, il avait répondu: «Je n'appartiens pas à une Église parallèle, ni à une secte dissidente… je marche vers la "gauche".» On pense ici à l'allégeance continue de Simonne à l'Église mais aussi à sa liberté. Tous la savaient catholique, même si elle était «souvent à contre-courant». Son appartenance à l'Église était une question de foi. Non seulement croyait-elle à la fraternité humaine, mais elle vivait aussi la réalité du Corps mystique du Christ. Elle n'a jamais mérité l'épithète que Marcel Légault appliquait aux catholiques conservateurs contemporains, celle d'être une «chrétienne de chrétienté».

L'autre phrase qu'elle cite d'Helder Camara était un aparté dans la voiture: «Malgré les malheurs, disait-il, il faut toujours garder l'espoir; c'est une vertu chrétienne.» Simonne ajoute dans son livre: «Paroles de sagesse que j'ai retenues.» (Tome 4, p. 272)

Elle a enrichi *5D* de ses préoccupations concernant les valeurs ou «vertus chrétiennes». Elle mesurait toute l'activité humaine au gabarit des valeurs spirituelles et morales. Sa maturité et son expérience ont sans doute tempéré les ardeurs idéologiques de *5D*. D'autant plus que Simonne était une femme d'équipe. Présenter un magazine d'information religieuse hebdomadaire d'une heure n'est pas une tâche facile.

Le bon jugement de Simonne, son habitude de travail sur le terrain nous ont profité. Quand je pense qu'elle a vécu les événements d'octobre 1970 durant son séjour chez nous, j'apprécie d'autant plus son équilibre, une sérénité et un optimisme fonciers qui lui faisaient éviter la hargne et la maintenaient toujours au-dessus de la ligne de flottaison. Elle a été impliquée toute sa vie dans l'action sociale, jamais elle ne s'y est noyée ni embourbée.

Chez les évêques

Au printemps de 1971, elle m'avait accompagné à l'assemblée bi-annuelle des évêques du Canada, à Ottawa. Non seulement elle avait amassé la documentation et établi les contacts pour ce reportage, mais elle avait osé proposer à la Conférence de mettre à l'ordre du jour de ses discussions le sujet suivant: «Le rôle des

213

femmes canadiennes à l'intérieur de l'Église». Les évêques ayant acquiescé à cette requête, elle s'était hâtée de rassembler un groupe de 25 femmes pour participer à cette rencontre! On avait fait, cette fois, de la télévision interactive, grâce à Simonne, femme d'organisation, femme essentiellement pratique.

Au Concile des jeunes, à Taizé

Un des événements religieux majeurs dans la chrétienté occidentale, au XXe siècle, sera le Concile des jeunes, organisé, à Taizé, par la communauté des moines protestants (et catholiques) de Roger Schultz. À mon avis, la catholicité et la presse religieuse en général n'en ont pas parlé suffisamment. Reproche qu'on ne pourra heureusement adresser au service des émissions religieuses de Radio-Canada, qui a couvert à plusieurs reprises cet événement.

Taizé aura été une des grâces de ma vie et une des gloires de ma carrière. J'ai commencé à fréquenter Taizé au début des années 1960. C'était l'époque où l'on pouvait passer un après-midi avec Roger Schultz et de longs moments avec les moines. J'étais à Taizé, à Pâques en 1970, lorsqu'on a annoncé le Concile des jeunes. Et *5D* a envoyé Simonne là-bas, à Pâques en 1972, lorsqu'on a fixé la date d'ouverture du Concile, le 30 août 1974.

Les pages de *Ma Vie comme rivière* sont, ici, les plus intimes et les plus touchantes. On sait combien, jusqu'à la fin, Simonne a été préoccupée par la jeunesse. Elle aimait les jeunes. Elle les acceptait comme ils sont et savait leur parler. *5D* a aussi profité de cette qualité de Simonne, d'autant plus qu'aux émissions religieuses, nous nous sommes souvent demandé comment rejoindre les jeunes et comment mieux leur parler.

Simonne écrit de Mâcon ses impressions à Michel, son mari: «Jeudi saint… Office à midi et 6000 jeunes dans l'église de la Réconciliation… Parmi cette foule j'ai revu et reconnu des jeunes de certains cégeps qui m'ont dit: "Salut Simonne! Toi aussi, tu es jeune." Ils m'ont embrassée et m'ont dit: "Te connaître, c'est être plus en vie." J'étais émue.» (Tome 4, p. 275)

«Te connaître, c'est être plus en vie»

La dernière *Lettre de Taizé* que je viens de recevoir ces jours-ci cite la fameuse phrase de saint Irénée, mieux connue depuis que *Man Alive* (le magazine religieux du réseau anglais de Radio-Canada) en a tiré son titre: «La splendeur de Dieu c'est *l'homme vivant*, et la vie de l'homme est la contemplation de Dieu.» «Te connaître, c'est être plus en vie.» Quel beau compliment les jeunes faisaient à Simonne sur sa qualité de vie intérieure!

Je pense qu'on peut dire que Simonne a alimenté son action bien concrète, sa vie religieuse, aux grands courants spirituels contemporains. Cette *Lettre de Taizé*, intitulée «Éveille-toi à une joie», a été écrite par Roger Schultz, traduite en 46 langues, pour la 15e rencontre européenne des 105 000 jeunes à Vienne, du 28 décembre 1992 au 2 janvier 1993. Car le Concile des jeunes continue, sous le thème: «Un pèlerinage de confiance sur la terre». Et Taizé continue d'être un haut lieu spirituel. Nous y avons, ma femme et moi, passé 24 heures, en octobre dernier. Nous y avons retrouvé le même silence, la même ferveur que Simonne y avait perçus il y a 20 ans.

Bilan?

L'information télévisée, quotidienne ou hebdomadaire, est une denrée vite apprêtée, vite consommée. Une denrée périssable. Durant ces trois années à *5D*, Simonne a touché à une multitude de sujets, dont il est difficile de faire un estimé ou un bilan. Ses contributions ont teinté l'émission d'un esprit, celui que nous lui connaissions et qui a marqué tout ce qu'elle a fait. Réalité difficile à saisir. Influence difficile à mesurer, mais probablement importante puisque notre cote d'écoute à cette époque était de près de 500 000 téléspectateurs.

Entre Richelieu et Montréal

Je voudrais évoquer maintenant un souvenir plus personnel. Comme j'habite le même village que les Chartrand, le long de la plus belle rivière du monde (!), nous avons, Simonne et moi, très souvent fait le trajet Richelieu-Montréal, ensemble dans ma voiture, durant les absences ou les engagements divers de Michel.

Nous avons eu alors de longs échanges, qui sont allés parfois jusqu'aux confidences. La connaissance d'un être humain est toujours un privilège et un enrichissement. Mon admiration pour Simonne et Michel est sans doute née de cette connaissance, le long des 30 kilomètres qui nous amenaient à Radio-Canada ou vers Richelieu.

Pour moi, la noblesse de Simonne (j'entends la vraie noblesse humaine, sans oripeaux ni panache) réside dans le fait qu'elle a su unir son dire et son faire. Elle a pu se faire entendre parce que sa parole coïncidait avec ce qu'elle était ou s'efforçait d'être. La pareille vaut pour le couple qu'elle formait avec Michel.

Gérard Marier, pour illustrer la beauté de l'être humain unifié, rapprochait les deux mains ensemble en forme de clocher et parlait d'un être «pointu», fort et perçant, parce qu'ayant intégré en lui les valeurs auxquelles il croit. Rodin a dit la même chose par une de ses sculptures, ces mains priantes auxquelles il a donné le titre sans équivoque de «Cathédrale».

Toute la vie de Simonne a été une recherche et un effort d'intégration de la cinquième dimension.

> Il importe de rechercher à travers les personnes ce que les êtres humains ont de plus intime, de plus secret, de plus viable, de plus beau qu'ils ignorent souvent ou n'osent pas avouer ni exprimer, que ce soit en pensée ou en action. D'où l'importance de développer par la réflexion une vie spirituelle intérieure intense et une énergie morale qui permettent, malgré ses propres limites, de répondre aux impératifs des valeurs morales. Souvent à contre-courant, mais dans la limpidité d'une eau courante. (Été 1971, Tome 4, p. 277)

Les causes avant la carrière

J'ai connu Simonne, elle avait 50 ans, j'en avais 40. Nous avons fait partie d'une même équipe de recherchistes à Radio-Canada pendant quatre ans, au début des années 1970.

Avant qu'elle ne me soit présentée, je m'interrogeais sur cet être qui avait osé dire «oui» à Michel Chartrand. Cela me prit quelque temps à ne plus la voir sous l'éclairage de l'autre que je n'avais pourtant jamais rencontré. Nous étions en 1971: il prenait beaucoup de place.

Au bout de quelques semaines, elle occupa l'espace; l'autre faisait partie des nouvelles, rarement de notre expérience.

Une femme de «causes»

Simonne était une femme de «causes», tout à l'opposé des femmes de carrière qui ont un plan et qui font des choix en conséquence. La vie l'avait amenée à s'identifier à certaines causes qui servaient de prisme à son engagement. Elle le savait et ne le cachait pas: c'est un des êtres que j'aurai rencontré chez qui

Louis Dumas a été recherchiste aux émissions religieuses de Radio-Canada. Il est aujourd'hui conseiller à la direction générale à la Ville de Québec.

régnait la plus parfaite congruence entre ce qu'elle était, ce qu'elle pensait et ce qu'elle disait.

En diplomatie, elle aurait eu quelques problèmes; même en journalisme, une telle limpidité n'allait pas de soi. Quand on l'embauchait, on devait le savoir; quand on discutait de projets autour d'une table, on ne pouvait pas l'oublier. Simonne était une femme cohérente. Elle n'était pas une intellectuelle et elle le savait, parfois même elle en souffrait. Elle était difficilement capable de faire une synthèse: plutôt impressionniste que cartésienne. Cependant, on ne pouvait pas la prendre en défaut de cohérence. Elle avait fait son nid tôt dans la vie: tout ce qui sentait l'injustice l'exaspérait. Et elle ne changera pas de nid au gré des modes ou du vent du pouvoir: elle était à l'aise dans l'opposition.

Si ma mémoire est fidèle, il y avait trois dossiers qui retenaient surtout son attention. La *paix*, mais pas n'importe quelle paix et pas à n'importe quel prix: une paix à base de justice sociale. La situation des *femmes ouvrières*, dont elle avait fait, malgré ses origines bourgeoises, l'expérience concrète. Les *Palestiniens*: on sortait de la guerre des Six Jours.

Une femme libre

Simonne était une femme libre. Elle en avait fait la preuve en épousant Michel; elle en témoignera toute sa vie, parfois en en payant chèrement le prix. Libre non seulement en paroles mais en gestes. Je l'ai vue à plusieurs reprises se lever au cours de réunions et dire: «Vous ne m'aurez pas, je ne ferai pas cela!» Elle n'acceptait pas de jouer le jeu et méprisait ceux qui le faisaient.

S'il arrivait qu'elle énonçât des prises de position idéologiques radicales et sans nuance, elle était toujours capable de faire la distinction entre la cause et les personnes et pouvait travailler avec des gens qui ne pensaient pas comme elle, à la condition que ce soit respectueux et clair de part et d'autre.

Une femme attentive aux personnes

Simonne était attentive aux personnes. À l'arrivée le matin, elle détectait le sens du «ça va bien» et, à un moment donné, pouvait nous servir un «Louis, faut que je te parle».

Elle se mêlait de ses affaires et savait être d'une grande discrétion mais cela devait cohabiter avec un mouvement intérieur qui la forçait à réagir sur ce qu'elle percevait et à signaler sa disponibilité. Parfois cela m'agaçait, je pressentais ce qu'elle voulait me dire mais je ne voulais pas l'entendre. Elle le disait quand même. Sacrée Simonne, pensait-on.

Attentive non seulement aux collègues de travail, mais également aux personnes proches de leur entourage. Ainsi elle s'est rapidement liée d'amitié avec mon épouse et d'une amitié qui ne s'est pas démentie jusqu'à son départ. Elles se téléphonaient, elle venait nous voir. On savait qu'elle nous aimait.

Une femme généreuse

Simonne était une femme généreuse. On pourrait dire généreuse de son temps; parfois trop, ça l'amenait à une vie un peu brouillonne. Généreuse aussi de ses «affaires». Qu'on me pardonne cette anecdote. Un jour, je dois participer au 25ᵉ anniversaire de mon conventum de rhéto (on sait la vanité qui peut animer ces rencontres où chacun veut bien paraître). Je venais de m'acheter une maison et je disposais de peu d'argent pour des vêtements qu'on ne porte qu'une fois. J'en parlai à Simonne qui, au lieu de raisonner ma vanité, me dit: «J'ai ce qu'il te faut!» Elle a insisté pour prêter à mon épouse son étole de vison, un bien de famille. Elle tenait à ce que nous fassions bonne figure. Ce fut l'unique fois où Germaine a porté du vison et ce fut grâce à Simonne.

De Simonne, je garderai toujours un souvenir ému et reconnaissant.

«*Simonne, pourquoi n'écris-tu pas?*»

THÉRÈSE MARTIN

Ma chère Simonne,

Tu nous a si souvent parlé des arbres de Michel, plantés autour de votre maison à Richelieu... Il les regardait pousser, avec ce sens sacré de la nature et des êtres qu'on lui connaît.

Toi, Simonne, là-haut quelque part dans le ciel, assise sur ton étoile, tu es présente parmi nous et j'entends encore tes grands éclats de rire, nous donnant le goût de continuer d'œuvrer et de s'engager, comme tu l'as toujours fait tout au long de ta vie de femme.

Lorsque j'ai travaillé avec toi à la télévision, dans les années 1970 à l'émission *5D,* tu m'as beaucoup appris: ta conscience collective, ta solidarité avec toutes les équipes de production et l'amour que tu nous transmettais au travail. «Voir, juger, agir»: c'était ta philosophie.

À moi, tu disais: «Écris ton journal, les rencontres, les événements, les pensées, on n'en connaît pas l'importance.»

Un jour, alors que nous allions dîner au restaurant toutes les deux, nous marchions rue Sainte-Catherine, nous parlions de

Thérèse Martin a travaillé à la télévision de Radio-Canada comme assistante à la réalisation puis à la réalisation d'émissions religieuses.

choses et d'autres, de nos familles, de ton expérience avec différents groupes de femmes au Québec. J'ai vu ce grand paysage
habité par les femmes avec lesquelles tu avais travaillé, ces femmes que tu avais aidées à s'organiser. Je me souviens de m'être
soudainement arrêtée au coin de la rue Stanley, de t'avoir regardée dans les yeux et de t'avoir dit: «Simonne, pourquoi n'écris-
tu pas ces expériences, tu nous laisserais un tel héritage.» Tu
m'as regardée à ton tour, stupéfaite, avec intensité, comme si
déjà cette rivière coulait dans tes yeux. Quelque temps après, tu
m'as fait part de ton projet d'écriture.

Certains détails de ce moment important m'échappent
puisque je n'ai pas écrit mon journal. J'aimerais tant refaire ce
bout de chemin avec toi, en remontant le temps; hélas, il ne veut
pas, il garde ses secrets pour l'avenir.

Aujourd'hui, maintenant, chère Simonne, je comprends la
dimension de ta pensée, la résonance de ton amour et la puissance de ton action. C'est l'arbre de la vie que tu as planté et qui
pousse au bord de ta rivière.

L'équipe de la JEC devant la Palestre nationale avec M. Omer Héroux du *Devoir*, qui avait consacré un éditorial à la JEC. Au deuxième rang, Simonne Monet.

Journée d'études de la JECF à Montréal, 1942. Au centre, Simonne Monet.

Au mariage de Madeleine et Benoît Baril, 23 novembre 1940.

Novembre 1969. Photo: *La Patrie.*

À Damas, en Syrie, août 1972.

De retour de l'hôpital Notre-Dame, septembre 1972. Photo: Dominique Chartrand.

Février 1972. Photo: Michel Gravel, *La Presse.*

Réunion au Syndicat des enseignants de Champlain, Valleyfield, 1973.

Simonne et sa fille Hélène, au baptême d'Anne-Marie Chartrand-Deslauriers, 24 juin 1974.

Congrès annuel de la Fédération des femmes du Québec, 1975. Au micro, Simonne Monet-Chartrand.

Congrès annuel de la Fédération des femmes du Québec, 1976. Simonne prépare sans doute une autre résolution...

Au 25ᵉ anniversaire de l'Union des familles de Longueuil, 1981.
Simonne et Marthe Legault.

Salon du livre de l'Estrie, Sherbrooke, octobre 1981. Photo: Claude Poulin, *La Tribune*.

Au mariage de Madeleine Chartrand, Richelieu, février 1981. Madeleine, Simonne, Michel, Micheline, Hélène et, devant, Katerine Chartrand-Deslauriers.

Fête des Chartrand, été 1985.

Avis de recherche, saison 1985-1986. Assis: Françoise Berd, Michel et Lyse Charland-Favretti. Debout: Simonne, Claude Gauthier, Hélène Pelletier-Baillargeon, Gaston L'Heureux et Aline Desjardins. Photo: Jean-Pierre Karsenty.

Avec Michelle Bessette, au lancement du troisième tome de *Ma Vie comme rivière*, 3 mai 1988.

Le 4 novembre 1992, 73ᵉ anniversaire de naissance de Simonne et lancement du quatrième tome de *Ma Vie comme rivière*. En compagnie d'Alain et de Philippe-Emmanuel Chartrand. Photo: Jean-Luc LeBrun.

À Katevale, chez Alain, été 1990. De gauche à droite, Hélène, Micheline, Marie Cailhier-Chartrand, Suzanne, Diane Cailhier. Devant, Maïa Chartrand.

À Saint-Moritz, en Suisse, Simonne et sa petite-fille Maïa, juillet 1991.

Richelieu 1987. Photo: Robert Gosselin.

Un guide qui m'a ouvert
l'esprit et le cœur

LAURA MONETTE

Chère Simonne,

Tu as été pour moi un guide qui m'a ouvert l'esprit et le cœur. Tu m'as permis de me rendre compte de ce qui se passait autour de moi et même en moi, tant dans mon milieu de travail que dans la société.

Chaque jour, je guettais ton arrivée au bureau pour écouter ou pour lire toutes les nouvelles que tu apportais. Tu semblais les connaître toutes, être au courant de tout ce qui se passait: les nouvelles d'ici, de l'extérieur, les nouvelles religieuses et toutes les autres, bref les nouvelles du monde entier! Évidemment, tu étais recherchiste et documentaliste à *5D* et il te fallait avoir des antennes tout le tour de la tête; tu m'impressionnais!

Tu me parlais aussi des livres que tu lisais et tu me suggérais des titres qui pouvaient intéresser une néophyte comme moi. Tous les sujets m'emballaient. J'aurais voulu tout lire pour pouvoir me

---

Laura Monette a été, de 1966 à 1976, secrétaire aux émissions religieuses de Radio-Canada, dont *5D* et *Second Regard*. Elle est aujourd'hui assistante à la réalisation du *Jour du Seigneur*.

mêler aux discussions si joyeuses qui se déroulaient dans la salle de l'émission *5D*.

Un domaine auquel je ne pouvais pas participer, c'était la politique. J'étais nulle. Chez moi, la politique ne faisait pas partie des discussions familiales. Encore moins les critiques! Malgré tout, cela m'intéressait énormément de te voir mentionner devant moi tous ces personnages inconnus avec leur vision des choses, leurs façons de voir les problèmes. Quelquefois tu les critiquais pour leur manque de courage, leurs visions rétrécies, étriquées, qui n'allaient pas au fond des choses.

J'écoutais et je t'écoutais.

Moi qui n'avais presque pas entendu la voix de ma mère, je me demandais comment une femme pouvait connaître tant de choses et aller si loin dans tout ce qu'elle faisait et exprimait. Oui, comment?

Je te remercie de m'avoir montré le chemin de cette connaissance tout en préservant ma liberté, de m'avoir répété comment, moi aussi, je pouvais ressentir cette force, ce courage tout au fond de mon être qui augmenterait ma confiance en moi.

Merci Simonne.

4

PACIFISME ET LIBERTÉS

Journal de voyage, samedi 3 septembre 1939

Les délégués du Congrès se retrouvent aujourd'hui à New York à l'Université Fordham, dirigée par les Jésuites, nos hôtes. Il s'agit de poursuivre les objectifs du congrès, forcément reformulés, étant donné les circonstances.

Aujourd'hui, autre nouvelle macabre:

«L'Angleterre, le Canada et la France déclarent la guerre à l'Allemagne.»

Je suis angoissée et bouleversée. Comment ces jeunes hommes étudiants et universitaires européens survivront-ils? Et le mouvement et le secrétariat international de Pax Romana? Au Canada, le Parti libéral fédéral votera-t-il la conscription malgré l'opposition des Canadiens français? [...]

* * *

Hier, 3 septembre, le Canada traditionnellement fidèle et soumis à la Grande-Bretagne s'est vite engagé à participer à cette guerre. Pourquoi n'a-t-il pu rester neutre? Probablement pour des raisons économiques. Y aura-t-il des mouvements de pression assez forts pour dissuader le gouvernement canadien de voter la mobilisation, l'enrôlement obligatoire et surtout la conscription?

* * *

Mes profondes convictions pacifistes, anti-militaristes ont pris naissance lors de ce Congrès et m'ont incitée à travailler concrètement à une meilleure coopération et compréhension entres les gens de divers pays. La déclaration de cette guerre m'a posé un grave problème de conscience.

(*Ma Vie comme rivière*, tome 1, p. 242-243)

La Voix des femmes

JEANNE DUVAL

La diversité des engagements qui ont jalonné la vie de Simonne Monet-Chartrand peut présenter un aspect déroutant pour qui ne connaît d'elle que ce que les médias nous ont rapporté. Ceux qui l'ont connue savent que ses continuelles prises de position sur une étonnante variété de sujets étaient commandées par le sens aigu de la justice qui l'habitait, que cette conception était guidée par une foi bien ancrée dans «le terrible quotidien» et qu'elle n'avait rien de l'échappatoire dans des formules abstraites.

À ces forces qui ont dirigé son action, s'est ajoutée l'influence d'individus qu'elle cite dans ses écrits: son père a été un guide important et précieux; l'abbé Lionel Groulx l'a marquée, comme il a d'ailleurs marqué toute la génération de Simonne; et le dernier, son mari Michel Chartrand, celui qui a partagé toute sa vie et la plupart de ses engagements. Il y a eu entre eux une entente inconditionnelle dans leur engagement politique et nationaliste. Quant à leur engagement social, ils l'ont réalisé dans des domaines différents mais en partageant le même sens inné de la justice.

Syndicaliste, Jeanne Duval a également milité dans plusieurs groupes, dont la Voix des femmes et la Fédération des femmes du Québec.

229

Ses nombreuses maternités développeront et surtout affermiront chez Simonne le sens de la responsabilité envers l'autre. De la responsabilité familiale à la responsabilité sociale, la distance est si minime que l'une s'imbrique dans l'autre, surtout quand le sens de la justice habite déjà profondément un individu.

La foi chrétienne qui guidera toute sa vie sera toujours une foi «incarnée» qui se manifestera par l'engagement. Pour Simonne, le prochain ne sera jamais simplement un mot, il sera toujours celui qui souffre à cause d'un système où les décisions se prennent en fonction de situations, rarement en fonction des besoins de l'individu.

C'est dans notre engagement pacifiste au sein de la Voix des femmes (VDF) que j'ai connu Simonne. Lorsque j'étais militante syndicale, j'avais entendu parler d'elle, mais c'est à la Voix des femmes que j'ai découvert sa grande valeur morale.

La Voix des femmes a pris position à de nombreuses occasions au cours de sa courte existence. Je ne rappellerai ici que les deux plus importantes; nous avons exigé:

1. le retrait des forces américaines du Viêt-nam;
2. l'arrêt des essais nucléaires (qui se faisaient à ce moment-là à ciel ouvert) et l'interdiction de recourir aux armes biologiques, chimiques et nucléaires.

Pour la Voix des femmes, l'implication des États-Unis au Viêt-nam n'avait aucune justification morale. Des intérêts politiques, à très courte vue, avaient déclenché cet engagement. Et la complaisance servile du Canada vis-à-vis cette décision américaine se devait d'être dénoncée publiquement. Nous l'avons fait avec toute la force de nos modestes moyens.

Les souffrances de la population civile causées par l'utilisation massive (dans certains cas) des armes chimiques révoltaient Simonne; dans son autobiographie (*Ma Vie comme rivière*, tome 2, p. 264), elle dit son indignation lors de la destruction d'Hiroshima le 6 août 1945 par la première bombe atomique et elle rejette toutes les justifications que les Américains ont voulu

apporter à leur geste. On comprendra que l'utilisation d'armements chimiques, vingt ans plus tard, suscite la même réaction
chez cette femme qui, dans n'importe quelle situation donnée,
voit d'abord l'être humain.

Par la suite, elle sera celle qui se prononcera avec force
pour que soit respectée la liberté de décision des objecteurs de
conscience. Quand la Voix des femmes du Québec mettra sur
pied un comité de rédaction d'un mémoire qui sera adressé à la
Commission pontificale sur *La Communauté des peuples et la Construction de la Paix*, Simonne y participera et en rédigera le quatrième chapitre, intitulé «Doctrine de la non-violence — Objecteurs de conscience». L'injustice faite à l'individu qu'on enrôle
de force est, pour elle, inacceptable.

Au début des années 1960, les premières revendications féministes commencent à se faire entendre. Certaines de nos
membres pensent qu'avec un nom comme la Voix des femmes
nous avons le devoir de prendre position et d'appuyer le mouvement féministe. L'exécutif s'y objectera, prétextant que notre
programme d'action délimite clairement notre champ d'activité:
promouvoir la paix dans le monde. De plus, le nombre de membres actifs de la Voix des femmes du Québec n'a jamais dépassé
450, il s'est plutôt maintenu autour de 250 à 300. Nous ne pouvions, avec de tels effectifs, nous engager de façon sérieuse et
efficace dans d'autres domaines. Mais nous étions disposées à
aider des organismes qui réclamaient une juste place pour les
femmes, dans une société qui était littéralement en train de se
restructurer.

Au comité organisateur du colloque commémorant le 25ᵉ
anniversaire de l'obtention du droit de vote des Québécoises
(tenu en avril 1965), on retrouve toute une brochette de membres de la Voix des femmes: d'abord Thérèse Casgrain, qui avait
été la fondatrice de la section québécoise de la VDF, Raymonde
Roy, ex-présidente de la VDF, Ann Postans, Elsie Saumur et, bien
sûr, Simonne Monet-Chartrand.

C'est lors de ce colloque que sera lancé le projet de créer

un organisme regroupant l'ensemble des Québécoises; si elle n'a pas été la fondatrice de la Fédération des femmes du Québec, on peut certainement dire de Simonne qu'elle a été la sage-femme qui l'a mise au monde. Elle relate dans *Pionnières québécoises* (p. 367) ses démarches pendant l'assemblée pour que «les participantes se regroupent pour poursuivre l'action des premières militantes des droits de la femme». Le 27 avril 1966, la Fédération des femmes du Québec élira son premier conseil d'administration. L'avancement de la cause des femmes au Québec devra beaucoup à la Fédération et Simonne sera toujours très proche de cet organisme qu'elle a contribué à créer.

Féministe avant la lettre, elle le demeurera toute sa vie. Peut-on affirmer que ce sera la cause qu'elle a défendue le plus ardemment? Je ne saurais dire. Simonne s'est toujours engagée à fond; chaque fois, son action était alimentée à la grande flamme intérieure d'une charité si profondément ancrée que toutes les situations où quelqu'un était brimé lui commandaient d'agir.

Son rayonnement persistera longtemps
Parce que les motifs qui l'alimentaient
Étaient enracinés dans des valeurs immuables.

Artiste pour la Paix

PIERRE JASMIN

Porte-parole des droits des Palestiniens, Simonne Monet-Chartrand nous sourit, un mois après sa mort, sur la page couverture de la *Tribune juive*: sous la plume de Ghila Benesty-Sroka, on y lit qu'elle avait «été la première abonnée de *La Parole métèque* [et] prenait toujours la défense des immigrantes».

Fervente nationaliste québécoise, Simonne signe, avec cinquante artistes[1], en août 1990, une pétition qui demande pardon pour la haine déployée envers les Mohawks et espère des excuses

---

Président des Artistes pour la Paix, le pianiste Pierre Jasmin enseigne au département de musique de l'Université du Québec à Montréal.

---

1. Paule Baillargeon, Janette Bertrand, Luc Boily, Michel Brault, Mario Bruneau, Edith Butler, Hélène Cardinal, Gilles Carle, Paul Chamberland, Raymond Cloutier, Pierre Curzi, Martin Duckworth, Marie Eykel, Françoise Gratton, Jacques Hétu, Germain Houde, Pierre Jasmin, Pauline Julien, Maryvonne Kendergi, Andrée Lachapelle, Arthur Lamothe, Romulo Larrea, Ginette Laurin, Daniel Lavoie, Robert Leroux, Anne Létourneau, Antonine Maillet, Gilles Marsolais, Pauline Martin, Sabrina Mathews, Winston McQuade, Monique Miller, Francine Noël, Alanis O'Bomsawin, Gilles Pelletier, Louise Portal, Yannick Rieu, Michel Rivard, Joseph Rouleau, Dimitri Roussopoulos, Jean-Louis Roux, Clément Schreiber, Marie-Claire Séguin, Richard Séguin, Guy Soucie, Janine Sutto, Marie Tifo, Gilles Tremblay et Kim Yaroshevskaya.

officielles de la part des dirigeants québécois, MM. Bouchard, Bourassa et Parizeau, pour la lapidation des réfugiés femmes, vieillards et enfants lors de l'incident du pont Mercier. Après avoir écrit en 1963: «le FLQ, par sa violence, me paraît absolument malsain et si négatif», elle était descendue dans la rue en 1970 pour appuyer les victimes de la Loi sur les mesures de guerre, dont son mari, Michel Chartrand.

Socialiste engagée, on l'accuse au Québec d'être communiste; invitée au congrès de la Fédération internationale démocratique des femmes à Moscou en 1963, elle y intervient courageusement en faveur du romancier-poète Boris Pasternak et pour la liberté de l'information et de la création littéraire, ce qui lui vaut une rebuffade publique cinglante. De retour au pays, elle a la noblesse de taire cet incident en témoignant plutôt des meilleurs côtés de la société russe d'alors.

Quiconque pense en termes de pouvoir, ou de contre-pouvoir, verrait là des contradictions. Pas Simonne, qui a toujours refusé le conformisme partisan et les compromissions idéologiques, lorsqu'il y avait des vies humaines en jeu. Afin de défendre la vie comme valeur suprême, cette grande passionnée au discours parfois extrême se fera championne du «juste milieu», d'un équilibre qui généralement isole celui ou celle qui le cultive. L'histoire des grands conflits qu'a connus notre pays en témoigne hélas éloquemment. Examinons le rôle effacé et néanmoins si présent que Simonne y a joué, car, femme d'action, c'est davantage en période de crise et non comme théoricienne qu'elle se révélait souveraine.

La Deuxième Guerre mondiale

On propage sciemment la généralisation grotesque selon laquelle les pacifistes seraient au pire des irresponsables, au mieux de doux illuminés refusant d'ouvrir les yeux sur la dure réalité de la guerre. Ainsi a-t-on vu d'éminents éditorialistes ressortir, pendant la guerre du Golfe, cette énormité, à savoir que le pacifisme aurait été à l'origine de la Deuxième Guerre mondiale en empêchant les braves militaires de liquider Hitler, pendant qu'il en était encore temps, en 1936, par exemple.

C'est contre cette honteuse propagande qu'en 1939, les militants de la Fédération canadienne des étudiants catholiques, dont Simonne était membre active, avaient tenté de se prémunir; dans son autobiographie (*Ma Vie comme rivière*, tome 1, p. 238), Simonne rappelle qu'ils s'étaient déclarés «instruments de personne, ni des nazis, ni des fascistes, ni des communistes», dans un texte signé par Daniel Johnson[2], alors président de la Fédération: on voit que déjà, à cette époque, les étudiants se retrouvaient à l'avant-garde du mouvement de paix. En dépit des dispositions prises envers l'Allemagne par la Société des Nations à la suite de la Première Guerre mondiale, les marchands d'armes, quant à eux, collaboraient au troisième Reich, sans être inquiétés par aucun reproche officiel: Hitler n'était-il pas, après tout, *un bon anti-communiste*, tout comme Saddam Hussein sera un bon *anti-intégriste* iranien, méritant d'être appuyé dans la militarisation de son pays malgré les jérémiades pacifistes?

Le 28 août 1939, l'ouverture du congrès de Pax Romana, organisme international au service des fédérations d'Action catholique en milieu universitaire, fut l'occasion pour Simonne, alors âgée de dix-neuf ans, d'une prise de conscience aiguë et d'un premier grand voyage hors du Québec, plus précisément à Washington. Photographiée aux côtés de Daniel Johnson et de deux délégués finlandais et espagnol, Simonne commente cette rencontre dans son autobiographie, en ajoutant: «Mes profondes convictions pacifistes, anti-militaristes ont pris naissance lors de ce Congrès et m'ont incitée à travailler concrètement à une meilleure coopération et compréhension entre les gens de divers pays.» (Tome 1, p. 243)

---

2. Deviendra premier ministre du Québec en 1966.

Guerre du Golfe et censure

Pendant la guerre du Golfe, la rigidité idéologique de notre monde dit libéral censurait presque toute l'argumentation développée par les porte-parole des Artistes pour la Paix[3], l'écologiste Pierre Dansereau, la comédienne Geneviève Rioux, les poètes et chanteurs Michel Rivard et Richard Séguin. La presse officielle nous accusait d'être des «soutiens objectifs à Saddam Hussein», simplement parce que nous nous préoccupions, avec Simonne, des vies humaines en jeu, irakiennes et koweitiennes, kurdes, chiites et israéliennes.

Par ailleurs, la rétrospective des actions du Regroupement québécois «échec à la guerre» et de l'Alliance canadienne pour la Paix ne fut publiée que par une seule revue, «de gauche» et soi-disant pacifiste; celle-ci y censura, sans même en demander la permission à l'auteur, la mention d'une manifestation de solidarité avec Israël, attaqué par les Scuds irakiens: Simonne et moi étions sans doute trop «bourgeois» pour comprendre que les victimes des Scuds étaient de méchants «sionistes impérialistes»! Réaction semblable du côté israélien: une secrétaire du consulat d'Israël s'étonna de notre appui, quelques mois après que les Artistes pour la Paix, dans une lettre adressée au consul, aient vigoureusement protesté contre le massacre des Palestiniens au Mont-du-Temple: «Vous avez changé de bord, maintenant?»

---

3. Groupe fondé en 1983, à la suite d'un spectacle de Gilles Vigneault, et présidé successivement par Dolorès Duquette, Jean-Louis Roux et Antonine Maillet. De 1988 à 1992, Daniel Lavoie, Andrée Lachapelle, Richard Séguin, Simonne Monet-Chartrand et Gilles Tremblay ont été désignés Artiste pour la Paix de l'année. En avril 1993, les Artistes pour la Paix ont réaffirmé, par un envoi massif de 14 000 lettres, leur opposition aux hélicoptères anti-sous-marins nucléaires et ont poursuivi une vaste campagne en faveur de la reconversion des usines d'armement. Avec Florent Vollant, de Kashtin, et le réalisateur Arthur Lamothe, les Artistes pour la Paix ont également collaboré à deux films de l'Office national du film consacrés aux autochtones, *La conquête de l'Amérique* et *L'écho des songes*.

«Non, lui répondis-je, nous sommes toujours du bord des opprimés.»

L'attitude exemplaire de Simonne a tracé la voie avec constance: être pour la paix exige un engagement énergique de tous les instants en faveur des opprimés, sinon la paix défendue ne serait que répression et ordre, comme dans «nouvel ordre mondial» ou dans «Ordre nouveau», groupe fasciste français.

Droits et libertés autochtones

Dans son journal du 24 mai 1931, Simonne relate qu'en dépit de l'avis de ses parents chéris et respectés, elle avait refusé de jouer, au couvent, un rôle dans une saynète à la gloire de Dollard des Ormeaux, déclarant péremptoirement:

> Moi, je n'aime pas les héros de guerre. Dans le récit appris dans notre Histoire du Canada, approuvée par les évêques de la province de Québec, on dit ni plus ni moins que tuer un Sauvage, un idolâtre, c'est héroïque, mais qu'un Sauvage, qu'un païen tue un Français, ça c'est de la barbarie, de la sauvagerie. Selon moi, tuer c'est tuer. «Tu ne tueras point» est un commandement de Dieu. (Tome 1, p. 101)

Malgré la réécriture évidente, l'anecdote semble authentique; elle révèle une lucidité et une indépendance surprenantes chez une fille de juge endoctrinée par le rigide système autoritaire des couvents de 1931.

En 1988, Simonne et les Artistes pour la Paix s'engagent fermement pour la cause autochtone, celle des Innus protestant contre les vols militaires à basse altitude à Nitassinan; nous aidons à organiser la première conférence de presse à Montréal sur ce sujet, illustré de belle façon par la murale de Sabrina Mathews, coin Cherrier et Berri. C'est forts de cet engagement que nous avons déploré en juillet 1990, dès le début de ce qu'on a appelé la crise amérindienne, dans une lettre ouverte aux journaux, que les médias n'aient entrepris de débattre la cause autochtone qu'à la suite d'un acte de violence. L'image négative ainsi véhiculée aux yeux de la population sera difficile à effacer, tout comme la cause québécoise avait elle-même été discréditée en n'étant présentée au Canada anglais qu'après les bombes et les enlèvements du FLQ.

Mais la violence n'est pas seulement la responsabilité de quelques désespérés, elle prend souvent sa source dans une injustice réelle, passée sous silence par lâcheté collective. C'est pourquoi les Artistes pour la Paix ont réagi contre la duplicité du maire d'Oka et de ses conseillers copropriétaires du terrain de golf, en déplorant, à l'instar du ministre John Ciaccia, leur appel à l'intervention de la Sûreté du Québec, le 11 juillet 1990.

Ayant dénoncé haut et fort les agissements des Warriors chez les Mohawks, nous n'hésitions pas une seconde à blâmer d'autre part l'Association canadienne des policiers qui avait acheté une page entière dans nos grands quotidiens, la seule fois de son existence (à notre connaissance), pour y affirmer en caractères gras un énorme mensonge: «La Sûreté du Québec n'a jamais tiré un seul coup de feu» (*La Presse*, 13 septembre 1990, p. A-17). Le *Globe and Mail* de Toronto eut la décence de refuser cette fausse publicité colportée par nos médias. À l'exception notable de Richard Martineau de la revue culturelle *Voir*, les médias s'irritaient par ailleurs contre les gestes des Artistes pour la Paix qui, en signe de solidarité avec les femmes mohawks, allaient leur porter des fèves, des courges et du maïs.

Simonne et moi avons rencontré les représentants de la Fédération internationale des droits de l'Homme, au bureau de la Ligue des droits et libertés, au moment où ils avaient dû abandonner leur poste d'observation, par suite de l'intervention de l'armée canadienne. «Vous êtes les premiers intellectuels québécois qu'on rencontre qui semblent comprendre la gravité de cette crise», s'étonnaient ces Européens idéalistes avant leur départ pour le Vieux Continent.

Simonne avait immédiatement endossé l'appel des Artistes pour la Paix en signant notre pétition: la référence au pardon rejoignait sa sensibilité chrétienne et en même temps la tradition autochtone du wampum. Notons qu'il fallut l'intervention spéciale de Jean-Claude Leclerc peu avant sa démission du *Devoir* pour que cet appel, rédigé par le compositeur Gilles Tremblay, soit publié subrepticement dans le courrier des lecteurs.

La dialectique du pardon et de la revendication

Comme il est difficile de vivre l'exigeante dialectique de la revendication persistante et du pardon! Mettre toute son énergie dans la dénonciation de l'injustice et toute sa patience dans l'acceptation de l'autre. Haïr le péché et non le pécheur, selon l'expression de Gandhi. Avoir l'orgueil de la vérité à tout prix mais aussi l'humilité d'aimer l'autre avec ses erreurs. Simonne conciliait ces qualités différentes et puisait une partie de sa très grande force dans la prière, dans sa foi chrétienne. Elle écrivait:

> La recherche de la paix suppose le respect de la liberté des autres et le droit d'être différent. La concorde dans le respect de l'autonomie réciproque. Sans jamais exercer de domination. C'est pourquoi je suis une militante pacifiste.

> En cette quatrième saison de ma Vie, je veux et j'exige que nos institutions sociales et politiques soient au service des droits légitimes des citoyens et citoyennes, au cœur de nos responsabilités et libertés. (Tome 4, p. 10)

Le 11 mars 1967, dans son journal, elle révélait l'axe de toute son existence en ces termes émouvants:

> Quelle est ma plus grande certitude? Je réponds sans hésiter, c'est l'Amour qui m'unit à Michel Chartrand. L'Amour est la source de ma fécondité, de ma puissance d'action. [...] Je persiste à chercher des moyens pour réconcilier les gens afin qu'ils arrivent à se mieux connaître, à se comprendre, à être solidaires. À s'aimer. (Tome 4, p. 112)

Ceux et celles qui ont connu Simonne ne peuvent faire autrement que mentionner son immense générosité. Elle lui permettait d'accueillir tous les artisans de paix, peu importent leur statut social, leur expérience ou leur naïveté, leurs calculs, leur maladresse ou même leurs contradictions: elle unifiait ainsi le mouvement pacifiste.

Dans son livre *L'espoir et le défi de la paix* (Guérin littérature, 1988), écrit en collaboration avec Carmen Villemaire, elle cite une centaine de personnalités des domaines les plus divers: journalistique, politique, pacifiste, chrétien, syndicaliste, scientifique, artistique, sportif, etc. Grâce à cet ouvrage et à ses écrits autobiographiques, on se souviendra de ses combats pacifistes menés dans l'ombre pendant des décennies aux côtés des Thérèse Casgrain, Ann Gertler, Ghislaine Perrault-Laurendeau, Léa Roback et d'autres femmes exemplaires.

Derniers engagements pacifistes

Malgré la maladie qui la minait, Simonne s'est engagée pour la paix jusque dans les toutes dernières semaines de sa vie. Elle a signé l'«Appel au bon sens: pour un Québec sans armée» de son ami Serge Mongeau. Le 1er décembre 1992, elle écrivait, en collaboration avec Jean-François Garneau, une lettre aux Artistes pour la Paix, qui représente en quelque sorte son testament de pacifiste:

> Déléguée étudiante au congrès Pax Romana en 1939, engagée dans la Voix des femmes depuis 1961, mère de sept enfants et grand-mère de dix-huit petits-enfants, je n'ai cessé de promouvoir les valeurs pacifistes, que ce soit localement ou à l'échelle internationale. Je crois toujours que la paix est possible. Pourtant, malgré la chute du Mur de Berlin et la fin de la guerre froide, cette fin de millénaire apporte autant d'inquiétude que d'espoir à la pacifiste au long cours que je suis.

Si la menace d'une guerre nucléaire est écartée, de nombreux conflits poussent les gens à prendre les armes, et ce, sur tous les continents. La globalisation des marchés peut entraîner le recours à la guerre policière, comme dans le golfe Persique: après leur avoir vendu des armes, les pays nantis bombardent ceux dont les guerres nuisent à leurs intérêts. De plus, certains industriels verront dans les guerres régionales, comme celles qui déchirent l'ex-Yougoslavie et la Somalie, l'occasion d'exporter des armes. Les citoyens savent-ils que le Canada vient d'éliminer l'Institut canadien pour la paix et le désarmement et est devenu l'un des dix plus gros exportateurs d'armes vers le Tiers-Monde, au mépris de sa participation aux Casques bleus et de son image pacifique? Pour préparer une paix réelle, il importe avant tout de transformer nos économies encore alignées sur une logique de guerre, de les orienter par la diversification et la reconversion des industries militaires vers l'écologie et la justice sociale. Le budget du ministère de la Défense devrait être réduit afin d'empêcher l'achat d'hélicoptères anti-sous-marins nucléaires, gaspillage de plus de quatre milliards de dollars.

Dans l'immédiat, nos relations avec les peuples autochtones restent pour le moins tendues et les Artistes pour la Paix se doivent de poursuivre leurs efforts en vue de désamorcer les conflits et de participer à un véritable échange. Par définition, les artistes façonnent une grande part de notre culture, souvent en accueillant les influences de cultures voisines. Il est essentiel de le faire sous le signe de l'harmonie. La paix est possible, mais il faut y travailler, il faut la préparer.

À la suggestion d'un pacifiste de la première heure, Dimitri Roussopoulos, le titre d'Artiste pour la Paix de l'année 1991 avait été décerné à Simonne, à l'unanimité du conseil d'administration de notre mouvement; une cérémonie toute simple avait eu lieu le 14 février 1992, rehaussée par le don d'une peinture de Marcelle Ferron. Quatre jours avant sa mort, dans sa demeure de

Richelieu, elle l'avait sous les yeux, ainsi qu'un bouquet de lys blancs offert par les Artistes pour la Paix sur les conseils de son fils Alain qui connaissait ses goûts personnels, nuancés de patriotisme québécois.

Au moment de conclure

Au moment de conclure, je me sens maladroit, engoncé dans ma logique, mes justifications et mes raisonnements, comme si je défendais un monument, comme si je rendais un éloge funèbre officiel... Elle n'est pas morte, Simonne. Elle vit encore et il me semble la voir me gronder gentiment de la morale que j'ai l'air de faire à tous à travers elle, pour lui donner raison. Elle se moquait bien d'avoir raison, l'important pour elle c'était de partager. Bon, pour le plaisir, elle pouvait discuter ferme, de façon impulsive, même, mais ensuite elle vous décochait un sourire qui lui envahissait les yeux, pour se faire pardonner d'avoir eu raison! Des yeux aux paupières sensuelles, ceux d'une mère, d'une sœur, d'une fille: elle n'avait pas d'âge, cette femme à la poitrine et aux hanches généreuses, avec le charme fou de celles qui ne calculent jamais, qui n'ont rien à cacher ni à frimer, avec cette énergie qu'elle mettait dans tout ce qu'elle entreprenait, ces encouragements qu'elle lançait à tout venant, les prodiguant au moment où ils étaient les plus nécessaires. Elle savait repérer les personnes dont la paix intérieure était près de chavirer, elle s'arrêtait un moment et c'était reparti, magiquement, on se sentait à nouveau plein d'énergie, les voiles gonflées, prêt à continuer à lutter pour la justice sociale.

C'est à tous les artisans de la paix de se rassembler désormais, inspirés par la ferveur et l'ouverture d'esprit de Simonne: à elle, qui a réinventé la solidarité, revient le mot de la fin:

> Le Temps d'une paix doit s'établir dans nos cœurs et nos esprits. Qu'il se poursuive demain en nous et, par nous, en dehors de nous. À nous de le construire ensemble avec ténacité, espoir et passion.

En 1975, deux membres du conseil d'administration de la Ligue, Lizette Gervais et Stella Guy, proposent ma candidature au président Léo Cormier. Lors de mon entrevue avec les membres du conseil d'administration, je leur déclare que mon dessein est de mettre la Ligue des droits de l'Homme sur la place publique, les dossiers devant servir à alimenter la réflexion et l'action directe auprès des citoyens et des médias. Ils sont d'accord. Alors je signe mon contrat auprès d'une équipe dévouée et compétente. L'atmosphère est amicale, je m'y sens à l'aise et en mesure de rendre service.

Le travail d'information et de recherche en vue de revendications pour l'exercice de droits collectifs sont chez moi prioritaires: droits des assistés sociaux (ADDS), femmes domestiques, immigrant-e-s, femmes chefs de familles monoparentales, mères célibataires, détenu-e-s, handicapé-e-s et autres catégories de personnes démunies de plus en plus nombreuses.

(*Ma Vie comme rivière*, tome 4, p. 300)

Simonne au pays
des droits de l'Homme

ALINE GOBEIL

Je me souviens, comme si c'était hier, du jour où Maurice Champagne, qui était alors directeur général de la Ligue des droits de l'Homme[1], m'a annoncé que Simonne Monet-Chartrand allait venir travailler avec nous; elle serait directrice générale adjointe. «Pourquoi Simonne?» lui avais-je demandé. La réponse était venue avec un sourire, enthousiaste, évidente: «Mais parce que cette femme est merveilleuse et qu'elle incarne par sa vie, par ses engagements tout ce pour quoi on s'est battu à la Ligue depuis des années.» Il avait une profonde estime pour elle. Comme tout le monde, il appréciait son charme et sa grande intelligence mais il admirait aussi le sens profond qu'elle avait des institutions: ses combats, elle les avait menés à l'intérieur de l'Église, au sein du mouvement des femmes, même quand cela était difficile. Simonne était une femme de gauche, une rebelle, mais elle ne

---

Aline Gobeil a été responsable de la recherche à la Ligue des droits de l'Homme, de 1974 à 1976. Elle est journaliste à la radio de Radio-Canada.

1. Trois ans plus tard, en 1978, le nom de la Ligue sera changé en Ligue des droits et libertés.

claquait pas les portes, c'eût été trop facile, elle se battait de l'intérieur. Maurice admirait ce courage et, pour lui, la présence de Simonne à la Ligue allait de soi. Et il avait bien raison!

À l'époque, les bureaux de la Ligue étaient situés au carré Saint-Louis. Maurice était un enleveur de portes, tous les bureaux ou presque communiquaient les uns avec les autres... je travaillais donc tout près de Simonne. Je me rappelle qu'elle déplaçait sa chaise dans son bureau plusieurs fois par jour pour suivre le soleil. Quand j'ai appris son décès, c'est la première image qui m'est venue d'elle... Au propre comme au figuré, Simonne cherchait toujours le rayon de soleil, le beau côté des gens et des choses.

Quand elle est décédée, on m'a demandé à Radio-Canada de préparer sa biographie pour les bulletins de nouvelles du lendemain. Comme on le fait dans ces cas-là, je suis allée puiser dans les archives de Radio-Canada pour trouver des bouts d'entrevues qu'elle avait accordées au fil des ans... Et je l'ai écoutée... c'était formidable. Il y avait dans sa voix tellement de sincérité, tellement de conviction, tellement de générosité que j'en ai encore le souffle coupé. Ce qui m'a le plus bouleversée, c'est que c'était exactement le même discours qu'elle tenait à la Ligue, entre nous, loin des caméras. Les mêmes phrases, les mêmes mots, avec sa manière bien à elle d'insister sur les mots.

Je la revois assise au soleil, un châle de couleur sur les épaules (elle était toujours impeccable) et, sur les genoux, une boîte de carton sortie des oubliettes: c'était le membership de la Ligue. Des membres pas très nombreux, qu'on ne voyait qu'une fois par année et qui ne jouaient pratiquement aucun rôle dans l'organisation. C'est la première chose qu'elle a changée. Elle croyait que les droits comme les causes doivent s'incarner dans des personnes. Il fallait rétablir le contact avec les membres.

Alors elle s'est mise à organiser les soirées de la Ligue. Chaque mois, une soixantaine de personnes venaient discuter ou témoigner autour d'un thème. Elle organisait tout. Normand Caron, qui a succédé à Maurice Champagne peu de temps après l'arrivée de Simonne, se souvient du boulot énorme que représentaient les initiatives de cette merveilleuse adjointe:

> En quelques années, il s'était créé 32 comités sur toutes sortes de problèmes. Simonne était à l'écoute! Avec son sens aigu de la parole, elle écoutait. C'était une animatrice hors pair. Elle allait chercher ce qu'il y avait de meilleur dans les gens. Sans cesse, elle leur disait: «Vous avez des droits et vous avez la responsabilité de les défendre.»

Normand se rappelle aussi que Simonne était souvent angoissée, comme prise de vertige, démunie devant l'ampleur de tous ces problèmes: «Elle mettait tous ces gens sous son aile ou son grand manteau, elle s'en voulait de ne pas être à la hauteur de tout ça. Elle avait une énergie folle, elle nous épuisait.» Simonne fonctionnait comme si elle avait en elle une sorte de détecteur d'injustice. «C'était de toute beauté de la voir, raconte Normand Caron, elle pouvait bouleverser tous ses plans, remuer ciel et terre, quand elle apprenait par les journaux du matin que quelque chose de terrible venait de se produire. On était branché sur l'actualité et Simonne était notre détecteur.»

Je n'ai pas travaillé avec Simonne aussi longtemps que Normand Caron. Ce qui m'a frappée, moi, c'est qu'elle savait être infiniment attentive aux autres tout en parlant constamment d'elle-même, avec une bonne humeur et une profondeur qui la rendaient très attachante. Elle nous racontait sa jeunesse dorée avec plaisir mais sans un brin de regret pour ces temps de vie aisée; à vingt ans, elle se promenait au volant d'une décapotable, c'était rare à l'époque. Elle était fière et avait gardé de ses origines cette belle allure bourgeoise de «grande dame». Elle avait conservé pendant des années un petit col de fourrure récupéré d'un manteau usé, qu'elle recousait chaque fois sur ses manteaux neufs. La vie, pour elle, c'était aussi toutes ces petites choses. Elle était incroyablement positive! Il fallait entendre son rire lorsqu'elle disait, un jour de fatigue, «ma petite fille, ça fait quarante ans que je m'endors», à cause des enfants qu'il avait fallu veiller la nuit, à cause des textes qu'elle devait aussi écrire la nuit parce que c'était le seul temps libre qui lui restait et qu'il fallait bien gagner un peu d'argent... Et elle riait de bon cœur.

Tu peux dormir maintenant, généreuse Simonne, on ne t'oublie pas!

À *la Ligue des droits et libertés*

GÉRALD MCKENZIE

Celle que nous aimions tant nous a quittés.

Dès son arrivée à la Ligue des droits de l'Homme, celle-ci est devenue la Ligue des droits et libertés. Avec Simonne Monet-Chartrand, un souffle d'action populaire allait traverser notre mouvement. Les droits devaient faire partie de la vie de tous les jours et ce, pour tout le monde.

Elle a été de tous les combats à la Ligue. Au cours des vingt dernières années, elle a toujours été disponible. Elle nous faisait connaître chaleureusement et directement nos défauts et nos qualités. Ses paroles étaient toujours d'esprit et de cœur, d'humour et d'espoir.

Simonne Monet-Chartrand fut une grande figure et une des rares femmes, il faut le dire, à la direction de la Ligue. Elle incarnait de façon magnifique l'idée que les droits et libertés sont indivisibles. Toujours et partout, elle s'affirmait en tant que femme, indépendante, libre et indéfectiblement solidaire. Sa manière d'aimer, de combattre pour ses idées, pour le savoir et

Gérald McKenzie est président de la Ligue des droits et libertés. Il a fait paraître ce message dans le *Bulletin de la Ligue des droits et libertés*, vol. XII, n° 1, hiver 1993.

la culture, son extraordinaire compassion et sa grande intégrité resteront toujours pour nous des foyers d'inspiration.

Au revoir, chère Simonne.

Bien vieillir: un art et un droit

ROMAIN DESBOIS

«Je veux être vraie jusqu'au bout, envers et contre tous.» Dans l'introduction de son récit autobiographique, Simonne Monet-Chartrand fait précéder cette expression de sa volonté de bien vieillir par la phrase suivante: «J'ai appris à être fidèle envers moi-même.» (*Ma Vie comme rivière*, tome 1, p. 11) Simonne a vieilli comme elle avait vécu depuis son enfance, c'est-à-dire en conformité avec elle-même; «c'est ma devise», aimait-elle à répéter. Elle offrait souvent en guise de conseil amical: «Soyez vous-même au maximum.»

Plusieurs personnes m'ont confié que Simonne avait le don d'effacer le temps passé entre les rencontres: un ami commun me rappelait qu'il venait de retrouver Simonne après 25 ans et que le contact s'était établi aussi facilement qu'entre camarades de travail se côtoyant quotidiennement. Après une causerie mémorable qu'elle avait présentée le 15 octobre 1991 au Forum des citoyens âgés de Montréal, j'ai moi-même eu l'occasion d'évoquer avec Simonne des souvenirs des années 1956-1957, du

Romain Desbois est vice-président du Forum des citoyens âgés de Montréal, administrateur de l'Association des retraités de Radio-Canada et de l'Association québécoise de gérontologie.

251

temps où nous étions collègues à Radio-Canada: «n'oublie pas de lire mon troisième tome, surtout les pages 237 à 246, il y a une surprise pour toi», m'avait-elle lancé.

À cette occasion, nous avons aussi échangé des réflexions sur l'art de bien vieillir et sur la nécessité d'encourager l'engagement social des retraités, des aînés, nos semblables. Nous nous sommes ainsi découvert un autre intérêt commun: la gérontologie. Elle m'a ensuite parlé de l'importance d'écrire son autobiographie, pour elle et pour ses proches. «Comme tu as raison, lui ai-je répondu, nous aussi, nous y travaillons très fort au Forum.» Faire le récit de sa vie est, avons-nous convenu, un instrument extrêmement utile pour sa santé, son développement, pour transmettre à ses enfants, à ses petits-enfants la mémoire d'une époque.

Un modèle pour les aînés

Déjà, à l'âge des options fondamentales, Simonne disait à ceux qui voulaient l'entendre:

> Par formation et conviction, Michel et moi avons ressenti l'impérieux devoir d'assumer des responsabilités, de nous engager. [...] Cet engagement social doit partir du vécu de chacun-e d'entre nous; il doit faire confiance et redonner confiance.

Malgré et, pour ainsi dire, grâce à ses enfants, à ses parents, à ses proches, à ses amis, à «ses voisins d'en face», à ses semblables, à ses compatriotes, Simonne Monet-Chartrand a réussi à être vraie jusqu'au bout. Pour plusieurs aînés, hommes et femmes, ne représente-t-elle pas un modèle, dans la lignée de ceux qu'elle se plaisait à citer? Entre autres, Gandhi, Albert Schweitzer, l'abbé Pierre, mère Teresa, Simone de Beauvoir, Gabrielle Roy, Thérèse Casgrain, etc. mais aussi tous les autres, inconnus, mais non moins importants, ajoutait-elle avec empressement. Car, pour elle, la personne était importante, indépendamment de son statut social.

Un message aux personnes âgées

Pendant plusieurs années, elle a été membre de l'Association québécoise de gérontologie. Elle lisait la revue *Le Gérontophile*, participait aux colloques, donnait des cours ainsi que des conférences; elle lisait aussi régulièrement le *Bulletin* de l'Association québécoise des droits des retraités (AQDR) et prononçait des causeries au Forum des citoyens âgés de Montréal (FCAM). Elle refusait rarement une invitation des personnes âgées. Ainsi, en octobre 1992, peu de temps avant son décès, elle avait accepté de se rendre à Thetford-Mines, au Salon des aînés, seule au volant de sa voiture, malgré ses souffrances.

Ses textes, son récit autobiographique, ses causeries ainsi que ses réflexions personnelles sur le vieillissement m'ont convaincu que Simonne Monet-Chartrand a livré un témoignage vraiment exceptionnel du «bien vieillir», malgré, et peut-être même à cause, des difficultés quotidiennes de la vie engagée, libre et responsable qu'elle a menée. Ses écrits resteront une source d'inspiration extrêmement positive pour un grand nombre parmi les personnes de 55 ans et plus qui cherchent un sens social à leur «vieillir» et à leur «mourir».

Dans son texte de conférence «L'art de bien vieillir», écrit le 23 août 1991, Simonne Monet-Chartrand résumait son attitude positive en regard du vieillissement. Elle faisait sienne la philosophie d'une aînée, qui correspondait à ses valeurs personnelles:

Le plus grand handicap	la peur
Le plus beau jour	aujourd'hui
La chose la plus facile	se tromper
La plus grande erreur	abandonner
Le plus grand défaut	l'égoïsme
La plus grande distraction	le travail
La pire banqueroute	le découragement
Les meilleurs professeurs	les enfants
Le plus grand besoin	le bon sens

Le plus bas sentiment	la jalousie
Le plus beau sentiment	le pardon
La plus grande connaissance	Dieu
La plus belle chose au monde	l'amour

Et Simonne concluait que «cette dame a dû avec cette attitude devant la Vie éviter la dépression, la mélancolie et l'angoisse».

Consciente de la nécessité «d'exercer une action sociale positive», Simonne militait pour les droits et responsabilités des retraités et des aînés, tant à l'Association québécoise de gérontologie qu'auprès des différentes associations de personnes âgées et retraitées. Elle était, comme elle le disait fréquemment, «une femme à la carte de membre», car elle croyait à la nécessité et à l'efficacité des regroupements d'entraide et de défense des droits de la personne.

Dans ses textes, ses conférences, ses témoignages, ses conversations, ses interventions, elle ne cessait de réclamer les *droits des aînés* à l'autonomie, le droit à la participation sociale des citoyens âgés, le droit à la bienveillance de la part de la famille, le droit aux services de santé adéquats, le droit aux libertés fondamentales, le droit à l'épanouissement personnel, «jusqu'au bout», y compris le droit de mourir dignement.

Par ailleurs, sa vie et ses actions témoignaient de sa décision de rester active, autonome et utile, et d'aider ses pairs à faire de même. Elle avait donc décidé, par ses écrits, de partager ses connaissances, ses compétences et ses expériences vécues avec ses semblables; elle cherchait par tous les moyens à servir la collectivité: «faire confiance et redonner confiance» à ses proches, sa famille, ses amis, à ses anciens et nouveaux collaborateurs. «Je veux plutôt révéler, faire connaître afin que les gens, se reconnaissant dans mes écrits, parviennent à se comprendre mieux et à mieux se réaliser», disait-elle.

S'il est vrai qu'elle fut une étudiante parmi les étudiantes, une aînée parmi les aînés, une femme parmi les femmes, une fille, une épouse, une mère, une grand-mère, Simonne a été d'abord et avant tout une personne vivant son âge et son état au maximum, dans le sens de l'engagement total de l'être humain, en elle-même et avec les autres.

*
* *

J'ai, moi aussi, vécu mon enfance et ma jeunesse sur les bords du Richelieu, à Saint-Jean-sur-Richelieu plus précisément, en amont de la ville de Richelieu où Simonne et Michel Chartrand avaient décidé de passer la dernière période de leur vie. Si, en amont de Saint-Jean, la largeur de la rivière rend ses eaux moins tumultueuses, plus calmes et plus lentes, les changements subits des vents, parfois violents, peuvent nous surprendre, alors même que nous sommes rassurés par l'apparence tranquille de la «rivière des Iroquois». Je partage donc la fascination de Simonne pour cette rivière, qu'elle évoquait, une fois de plus, en conclusion de son texte «L'art de bien vieillir»:

> Personnellement, j'essaie de mener «Ma Vie comme rivière» qui coule; mon équipage de talents et de difficultés… en vue du rivage de la fatale vieillesse. Et cela sans naufrage du cœur, des sens et de l'esprit. En toute amitié avec les miens et les autres. Avec vous tous et toutes qui m'avez gentiment invitée à vous rencontrer. Merci de votre accueil sympathique.

5

LA CAUSE DES FEMMES

De l'émergence des femmes

CLAUDETTE BOIVIN

> Il faudrait que la femme dise d'abord, qu'elle
> commence à dire et qu'elle ne se laisse pas
> dire qu'elle n'a rien à dire!
>
> Hélène CIXOUS

Voilà ce que souhaitait tant Simonne Monet-Chartrand: l'émergence des femmes, devenue une nécessité et un défi social à une époque où celles-ci commençaient à peine à exercer leur droit de vote dans une société bloquée.

Si elle est convaincue que l'émergence des femmes passe par la parole, c'est qu'elle ne veut pas que les femmes s'enferment dans leurs cuisines, dans leurs problèmes «privés». Son désir est qu'elles émergent, qu'elles sortent pour se dire, pour se prononcer sur des aspects fondamentaux de leur vie, afin qu'elles par-

---

Claudette Boivin a surtout œuvré dans les organismes communautaires et a travaillé au Conseil du statut de la femme, à titre de coordonnatrice des projets de l'Année internationale de la femme et de première directrice du service Consult-Action. Elle occupe actuellement le poste d'adjointe aux affaires sociales à l'Assemblée des évêques du Québec où elle a piloté les dossiers de la condition féminine.

tagent un jour ce pouvoir qui gère leur vie. Elle veut pour les femmes autant de visibilité que pour les hommes, autant d'égalité mais sans uniformité[1], elle veut que les femmes prennent en main leur vie, aient un droit de regard et de parole sur les décisions qui bâtissent l'avenir d'un peuple.

Sur les traces d'Antigone

Face à cette mission quasi impossible et devant l'absence de résultats évidents, Simonne bat la marche, rassemble et entraîne les autres à avancer vers l'acquisition de droits naturels: on pourrait la nommer notre Antigone nationale.

Simonne savait-elle que Jacques Maritain avait qualifié Antigone «d'héroïne éternelle du droit naturel[2]»? Elle qui, en 1939, avait reproché aux aumôniers des mouvements d'Action catholique d'être «influencés par le néo-thomisme du philosophe catholique Jacques Maritain», parce qu'ils exigeaient des membres «la neutralité absolue sur le plan politique». (*Ma Vie comme rivière*, tome 1, p. 228)

Déjà, à 20 ans, Simonne se situe dans sa vérité:

> Nous, les jeunes volontaires de l'Action catholique, voulons jouer un rôle actif dans la vie courante: étudiante, familiale et sociale [...]. Jusqu'à ce jour, nous les laïcs de tout âge et de toute génération, spécifiquement les femmes, avons été des objets de sanctification, de prédication, d'exhortation, de consignes, de mots d'ordre, etc. Nous ne serons plus des répétiteurs de sermons préfabriqués. Nous voulons être traités dans l'Église comme des *sujets* à part entière avec des responsabilités réelles. (Tome 1, p. 229)

---

1. Monique DUMAIS dit: «L'égalité n'est pas l'uniformité.» Voir *Les droits des femmes*, Montréal, Éditions Paulines, coll. «Interpellations», 1992, p. 41.
2. Cité par Monique DUMAIS, *op. cit.*, p. 13.

Elle est à la fois fonceuse et réfléchie, convaincue qu'elle a le devoir de s'indigner devant toute injustice. Sa mémoire, ouverte à tout ce qui exige une correction, ne se laisse pas envahir par l'accumulation des recommencements. Pour elle, la revendication des droits des femmes est d'abord axée sur leurs besoins prioritaires (ce qu'elle appellera les droits fondamentaux) et leur mise en œuvre doit passer par une action toujours incarnée dans le quotidien: accès à l'éducation, aux garderies, prévention de la violence, etc.

Elle aurait souhaité, entre autres, que le Conseil du statut de la femme ne soit pas qu'un organisme consultatif auprès du gouvernement, mais qu'il traduise les principes qu'il préconisait en gestes concrets pour l'amélioration de la condition des femmes.

Droit maternel ou féminisme maternel?

Au tout début de sa lutte, Simonne aurait-elle été influencée par le droit maternel, le «maternal feminism»? Selon l'étude réalisée par Linda Kealy sur les associations de femmes canadiennes entre 1880 et 1920, ce courant féministe s'appuie sur «la conviction que le rôle spécifique de la femme, en tant que mère, lui impose le devoir et le droit de participer à la vie publique[3]». L'action de Simonne se situe-t-elle dans «la mouvance de ce féminisme dit maternel[4]», ou émerge-t-elle d'un inconscient féminin? Je serais tentée de dire que son action émerge de sa personnalité, de son être, de sa propre démarche, de sa pédagogie personnelle, car c'est toujours la charnière du privé et du public qui préoccupe Simonne: intégrer ces deux dimensions de la vie dans une espèce d'osmose, l'ériger en principe d'action, en faire sa marque socioféministe bien à elle. C'est pourquoi à peu près toutes les luttes pour les autres droits occuperont la vie

---

3. Cité par Monique DUMAIS, *op. cit.*, p. 36.
4. *Ibid.*

de Simonne. Elle les énumère dans son volume sur les premières Québécoises et les regroupements de femmes:

> [...] le droit d'association, le droit à l'instruction, le droit au travail, le droit de syndicalisation, le droit d'expression, le droit à une libre information, le droit à l'autonomie physique et économique, le droit à l'égalité des chances, le droit à la réhabilitation, le droit à la différence, le droit à la dissidence, au libre choix (avortement), le droit à l'humour, le droit à la sécurité de la vieillesse [...][5].

Liste à laquelle il faudrait ajouter les droits des femmes autochtones et immigrantes, le droit à la non-violence, etc.

Que faire de tant de droits?

Monique Dumais, dans son récent volume *Les droits des femmes*, réserve un chapitre à la pratique des droits et à leur mise en œuvre, en indiquant leurs enjeux dans la vie quotidienne (Simonne aurait beaucoup aimé!): «Ces enjeux constituent les trois "A" des femmes: Autonomie, Accomplissement, Affirmation... [et montrent] en même temps la visée propre recherchée par les femmes[6].»

Ces «trois têtes d'affiche» risquent fort de rejoindre Simonne dans sa vision de l'émergence des femmes. Car la promotion des droits des femmes a toujours été chez Simonne axée sur la dignité des personnes. C'est le fondement de sa lutte. La dignité est au cœur de son éthique sociale. Et sa façon d'aborder les problèmes et les situations est pragmatique. Elle sort de la zone théorique pour émerger vers un monde de justice, la justice qui deviendra sa vertu préférée.

---

5. Simonne MONET-CHARTRAND, *Pionnières québécoises et regroupements de femmes d'hier à aujourd'hui*, Montréal, Éditions du remue-ménage, 1992, p. 12.

6. Voir Monique DUMAIS pour le développement de ces trois «A», au chapitre 3, «Pratique des droits», *op. cit.*, p. 65-126.

Elle a la mémoire des faits, des personnes, des situations, mais aussi des lieux de revendication et des moyens de mobilisation pour contrer les injustices. Elle dira à Maïr Verthuy lors d'une entrevue sur l'implication des femmes en politique:

> [...] il faut que les femmes y soient actives et qu'elles luttent pour être admises de plain-pied à toutes les instances exécutives et administratives des partis politiques et du gouvernement. Ce ne sera pas facile à réaliser [...]. Ce qui importe, c'est de créer la possibilité et le désir d'autonomie, qui passent tous deux par l'économique. (Tome 4, p. 337)

Combien de fois l'avons-nous entendue lier l'autonomie des femmes à l'économique? Encore le privé et le public!

Mouvement des femmes et féminisme

À la lumière de tous ses engagements et de ses nombreux écrits, peut-on parler d'un féminisme radical chez Simonne Monet-Chartrand, elle qui utilise parfois le terme «révolutionnaires» pour parler des changements urgents à faire dans la société? Ce serait là une analyse intéressante qui dépasse largement les limites de cet article. Soulignons cependant la distinction que font Francine Descarries-Bélanger et Shirley Roy entre le féminisme et le mouvement des femmes. Pour elles, le mouvement des femmes évoque:

> [...] le vaste ensemble de discours et de pratiques qui questionnent et dénoncent les conditions discriminatoires subies par les femmes et qui préconisent des modalités de transformation de ces conditions, quels que soient leurs fondements politiques, idéologiques et théoriques. Selon cette même logique, sous le vocable féminisme, [elles désignent] l'ensemble plus restreint de discours et de pratiques qui donnent priorité à la lutte des femmes et qui posent

comme finalité l'abolition, du moins la transformation en profondeur, de l'ordre patriarcal[7].

Y aurait-il chez Simonne une fusion des deux notions: préconiser des modalités de transformation, donner priorité à la lutte des femmes et poser comme finalité l'abolition de l'ordre patriarcal pour que les femmes et les hommes vivent enfin des rapports égalitaires?

Par sa démarche polyvalente, Simonne se situe certes à la jonction de ces deux notions: bien intégrée au mouvement des femmes, qui est en harmonie avec sa façon non seulement de lire les événements, mais de les transformer sans barrière idéologique, cela ne l'empêchera pas de se considérer féministe, mais jamais dans un esprit chauvin ou sectaire.

Sa parole, du «vif argent»

C'est là le risque de sa vie, car il n'y a pas de calcul chez Simonne. C'est souvent l'effusion verbale qui peut la rendre parfois excessive et imprévisible. Pourtant, sa parole «contaminera» son entourage, les groupes, les milieux qu'elle fréquentera: ce sera une parole le plus souvent adaptée, parce qu'imbue de justice et d'un désir de libération pour les femmes.

Sa parole prenait la couleur de celles à qui elle s'adressait, avec cette capacité de vulgariser (sa culture n'étant jamais une barrière), avec un sens pédagogique inné, l'importance du présent faisant appel à tout son potentiel. Sa parole était comme du «vif argent»: elle dénonçait, expliquait, indiquait et réclamait avec la même clarté. Et la parole ciselée, vigoureuse de Simonne, teintée d'un désintéressement, qui se «métaphorise [...] comme débordement, comme risque pris de l'incalculable[8]».

---

7. Francine DESCARRIES-BÉLANGER et Shirley ROY, *Le mouvement des femmes et ses courants de pensée: essai de typologie*, Ottawa, Institut canadien de recherches sur les femmes, n° 19, 1992, p. 2-3.

8. Hélène CIXOUS, «Le sexe ou la tête», 1976, repris dans les *Cahiers du Grif*, «Le langage des femmes», Bruxelles, Éditions Complexe, 1992, p. 91.

Cette fougue mêlée à sa lucidité expliquerait-elle le fait que Simonne n'ait jamais, à ma connaissance, siégé à des commissions gouvernementales sur des questions d'intérêt touchant les femmes? Cette fougue et ses positions, trop éprises de justice sociale, ont sans doute été des obstacles à ces nominations.

Une autre émergence

De toute façon et pour dire comme elle, «de toute évidence» elle envisage une autre émergence. Sa participation au Forum national des femmes au mois de mai 1992, où les femmes tentent de définir un projet féministe de société dans un Québec féminin pluriel, lui fait approuver ce projet alternatif de société «équitable, égalitaire, démocratique, pacifique, non violente et pluraliste». (Tome 4, p. 371)

> De toute évidence, le mouvement des femmes québécoises va vers l'émergence d'une coalition nationale dans le respect et la reconnaissance des droits de toutes et chacune: un grand projet à réaliser à court et à long terme dans la voie d'une société plus juste et plus humaine [...]. Un autre de mes espoirs [...]. (Tome 4, p. 372-373)

Et c'est au soir de ce grand rassemblement, le 30 mai 1992, que Simonne reçoit le prix Idola-Saint-Jean pour son «apport éminent à la cause des femmes». Après cinquante ans d'action sociale dans des groupes de pression, il y a de quoi être émue, n'est-ce pas, Simonne?

265

Rassembleuse et mobilisatrice

MADELEINE PARENT

Jeune étudiante, Simonne Monet-Chartrand avait déjà compris que les femmes sont des personnes à part entière, qui méritent respect et considération au même titre que les hommes. Elle en avait conclu que pour obtenir justice, les femmes devaient gagner droit de cité dans tous les domaines de la vie, privée et publique.

Pendant plus d'un demi-siècle, elle a donc contribué par sa grande intelligence, ses qualités de *debater* et ses énergies peu communes à convaincre les femmes, surtout les moins favorisées, de s'impliquer dans des mouvements pour revendiquer leurs droits. La logique de son engagement l'a amenée à s'impliquer dans la cause de la justice et de la paix pour toutes les femmes et les peuples du monde.

Respectueuse des autres personnes, elle fut, à la Voix des femmes, à la Fédération des femmes du Québec, à la Ligue des droits et libertés et ailleurs, une rassembleuse et une mobilisatrice.

Contemporaine de Simonne Monet-Chartrand, Madeleine Parent est née à Montréal. Elle a milité dans les mouvements étudiant, syndical et féministe. Elle est encore aujourd'hui une militante très active dans divers groupes de pression.

Il est facile de comprendre que Simonne et Michel Chartrand devaient s'encourager et s'alimenter mutuellement dans leur poursuite d'objectifs communs.

Avec Michel Chartrand, leurs enfants et petits-enfants, je regrette profondément le départ prématuré de cette femme articulée et incorruptible. Je lui suis reconnaissante pour le précieux héritage historique qu'elle nous a légué, à nous qui l'avons connue et aux femmes des générations futures.

Simonne, ma sœur

MIA RIDDEZ-MORISSET

Simonne, ma sœur,

Je t'ai toujours vue et regardée de loin, comme on regarde les exemples, comme on regarde les artistes et les sages. Je t'ai aussi vue comme le reflet de ma mère au grand cœur. Tu as toujours fait partie de la cohorte des chants et des oiseaux de ma vie. Même quand, toi-même, tu étais blessée, tu continuais à battre des ailes si vite, si vite, au-dessus de nos destins, qu'on ne les voyait plus.

Alors, gavée de nectar, tu restituais à chacun la goutte nécessaire.

À bientôt, madame Colibri.

Mia Riddez-Morisset est auteure dramatique. De 1958 à 1967, elle a été animatrice du mouvement d'éducation populaire les Filles d'Ève.

Femmes en région

SOLANGE FERNET-GERVAIS

Pendant près de trois quarts de siècle, Simonne Monet-Chartrand a vécu l'histoire du Québec. Elle a pris le train et ne l'a jamais regardé passer! Relatant son histoire dans son autobiographie, elle a interprété le cheminement du Québec et du monde à sa manière. Ses rapports avec sa famille, son mari, sa parenté, ses amis, ses collègues, les leaders de la société lui sont très personnels, dictés par un destin qu'elle a d'abord choisi avec amour et lucidité. Tissée serrée par cette trame au droit fil exceptionnel, Simonne crée par la suite au quotidien la chaîne, maîtrisant le fuseau de sa destinée. Jaugeant continuellement les contradictions comme des défis, elle a inspiré une époque.

J'ai eu le bonheur de connaître Simonne Monet-Chartrand pendant l'Année internationale de la femme en 1975. Les grandes manifestations de Carrefour 75 ont été des moments privilégiés pour elle et pour nous toutes, engagées dans l'action sociale féminine. D'instinct et de culture, les anciennes militantes de l'Action catholique: Jeunesse étudiante catholique (JEC), Jeunesse ouvrière catholique (JOC), Jeunesse agricole catholique

Solange Fernet-Gervais a été présidente générale de l'AFEAS de 1975 à 1980 et cofondatrice de l'Association des collaboratrices et partenaires en affaires. Elle est chroniqueuse à l'hebdomadaire *La Terre de chez nous.*

(JAC), Jeunesse indépendante catholique (JIC), formées par la méthode «Voir, juger, agir», nous nous repérions avec complicité, pour des engagements quotidiens, des causes communes.

Que ce soit à Carrefour 75, aux 40e et 50e anniversaires du droit de vote des femmes, aux diverses activités de la Fédération des femmes du Québec (FFQ) ou chez les amies de Thérèse F.-Casgrain, je la retrouvais souvent un crayon à la main, nous invitant à fignoler une intervention, à compléter une résolution. Elle cherchait à faire valoir ses causes avec conviction, chaleur, détermination, toujours guidée par un souci de dignité humaine, de paix, de justice, d'équité et de non-discrimination. Elle vivait intensément ce qu'elle répétait aux leaders féminins.

Elle était efficace, spontanée, dynamique. Afin de faire pression sur les structures qui influençaient sa vie ainsi que l'avenir de ses enfants, elle a créé des groupes ou adhéré à des associations comme l'Association féminine d'éducation et d'action sociale (AFEAS). C'est avec un sourire amusé qu'elle me gratifiait du titre de Mme la Présidente générale de l'AFEAS. Elle était respectueuse de notre hiérarchie, à chaque rencontre, je captais ses messages pour que l'AFEAS soit connectée aux autres dimensions de la problématique féministe.

Dès 1957, la nouvelle constitution de l'Union catholique des fermières (UCFR), devenue l'Union catholique des femmes rurales, n'excluait plus les femmes des villages. Simonne a alors adhéré à cet organisme présent dans sa localité et a accepté plusieurs invitations comme personne-ressource et animatrice. En 1966, l'AFEAS naît de la fusion de l'UCFR et des Cercles d'économie domestique, enracinés en ville. Simonne reste membre de son cercle à Boucherville; elle a aussi toujours gardé contact avec les Cercles des fermières et y entretenait de franches amitiés, suscitées par Françoise Gaudet-Smet. «Femme à la carte de membre», comme elle l'affirmait elle-même, quelquefois très proche de l'équipe de fondation de ces organismes, elle y occupait une place privilégiée, exerçant une grande influence tant auprès des membres que de la direction de ces diverses associations.

Dans ses mémoires, dès ses écrits de jeunesse, elle utilisait fréquemment les termes d'action sociale, partie intégrante du nom de l'AFEAS, et manifestait sa satisfaction pour notre pédagogie. Nos batailles dans les dossiers des femmes collaboratrices et des femmes au foyer la fascinaient. Ses commentaires à ce sujet étaient lucides, souvent avant-gardistes.

L'anecdote suivante illustre à mon avis sa fidélité envers ses amies et son analyse d'un monde féminin qu'elle a appris à apprécier en travaillant avec Mme Françoise Gaudet-Smet. Après les funérailles de celle-ci, pendant que nos maris nous accompagnaient en silence, ce qui était inusité, chacune, selon ses liens d'attachement envers cette grande amie, lui faisait ses respectueux adieux. Se recueillir sur sa tombe ravivait pour Simonne des souvenirs remontant aux années 1938-1941, où elle avait apprécié cette grande communicatrice, franche, courageuse et vaillante. Sachant que j'étais d'un milieu rural, elle me parlait avec verve de ce privilège unique d'avoir pu entrer en contact avec des femmes de la campagne grâce à Mme Françoise Gaudet-Smet. Elle a découvert ainsi d'autres modes de vie, un quotidien différent vécu par ces femmes qui luttaient pour la survie. Ensemble, Mme Gaudet-Smet et Simonne leur donnaient confiance, les encourageant à développer d'autres talents. L'amitié de Mme Gaudet-Smet a été une grâce pour Simonne (voir *Ma Vie comme rivière*, tome 2, p. 91 à 108); j'éprouve à mon tour des sentiments semblables à l'endroit de Simonne et je cite ce que des jeunes de Taizé lui disaient en 1972: «Te connaître, c'est être plus en vie.»

Mémoires présentés à la Commission Bird

La Fédération des femmes (FFQ) est, au Québec, le premier groupe qui réclame dès 1967 une enquête sur la condition féminine. En tant que cofondatrice de ce mouvement, j'insiste sur l'importance de travailler à cette recherche. Au nom de la FFQ, la sociologue Francine Fournier (Dépatie) accepte de rédiger un document d'analyse sur «la participation politique des femmes au Québec», document qui sera acheminé à la Commission Bird.

Dès mon arrivée à Richelieu en 1967, j'avais signé ma carte de membre de l'AFEAS, suggéré qu'un comité de notre section locale soit formé pour rédiger un court mémoire sur les droits et les besoins sociaux des femmes en milieu semi-urbain. C'est pour certaines d'entre nous, Madeleine Beaulieu, Georgette Beaupré, Monique Frenière, Constance Grenier et Jeannette Poitras, l'occasion d'échanger des opinions fort intéressantes. Cet humble mémoire est présenté à la Commission Bird, à Montréal, tout comme celui de l'AFEAS provinciale. Je connais quelques membres de la commission, la sociologue Monique Bégin (secrétaire de la commission), Jeanne Lapointe et le démographe Jacques Henripin. Ces derniers sont des plus attentifs aux recommandations d'une simple section. Ce qui étonne et ravit notre toute nouvelle équipe de travail.

(*Ma Vie comme rivière*, tome 4, p. 131)

Dès la fondation de la FFQ

GHISLAINE PATRY-BUISSON

C'est au cours de mon mandat à la présidence de la Fédération des femmes du Québec (FFQ), de 1974 à 1977, que j'ai eu l'occasion de travailler avec Simonne et d'apprécier davantage son militantisme. Lorsque Simonne Monet-Chartrand se présentait à l'une de nos activités — congrès, colloques, assemblées générales —, nous étions certaines que les discussions seraient très animées. C'est avec sa grande sensibilité, son dynamisme et la fougue qui la caractérisait qu'elle défendait les valeurs de justice et d'égalité.

Elle fut de tous les débats et tournants majeurs du Québec des années 1960. Il allait de soi qu'elle prenne une part active au virage que les femmes du Québec entreprenaient à cette même époque. Plutôt dociles depuis l'obtention du droit de vote en 1940, les Québécoises décidaient, en 1966, de se regrouper, de se donner une voix plus forte sur la place publique et de combler ainsi — de façon partielle, bien sûr — leur absence des lieux

---

Membre de la Fédération des femmes du Québec depuis 1972, Ghislaine Patry-Buisson en a assumé la présidence de 1974 à 1977. Elle est actuellement agente d'éducation à la Commission des droits de la personne du Québec et première vice-présidente de la Fédération des Professionnel-le-s salarié-e-s et des cadres du Québec de la CSN.

décisionnels, en particulier sur la scène politique. Simonne fut l'une des pionnières de la FFQ à côté des Thérèse Casgrain, Monique Bégin, Yvette Rousseau, Rita Cadieux, pour ne nommer que celles-là.

Au lendemain du congrès de fondation de la FFQ, dans l'éditorial de *La Presse* du 25 avril 1966, signé Renaude Lapointe, on pouvait lire: «Le nouveau sigle FFQ (Fédération des femmes du Québec) est inscrit depuis deux jours au grand livre des réalisations découlant de la Révolution tranquille. Une force sociale, une force de frappe dont il sera dangereux de minimiser l'importance, est donc créée.»

Dès ce premier congrès, Simonne fait sa marque, entre autres, en défendant un des principes de la démocratie: le droit à l'éligibilité pour toutes les femmes présentes à ce congrès. D'ailleurs, c'est elle-même qui nous racontait, avec saveur et humour, lors des célébrations du 10e anniversaire de la FFQ, cet incident des premières heures du mouvement. Lorsqu'on présenta, au terme du congrès de fondation, la liste des 16 femmes qui siégeraient au nouveau conseil d'administration — les 16 signataires de l'incorporation de l'association — en proposant qu'elles soient élues par acclamation, des participantes au congrès, dont Simonne, s'opposèrent à ce mode d'élection. On vota donc une résolution spécifiant que les personnes inscrites au congrès devenaient membres fondatrices et éligibles au nouveau conseil d'administration. Il y a eu 19 mises en nomination, donc nécessité d'un scrutin. Simonne fut élue à ce premier conseil d'administration. Et bravo pour la démocratie!

Elle nous confie dans le *Bulletin de la FFQ* de septembre 1976: «Je ne fis plus partie du deuxième conseil d'administration de la FFQ, mais je fus une propagandiste bénévole de la FFQ à la radio, à la télévision, lors des conférences, de lignes ouvertes ou d'autres rencontres, lors des assemblées générales ou congrès féminins ou mixtes et j'ai été assidue à tous les congrès ou assemblées générales annuelles.» Ce qu'elle continuera de faire après 1976, comme ses nombreux écrits en témoignent.

Pour ma part, j'estime que Simonne fut une militante très engagée, et ce, à sa manière. Sans être une membre active de nos conseils ou comités, elle était de tous nos congrès ou activités publiques, parfois à titre de personne-ressource ou encore comme participante. Mais pas une simple participante! Combien de fois ne l'a-t-on entendue — dans son style percutant — interroger judicieusement ou présenter nos doléances à des ministres, députés, hauts fonctionnaires invités à nos activités! Il n'y en avait pas une comme elle pour dire tout haut ce que plusieurs pensaient. Les applaudissements qu'elle récoltait alors en disaient long sur le consensus et l'appui des autres femmes de l'assistance.

Elle fut d'à peu près tous nos débats visant à formuler des positions et à dégager des pistes d'action sur des questions telles que les garderies, l'avortement, la discrimination, notamment l'équité salariale, la situation des femmes chefs de famille, la violence conjugale, l'implication des femmes en politique, etc. Sa participation à nos délibérations était marquée par la nécessité d'engager des actions. Il ne fallait surtout pas quitter la réunion sans mandat précis. Sa vivacité d'esprit lui permettait de formuler une résolution en un rien de temps.

Malgré ses nombreuses activités dans différents groupes, elle se rendait disponible lorsque nous faisions appel à son expertise et à ses talents pour donner un coup de main à un groupe de travail ou rédiger un mémoire. Fidèle au mouvement, elle était, à ma connaissance, une des rares membres fondatrices à participer à nos activités ces dernières années. Elle était en quelque sorte une vigie du mouvement, rappelant sans cesse les objectifs à l'origine de la fondation. Elle revenait régulièrement sur l'un d'eux: regrouper, sans distinction de race, d'origine ethnique ou de croyance, des femmes et des associations désireuses de coordonner leurs activités dans le domaine de l'action sociale. Recrutez les femmes autochtones, les femmes immigrantes, les femmes noires, les femmes des syndicats, clamait-elle bien souvent.

Elle rappelait, dans les années 1970, le droit à la dissidence:

Tous les membres et tous les groupes féminins associés à la
FFQ ne peuvent automatiquement être toujours d'accord
sur toutes les questions. Ex.: droit à l'avortement, féminisme militant avec une grille marxiste ou indépendantiste
d'analyse de la conjoncture québécoise... ce n'est pas une
raison, à mon point de vue, pour refuser d'être membre
collectif ou individuel d'un organisme... et aucunement
une justification pour des individus ou des organismes de
demeurer apolitiques ou apathiques. («L'urgence de la
communication», *Bulletin de la FFQ*, vol. 7, n° 1, septembre
1976)

Polémiste à ses heures, critique face au mouvement, elle ne
manquait pourtant pas une occasion d'encourager et de féliciter
chaleureusement ses collègues membres pour le travail accompli. De Richelieu, le 8 août 1977, elle faisait parvenir une courte
lettre aux rédactrices du *Bulletin de la FFQ*, Michèle Jean,
Monique Roy et Christiane Bacave: «Désolée de n'avoir pu participer au congrès, je me sens toutefois bien informée sur la vie
de la FFQ grâce à votre excellent bulletin bien présenté et bien
rédigé. Bravo à vous!»

En septembre 1992, elle était présente à la conférence de
presse de la présidente actuelle de la FFQ, Céline Signori, qui
dénonçait les retards, et même la remise en question de la sub-
vention habituellement accordée par le gouvernement fédéral.
Pour Simonne, l'engagement individuel et le support accordé
aux groupes étaient d'une extrême importance.

Disciple de Thérèse Casgrain, elle tenait mordicus à la réussite du mouvement qu'elles avaient fondé ensemble, elles qui
croyaient en la force vive des femmes. Dans une entrevue que
Simonne accordait à Claudette Tougas de *La Presse*, qui l'interro-
geait sur les regroupements de femmes, elle dira: «Pourquoi
toutes les femmes ne les alimentent-elles pas de leurs idées?» Elle
croyait au potentiel de chacune, qu'elle soit bourgeoise ou assis-

tée sociale, plus âgée ou jeune, professionnelle ou travailleuse d'usine, intellectuelle, artiste, travailleuse au foyer ou travailleuse à l'extérieur. Et toutes l'ont accueillie.

Femme de contre-pouvoir, son apport au mouvement féministe a été essentiel. Elle méritait bien le prix Idola-Saint-Jean que la FFQ lui attribuait en mai 1992. Prix de reconnaissance, bien sûr, pour son engagement à la FFQ mais surtout pour son inestimable implication dans la grande marche des femmes vers l'égalité. Pour ces mêmes raisons, le Conseil régional de la FFQ à Montréal se nomme maintenant Conseil régional Simonne Monet-Chartrand.

Pour moi, Simonne Monet-Chartrand a été l'une des plus attachantes militantes de la FFQ. Avec toute la force de son énergie, elle nous encourageait à continuer le travail et elle réussissait à communiquer son ardeur aux nouvelles. Lorsque j'ai occupé la fonction de présidente de la Fédération, son appui ne m'a jamais fait défaut. C'est avec un haut respect et avec nostalgie que j'ai évoqué cette figure marquante de la FFQ qui a grandement contribué à l'évolution du mouvement féministe au Québec. La FFQ s'honore d'avoir pu compter dans ses rangs une personnalité aussi rayonnante.

Conjuguer le privé et le public

MICHELINE PICHÉ

Ma très chère Simonne,

En plein soleil de midi sur les bords du lac Como, je me sens comme un fruit mûr décroché de l'arbre. Tu n'es pas là. Je m'ennuie de tes yeux que je regarde trop peu, me dis-tu souvent. Ils ont des reflets de vagues au soleil et d'ombre au creux de la vague. Ils scintillent de joie et d'amour. Ils sont graves de tendresse et d'empressement. Tes yeux chantent comme des oiseaux sur un arbre dont les branches ploient sous le poids des fruits du labeur d'une vie amoureuse. Je garde tes yeux en moi. Je te garde en moi amoureusement.

Michel

(*Ma Vie comme rivière*, tome 4, p. 352)

Ce mot intime est tiré du quatrième tome de l'autobiographie de Simonne Monet-Chartrand, *Ma Vie comme rivière*. Cette grande

---

Micheline Piché a été rédactrice en chef, jusqu'en avril 1993, de *Femmes d'action*, revue éditée par la Fédération nationale des femmes canadiennes-françaises.

dame a été sans conteste un modèle pour de nombreuses femmes. Pendant plus de cinquante ans, elle a été de toutes les revendications pour la paix et la justice. La Fédération des femmes du Québec lui a décerné en juin 1992 le prix Idola-Saint-Jean pour son apport éminent à la cause des femmes. Il faut lire *Ma Vie comme rivière* pour se rendre compte de la grandeur de l'engagement et de la force intérieure de Simonne Monet-Chartrand.

Il faut aussi y voir toute la beauté d'une relation de couple basée sur le respect, l'amour et l'égalité. C'est surtout parce qu'avant la venue de Michel Chartrand, il y avait Simonne Monet, une jeune femme possédant une forte identité personnelle. Elle était convaincue de ses droits et refusait de se soumettre à des lois discriminatoires envers les femmes, négociant toujours d'égale à égal. Libre et autonome, elle l'est demeurée toute sa vie. Mère de sept enfants, elle a réussi ce tour de force de demeurer active sur la scène publique. Elle a tout de même dû faire des choix et l'on peut se demander ce qu'elle aurait accompli sans ses responsabilités familiales. Elle nous dit, dans son premier tome, avoir souvent désiré la liberté de la femme célibataire, de l'écrivaine célibataire surtout, comme Simone de Beauvoir, mais d'ajouter plus loin, «Que ce soit l'enfantement biologique... ou que ce soit l'enfantement intellectuel... nous avons toutes deux été rongées par une œuvre.» (Tome 1, p. 13)

C'est cet équilibre entre la sphère privée et la sphère publique qui est, pour moi, l'accomplissement personnel le plus remarquable chez Simonne Monet-Chartrand. Malgré les difficultés et l'ampleur du travail à accomplir de part et d'autre, elle avait le soutien et le respect de son conjoint et de ses enfants.

J'aime croire que ce qui se passe dans le privé, entre un homme et une femme, est le microcosme des comportements, des attitudes et des valeurs véhiculées, par la suite, dans le domaine public. Au moment où l'on tente d'établir de nouveaux rapports entre hommes et femmes et de briser le carcan des rôles réducteurs pour l'un et l'autre, le couple Monet-Chartrand peut nous inspirer. Et j'ai espoir que de plus en plus de femmes et d'hommes en arrivent, tout comme Simonne et Michel, à échanger des regards de complicité.

(Texte paru dans la revue *Femmes d'action*, février 1993.)

À *la Fédération des femmes canadiennes-françaises*

À la demande de la Fédération des femmes canadiennes-françaises (FFCF), le ministère des Affaires intergouvernementales financera le travail d'une consultante en vue de la préparation du 64ᵉ congrès de cet organisme. Je suis approchée par le ministère pour exécuter ce travail. Je signe un contrat de pigiste de plus de quatre mois, à raison de trois jours par semaine à Ottawa. La coordonnatrice Ginette Sabourin et la présidente Jacqueline Martin m'accueillent avec enthousiasme à leurs bureaux. Il faudra prendre contact avec les groupes de chaque province et les convoquer pour la première fois à un congrès national.

Adèle Lavoie, responsable de l'information et de la formation des membres, et moi-même faisons la promotion de cet événement dans tous les médias du pays. Elle me fait connaître les archives de la Fédération. J'apprends alors qu'Amanda Walker-Marchand fonda la Fédération nationale des femmes canadiennes-françaises en 1914 et en fut la présidente durant 32 ans.

Par mon travail, je contribue à l'élaboration des thèmes d'ateliers, à la révision des statuts et règlements de la Fédération et au questionnaire-sondage sur la revue *Femmes d'action*. Je soumets également au conseil d'administration un projet de recherche-action sur la situation actuelle de la femme francophone hors Québec. Lors du congrès national tenu à Ottawa les 4-5-6 mai 1979, ce projet est accepté; il deviendra le programme officiel de la Fédération pour les années 1979-1981.

Dans son discours, la nouvelle présidente élue, Gisèle Richer, lance ce message aux membres: «Pour nous, s'assimiler linguistiquement, c'est renier à tout jamais une partie de notre identité. C'est ce que nous refusons et qui déclenche chez nous une réflexion profonde, à savoir la dure réalité d'être sans pays...

— D'autres, telles les Amérindiennes, le sont aussi, ai-je fait remarquer à l'assistance.

— Comme signe de solidarité féminine, la FFCF appuie les revendications des femmes autochtones auprès du Parlement canadien

(→)

dans leurs luttes pour la modification de la Loi sur les Indiens», de conclure la nouvelle présidente.

Cette expérience d'animation au service d'un groupe très structuré de femmes vivant hors du Québec m'a fait beaucoup réfléchir sur le problème des deux nations au Canada ainsi que l'existence des nations amérindiennes.

(*Ma Vie comme rivière*, tome 4, p. 326-327)

Prenons la parole!

DOMINIQUE DAIGNEAULT

Je n'ai rencontré Simonne Monet-Chartrand qu'à deux reprises, mais ces deux rencontres furent marquantes. La première s'est déroulée dans le cadre de la campagne de visibilité et de reconnaissance des centres de femmes au printemps 1988. Les 80 centres de femmes du Québec battaient campagne sous le thème «Partout des femmes de cœur refont le monde». Notre but était d'obtenir pour la première fois un plan financier triennal du ministère de la Santé et des Affaires sociales, plan comprenant notamment une augmentation substantielle des subventions que nous recevions. Les seuls atouts dont nous disposions pour mener notre lutte étaient le nombre imposant de femmes que nous rejoignons quotidiennement et l'appui du public en général. Pour bien illustrer l'étendue de nos appuis, chaque centre se choisissait quelques marraines. Pour représenter le Centre des femmes de Verdun, nous avions choisi Simonne Monet-Chartrand et Madeleine Parent. Il nous apparaissait important que nos marraines soient à la fois des femmes d'action et des

---

Dominique Daigneault travaille depuis neuf ans au Centre des femmes de Verdun. Elle a milité au sein du mouvement étudiant et à la Coalition québécoise pour le droit à l'avortement libre et gratuit.

287

femmes de cœur, ce que sont Simonne et Madeleine. Nous voulions aussi des femmes qui n'avaient pas peur de prendre la parole, quelles que soient les circonstances, ce qu'ont fait tout au long de leur vie Simonne et Madeleine.

Une soirée de sensibilisation et de mobilisation fut organisée. Quatre femmes furent invitées à prendre la parole: Évelyne Maltais, alors présidente du Regroupement des centres de femmes du Québec, Jeannette Charette, membre du Centre des femmes de Verdun, et nos deux marraines, Simonne et Madeleine. La soirée s'est avérée à la fois émouvante et dynamisante! Simonne et Madeleine semblaient fort heureuses de se revoir. Leurs discours furent très appréciés par les femmes présentes. Le mot d'ordre était: prenons la parole!

Madeleine Parent connaissait déjà bien notre centre tandis que Simonne Monet-Chartrand en était à son premier contact avec les centres de femmes. Je crois qu'elle fut séduite! Pour reprendre une expression qui nous est chère, les centres de femmes sont l'expression du féminisme au quotidien. Jour après jour, ils permettent à des milliers de femmes de briser leur isolement, de se donner des moyens pour agir individuellement et collectivement sur leurs conditions de vie. Mais ce qui est fondamental, c'est qu'ils fournissent une voix collective à des femmes qui ne sont regroupées nulle part ailleurs et qui sont trop souvent invisibles socialement, et je crois que c'est ce qui a le plus touché Simonne. Elle qui tenait tant à ce que les femmes prennent la parole semblait émue de les voir enfin se donner des outils pour le faire de façon collective.

Ce soir-là, Simonne appela les femmes à la solidarité mais aussi à la vigilance. Nous devions rester fermes et travailler afin que notre travail soit reconnu, mais aussi faire attention aux pièges que nous pouvions rencontrer sur notre chemin et qui pourraient nous amener à nous diviser. Elle semblait avoir la division en horreur. Elle souhaitait qu'un jour toutes les femmes soient de la partie et que plus jamais nous ne nous taisions. Beaucoup de celles qui fréquentent les centres de femmes sont des travailleuses au foyer. Simonne leur offrait un modèle combatif auquel elles pouvaient s'identifier. Elles étaient emballées par tout ce qu'avait pu réaliser cette femme qui avait en plus réussi à élever sept enfants.

Chacune à leur façon, nos conférencières contribuèrent à faire de cette soirée un succès! Les femmes qui y participèrent se sentirent encouragées à poursuivre leurs actions. Les usagères du centre étaient déjà fort actives dans la recherche d'appuis. Cette soirée servit à nous dynamiser et à ranimer notre ardeur. À la fin de la campagne, le Centre des femmes de Verdun avait recueilli à lui seul près de 5000 signatures pour la pétition sur laquelle s'appuyait la campagne, soit 10% de l'objectif total.

À l'automne 1993, nos chemins se croisèrent pour la deuxième fois. Je retournais travailler après un congé de maternité d'un an. J'étais fort débordée, essayant d'harmoniser mon retour sur le marché du travail à ma vie familiale. L'Organisation des femmes de l'Association nationale des étudiants et étudiantes du Québec (ANEEQ) organisait un forum des femmes afin de relancer le mouvement féministe au sein du mouvement étudiant. On m'invitait à titre de conférencière, en tant qu'ex-membre du Comité-femmes de l'ANEEQ, à faire l'historique de l'Organisation des femmes de l'ANEEQ. J'étais sur le point de refuser lorsque la personne au bout du fil m'annonça que la première invitée était Simonne Monet-Chartrand. Je n'ai pu résister. J'ai une profonde admiration pour toutes celles qui comme elle furent les pionnières du féminisme, abattant les barrières les unes après les autres, luttant sans relâche pour ouvrir les portes que j'ai pu franchir par la suite. Simonne, Madeleine, Léa... ce sont mes idoles, mes héroïnes à moi. Et à travers mes expériences militantes, j'ai eu le privilège de les côtoyer, certaines plus que d'autres, et de vivre avec elles des moments qui demeurent précieusement enfouis dans le coffre au trésor de ma mémoire. Ce n'est donc pas uniquement pour «la cause» que j'ai accepté, mais aussi pour avoir la chance de vivre un autre de ces moments.

Je n'ai jamais regretté mon choix. Cette rencontre fut magique. Nous avons largement dépassé les quinze minutes qui nous étaient allouées, Simonne encore plus que moi. Nous ne nous sommes pas limitées au mouvement étudiant, et c'est surtout du reste dont je me souviens, du subjectif. Cette rencontre s'est tranquillement transformée, comme seules les rencontres de femmes peuvent le faire. Lorsque non seulement le privé est politique mais aussi lorsque le politique devient doucement privé. Simonne était intarissable. Généreuse d'anecdotes et de confidences, elle a su à la fois nous dresser un portrait vivant des luttes telles qu'elle les avait vécues, et aussi de toutes celles qu'il reste à faire. La plupart des étudiantes sont sorties de cette rencontre avec le désir de se mobiliser et d'agir.

Mais une autre émotion colorait cet après-midi d'automne: l'angoisse des militantes présentes. Il reste tant de choses à changer, tant de luttes à mener. Comment faire? Où aller chercher l'énergie? Vouloir tout faire et redouter de ne pas en avoir l'énergie. Être jeune et déjà épuisée par des conditions de vie précaires, par la monoparentalité, par les réticences des jeunes hommes à s'impliquer comme pères. Être jeune et tiraillée entre le désir de faire carrière et celui d'être mère. Être jeune et avoir le désir de changer le monde tout en se sentant impuissante face à la montée de la droite et du conservatisme, face à l'indifférence de ses semblables, face à l'essoufflement de celles qui les ont directement précédées. Et Simonne, comment avait-elle fait avec sept enfants? Comment trouvait-elle la force de continuer? Avait-elle senti l'appui de son mari?

Simonne prit le temps de répondre à chacune de ces interrogations. À ma grande satisfaction d'ailleurs, puisque certaines d'entre elles faisaient partie de mon quotidien. Ses réponses, simples, calmes, invitaient à rester en contact avec soi, sans oublier tout ce qu'il y a à faire, mais en étant consciente de ses forces, de ses limites. Se reposer si l'on est fatiguée. Exiger des pères qu'ils prennent leurs responsabilités, les mettre devant le fait accompli s'il le faut. Prendre du recul lorsqu'on en éprouve le besoin pour pouvoir mieux prendre son envol. La mise en commun des énergies, le regroupement, la solidarité de nos luttes étaient ses leitmotive. Ensemble on est plus fortes, cela semble une évidence, mais on peut parfois l'oublier, emportées par l'omniprésence des messages prônant l'individualisme. La solidarité ainsi que sa confiance dans les jeunes furent des thèmes qui revinrent souvent dans les propos de Simonne cet après-midi-là.

Par son témoignage, ses confidences, Simonne a su faire de cet après-midi un moment magique. En sortant de l'Université du Québec à Montréal où avait eu lieu la rencontre, je me sentais un peu ivre, grisée par la conviction intime d'avoir été témoin privilégiée d'un beau morceau de l'histoire des femmes.

Un Québec féminin pluriel

Les 29, 30 et 31 mai 1992, se tenait à l'UQAM et au cégep du Vieux-Montréal un grand rassemblement dans le but de définir un projet féministe de société dans un Québec féminin pluriel. Il réunissait près d'un millier de femmes qui ont décidé, en assemblée plénière, de promouvoir un projet alternatif de société qui puisse être «équitable, égalitaire, démocratique, pacifique et non violent, pluraliste». J'étais présente et j'ai approuvé cette orientation.

Ce projet a vu le jour dans le sillage de la Commission Bélanger-Campeau et par la suite à l'assemblée générale spéciale de la Fédération des femmes du Québec (FFQ) tenue à Montréal, le 4 mai 1991. Une proposition votée à la majorité des membres donnait au conseil d'administration le mandat suivant: «Qu'en collaboration avec l'ensemble du mouvement féministe québécois dans sa pluralité, la FFQ organise un large forum et précise les stratégies et les moyens pour mettre en œuvre ce projet.» Ce qui fut fait par un comité d'organisation très représentatif et sous la coordination de Rosette Côté, vice-présidente de la CEQ.

Lors de cet événement, les participantes, femmes et associations de femmes, de tous âges et de toutes origines ethniques ont réussi à se définir des objectifs communs par des travaux en ateliers (50) sur des thèmes importants tels l'économie, l'éducation, le pouvoir politique, le pacifisme et la non-violence, la jeunesse, la souveraineté politique, la solidarité avec les groupes autochtones et immigrants, enfin le grand thème: féminisme et culture pluraliste. «Entre vie privée et vie publique... ne pas perdre l'équilibre.»

(*Ma Vie comme rivière*, tome 4, p. 371-372)

L'état serein

JANOU SAINT-DENIS

à Simonne Monet-Chartrand
toujours avec nous

L'état serein
n'accroche pas ton cœur
dans le garde-robe usé
tu l'oublieras à chaque fois
que tu sortiras de chez toi
cherchant à courir dehors
pour retrouver une âme sœur

Gardons notre cœur en corps
sous nos seins brûlants
encore rire et pleurer
encore pleurer et rire
secouant nos silences secs
hurlant les cris brisés

Janou Saint-Denis est poète et animatrice de la Place aux poètes.

la tristesse arrive trop vite
blessures profondes à fermer
ouvrons l'espace à refaire
valorisons les voix marginales
je réclame l'état serein

sauvons la vraie Poésie
nous vivrons mieux en Paix

*
* *

Depuis 1980, Simonne Monet-Chartrand venait chaque année à la Place aux poètes, le premier mercredi de mars, pour la Fête de la parole des femmes. La dernière fois qu'elle est venue à cette soirée, le 4 mars 1992, elle était un peu malade, un peu fatiguée; je l'ai invitée à prendre la parole en début de soirée, car elle souhaitait rentrer chez elle assez tôt, mais elle est restée très tard pour écouter les femmes poètes, une dizaine. C'était une grande amitié, jamais oubliée. À la Fête de la parole des femmes, le 3 mars 1993, j'ai simplement dit ce poème écrit dans la nuit du 19 janvier 1993.

Un phare, une conscience, un don

CHARLOTTE BOISJOLI

Elle éclairait
Elle réchauffait
Elle avait une vue profonde et large, étendue, de tout
    ce qui nous concernait.
Elle n'a pas su se protéger.
Elle aurait donné sa vie pour toutes celles d'entre nous
    victimes d'impuissance, d'injustices, d'humilia-
    tions…
Elle n'a pas su, elle n'a pas pu, elle n'a pas voulu s'en
    défendre elle-même.
Puisse son sacrifice porter les fruits qu'elle attendait.

Charlotte Boisjoli est comédienne et écrivaine.

6

D'AMOUR ET D'AMITIÉ

Hors normes

MARTHE LEGAULT

> Non! Tout au long de nos soifs, nous n'avons
> pas bu de l'eau de source dans un gobelet
> d'argent, mais dans nos mains nues que ne
> rebutait pas notre bouche malhabile.
>
> René CHAR

Hors normes, Simonne et Michel Chartrand ont payé le prix de leur non-conformisme. Ils ont illustré à leur manière ce qu'est une solidarité enracinée dans des principes. Cela conduit parfois à fixer la barre très haut!

J'ai d'abord connu Simonne Monet, puis Simonne Chartrand et plus tard, Simonne Monet-Chartrand. Elle était la même sous les trois signatures parce que dès sa jeunesse, elle voulait tout et tout à la fois.

Documentaliste et rédactrice, Marthe Legault a travaillé étroitement avec Simonne Monet-Chartrand dans plusieurs organismes (les Unions de familles, la Voix des femmes, etc.). Elle a œuvré au sein du Conseil supérieur de l'éducation et à Développement et Paix. Amie de longue date de la famille et marraine de Dominique Chartrand.

Amoureuse de Michel, elle avait trouvé le compagnon qui l'empêcherait de s'installer, en eût-elle eu le goût ou ressenti le besoin. Par tempérament, sinon par vocation, elle fut appelée à défier la quadrature du cercle. Élever sa famille, lui fournir l'essentiel, voire le superflu «nécessaire», malgré une certaine instabilité financière et, parfois même, dans la gêne. Chère Simonne, tu savais pourtant qu'on ne peut être à la fois militante, activiste et primée!

Pour qui mettrait en doute la sagesse du couple dans la conduite de leur épopée familiale, je veux les rassurer. Les enfants Chartrand sont beaux, intelligents et... bien élevés. Qui dit mieux? Contemplez ces sourires de connivence affectueuse, ces visages épanouis dans les photographies de *Ma Vie comme rivière*. Ils parlent mieux et en disent plus long que n'importe quel traité d'éducation, sur la formule et la recette d'un certain alliage: celui de la tendresse et du partage.

> Toute vie humaine est comparable à une phrase qui est en train d'être prononcée, et qui ne prend véritablement tout son sens, que lorsque le dernier mot en a été dit.
>
> Gabriel MARCEL

On sait mieux, maintenant, qui était Simonne. L'assemblée d'un millier de personnes qui l'ont accompagnée à l'église lors de ses funérailles témoigne de son engagement dans les milieux les plus divers et du souvenir attendri qu'elle y a laissé. Bénévoles, artistes, gens d'Église, syndicalistes, activistes de diverses tendances, amis très chers de Michel et de Simonne, amis des enfants, tous étaient là, recueillis et visiblement émus devant ce rassemblement spontané. Oui, on aimait Simonne! Avec une énergie admirable, sacrifiant une certaine douceur de vivre, elle avait tenu parole. Elle avait volontairement emprunté le parcours de plusieurs d'entre nous, ouvert des voies, épaulé et soutenu les plus faibles. Ce courage «hors normes», cet amour de la justice et de la paix dans la gratuité n'étaient peut-être pas étrangers à sa foi dans l'Évangile. Qui sait?

> Je ne mourrai point avant le soleil
> Chaque mort partira une rose à la main
> pour l'absence légère à l'hiver de vivre
> le soleil assistera ce départ de la rose
> [solennelle de l'aurore.

Gatien LAPOINTE

Il reste l'espérance.

Chaleureuse Simonne

GERMAINE BRASSARD-DUMAS

Je l'ai connue, elle avait l'âge que j'ai aujourd'hui, c'est-à-dire cinquante-deux ans.

Je l'ai connue, elle vivait de grandes souffrances dans sa vie de femme, de mère et d'épouse.

Lorsque je l'ai connue, elle était en possession de tous ses moyens malgré ces souffrances. Elle rayonnait d'une richesse de cœur et d'esprit qui ne s'achète pas avec de l'argent.

Quelle chance, amie Simonne, que nos vies se soient croisées. Je t'ai connue, je te reconnais et te redis mon affection!

C'était en 1971. J'étais nouvelle mariée et jeune mère de famille. Mon mari, Louis Dumas, travaillait dans la même équipe que Simonne à *5D*, émission religieuse de Radio-Canada. Occasionnellement, elle venait dormir dans notre demeure de Brossard, car à cette période particulière de sa vie, Simonne traversait de dures épreuves. C'était l'époque des événements d'octobre 1970. On connaît l'histoire! On sait comment Michel fut arrêté brutalement, la nuit, comme bien d'autres Québécois, chez lui à Richelieu. La vie de Simonne a coulé comme rivière

---

Germaine Brassard-Dumas est aubergiste à La Maison sous les arbres, Chemin Royal, à l'île d'Orléans.

torrentielle cette nuit-là, «un cauchemar», me dira-t-elle souvent lors de nos «jases amicales».

Il y a eu l'emprisonnement de son homme. Il y a eu l'agressivité venant de différents milieux, qu'ils soient politiques, intellectuels, populaires. En plus de l'absence, il y avait le vide créé par les gens qui la regardaient comme la femme d'un syndicaliste dangereux... Sa vie était comme rivière secouée de remous profonds... Le vertige, ajoute-t-elle...

Après la prison, il y a eu le séjour de Michel au Chili. L'éloignement physique qu'elle a vécu en ces mois de séparation fut cruel. Je la revois chez nous, nourrissant notre bébé à la petite cuiller. Maternellement, elle nous parlait de Michel et de leurs enfants. Certains soirs après le souper, elle partageait avec nous son bonheur de la journée: elle avait reçu une lettre de son amoureux. De là-bas il lui expédiait des tonnes de tendresse, de bonté, de complicité. C'est lors de ces soirées d'amitié que j'ai commencé à entrevoir et surtout à deviner un autre Michel. Celui du cœur! Celui auprès de qui elle puisait sa ration de courage pour continuer, malgré l'éloignement. En ces heures paisibles au coin du feu, sa vie devenait rivière bleutée et calme. Il faut dire que la vie leur avait appris à vivre séparés, bien malgré eux. Celui qu'elle a toujours si fidèlement aimé et respecté lui donnait, grâce à ses missives amoureuses, l'adrénaline nécessaire pour qu'elle ne lâche pas.

Et en ces mois de grande turbulence, elle vivait un autre drame: celui de la mort bête et brutale de sa grande Marie. Quel mystère... Mais aussi quelle générosité de la part de Simonne pour le conjoint de sa fille! Elle l'a aimé et accueilli malgré tout. Elle est devenue la deuxième mère du petit Philippe, qu'elle surnommait si affectueusement «Picolo». Elle a accepté de «recommencer», elle qui avait donné la vie à sept enfants. On peut deviner que ce ne fut pas facile. Moi qui ai maintenant l'âge qu'elle avait alors, je ne voudrais pas me retrouver avec des bébés à élever.

Elle avait aussi à la maison de grands adolescents qui prenaient leur envol, avec toutes les inquiétudes qu'un cœur de mère peut porter, deviner et vivre. Elle me disait: «J'aime mieux et je préfère les savoir couchés sous notre toit, même avec quelque inconnu, que de ne pas savoir où ils sont.» Maison ouverte! Cœur ouvert! Quelques années plus tard, il fallait voir tous ses enfants et petits-enfants bourdonner autour d'elle! Sa vie à ces moments-là était comme rivière coulante et sereine.

J'ai vécu une belle expérience politique ici, à l'île d'Orléans, et Simonne y a été pour beaucoup dans cette aventure. Elle m'a convaincue qu'une femme avait sa place dans ce domaine plutôt réservé aux hommes: «une municipalité (surtout rurale) est un lieu parfait pour que les femmes s'impliquent. Ce sont elles et leurs enfants qui passent le plus de temps dans le village. La plupart des maris sont au travail à l'extérieur. Vas-y, tu es capable», me disait-elle.

Simonne est venue dans notre autre chez-nous, à l'île d'Orléans, à trois ou quatre reprises. Elle adorait l'île. «C'est ici que nous avons fait notre voyage de noces et avons fabriqué notre premier bébé... à Sainte-Pétronille», m'a-t-elle confié.

Je lui ai parlé vingt jours avant qu'elle nous quitte pour d'autres cieux. Comme elle était faible! Elle m'a appris son cancer, m'a expliqué ce qu'elle vivait. J'avais l'impression de parler à un petit oiseau très fragile. Elle m'a dit combien elle avait froid. Je lui ai dit: «Tu te sens frileuse», et là-dessus elle m'a raconté combien le châle de sa grand-mère qu'on appelait justement une «frileuse» la réchauffait lorsqu'elle était toute petite. Elle m'a dit qu'elle ne verrait pas le printemps. «Écris-moi de la Floride, tu me réchaufferas», me dit-elle encore. J'ai eu beaucoup de peine en raccrochant le téléphone. Je savais que je ne lui reparlerais plus...

Je lui ai confectionné une frileuse avec l'aide d'une bonne amie pour qu'elle soit au chaud avant de nous quitter. «Elle l'a reçue, elle l'a portée», m'a appris Michel. Je rêve seulement qu'elle ait un peu plus chaud... car pour moi, elle fut une femme de vérité, d'authenticité, de cœur et surtout de *chaleur*. Quel paradoxe, elle qui avait si peur du froid...

Tu es si présente, amie Simonne! Lorsque je regarde le fleuve, je recherche, comme tu l'as fait, cette sérénité qui a fait que ta vie fut comme rivière.

*
* *

J'ai rencontré une femme,
puis un homme.
Ils s'étaient eux aussi rencontrés...

Devenus couple puis parents d'une fille et d'un fils
l'expérience de la vie familiale les a rendus
de plus en plus sensibles aux êtres.

Grands communicatifs, compréhensifs et très
accueillants envers tous et chacun
Envers chacune!

Je les ai revus, reconnus, aimés à nouveau.
Tous deux libérés et confiants dans la Vie
après avoir traversé de dures épreuves.
Ils m'ont redonné foi, ferveur et espérance
au-delà de mes doutes et déficiences, de
ma fragilité.

Preuve que l'amitié est une pierre précieuse
que tout humble mortel peut acquérir, posséder,
offrir en partage.

Vivre des heures heureuses auprès de
Germaine et de Louis, dans un décor de fleurs
et d'eau mouvante, me donne une belle et
cordiale leçon de plénitude de l'esprit et du
cœur, de ressourcement.

Un exemple de sagesse, de bonté
et d'amitié qui épanouit les êtres qui ont
la grâce de les côtoyer face au fleuve, vers
le large, vers l'Infini.

Cordialement,

Simonne Monet-Chartrand
Richelieu, 22 juillet 1990

Elle est l'image de la continuité

GASTON L'HEUREUX

«Michel et moi pensons tous les deux la même chose et nous voulons atteindre les mêmes objectifs. Sauf que l'un et l'autre, nous n'avons pas la même manière d'agir et nous n'employons pas les mêmes méthodes pour y arriver.»

En me livrant sa pensée, Simonne Chartrand rangeait ses notes qui devaient compléter le deuxième tome de ses mémoires. Nous venions de discuter de l'engagement et surtout de son souci de tenir compte des opinions des autres, peu importe si elles ne correspondent pas aux siennes.

La lecture de *Ma Vie comme rivière* suffit pour nous faire mieux saisir la limpidité de son esprit. Pour plusieurs personnes qui croient en un monde meilleur, l'œuvre de Simonne Chartrand donne une nouvelle dimension à la vision des problèmes contemporains et livre une approche personnelle pour mieux les comprendre. L'action sociale de Simonne Chartrand puise d'abord ses forces dans tous les mouvements catholiques qui militaient dans les années 1940. À cette époque, en plein conflit mondial et à travers les ténèbres du régime duplessiste, elle faisait partie de ces jeunes qui cherchaient à faire éclater

---

Communicateur, Gaston L'Heureux travaille notamment à la télévision.

toutes les barrières sociales et à combattre les restrictions dont ils étaient victimes.

Contrairement au milieu bourgeois dont elle était issue, Simonne outrepassait les règles préétablies et obligeait à une forme de dépassement qui, pour plusieurs, ressemblait à une révolte. Elle a vécu avec sérénité et réalisme toute la montée du féminisme.

«Partout dans le monde, la collectivité considère que la mission fondamentale de la femme est une mission d'amour, de compréhension, de pardon, de fécondité physique et spirituelle.» Et d'ajouter: «La spécificité d'une mère est de n'en avoir aucune, mais d'en assumer plusieurs. À la fois institutrice, infirmière, psychologue, conciliatrice et épouse, dans cet esprit d'amour et de pardon. La femme est présente à toutes les souffrances, celles qu'elle connaît ou qu'elle soupçonne. Elle est d'accord avec tout progrès, toute action qui tente de créer un état, un climat de bonne entente.» (*Ma Vie comme rivière*, tome 4, p. 80-81)

Ces propos lui ont valu une forme de mépris de certains qui les trouvaient trop simplistes et élémentaires. Elle n'a jamais pu, d'une façon aveugle, accepter les doctrines imposées, elle cherchait inlassablement à négocier, plutôt qu'à engager des combats inutiles. «[...] le gros bon sens, c'est ce que veulent tous ceux et celles qui croient au changement. Et on commence d'abord par soi-même.»

Le syndicalisme, la contraception, l'égalité des tâches et la parité salariale, le rôle primordial des femmes dans l'Église, la lutte contre la violence, l'éclatement du couple et de la famille, les ravages de la drogue, la pauvreté, les sans-abri, les injustices sociales, la répression sous toutes ses formes furent sans cesse l'objet de ses préoccupations.

Selon Simonne Chartrand, ces luttes ont été comprises par toutes les femmes d'action qui, du Maghreb au Chili, de la Palestine jusqu'à la Russie, espèrent en une société plus juste. Dans tous les domaines, elle a pris position à partir d'une donnée élémentaire: la cellule familiale. Sa perception de l'humanité et du monde dépasse les idéologies et les thèses philosophiques. Elle prend ses racines au niveau d'une foi profonde. Simonne Monet-Chartrand communique de l'espoir à ceux qui ne voient partout que décadence. Son action est un plaidoyer ininterrompu en faveur de la paix.

> Il importe, dit-elle, à travers le tumulte extérieur des événements de conserver une forme de sérénité et de vitalité intérieure. Aussi de rechercher à travers les personnes ce que les êtres humains ont de plus intime, de plus secret, de plus viable, de plus beau qu'ils ignorent souvent ou n'osent pas avouer ni exprimer, que ce soit en pensée ou en action. (Tome 4, p. 276)

Dans les comités, les réunions publiques comme dans les petites assemblées de cuisine, Simonne Chartrand a toujours cherché à canaliser les énergies. Dépassant les affrontements, elle a préféré chercher les consensus. La recherche de l'égalité dans les rapports hommes-femmes devrait permettre de transcender les différences entre les sexes, quel que soit le temps requis par cette évolution.

Pierre Vadeboncoeur, dans son magnifique essai *Le bonheur excessif*, résume l'ensemble de cette lutte qu'elle a menée: «L'amour par le seul fait d'exister reçoit déjà toute la récompense possible.»

Il n'y a pas de conclusion à l'œuvre de Simonne Chartrand. Cette rivière qui toute sa vie lui sert de comparaison, avec ses méandres et ses crues, est l'image de la continuité.

«*J'étais un peu sa confidente*»

PAULINE JULIEN

«Simonne Monet-Chartrand a été pour moi une femme d'amitié, de conseil, de confidence», confie la chanteuse Pauline Julien à la veille de son départ pour le Burkina-Fasso, où elle séjournera quatre mois et demi, à titre de coopérante dans le cadre du programme de développement international «Farine, sevrage».

«Au courant de ma démarche, Simonne m'a encouragée: "Tu fais bien, tu fais très bien", m'a-t-elle dit la dernière fois que je l'ai vue. C'était quelques semaines avant sa mort...»

Dans la fièvre des derniers préparatifs de voyage, Pauline Julien veut bien soustraire quelques précieux moments pour me parler de cette amitié vieille d'un peu plus de vingt ans. Encore bouleversée et vibrante d'émotion à la suite du décès de son amie, elle accepte de livrer son témoignage.

«J'ai connu Simonne assez intimement, mais le premier que j'ai rencontré, c'est Michel Chartrand. C'était au moment de la fondation, à l'automne 1969, de *Québec-Presse*, à laquelle il a été étroitement associé avec Gérald Godin. J'ai assisté à des discussions précédant la création du journal. J'ai connu Simonne pas longtemps après. Elle était un peu plus âgée que moi, mais tout

Propos recueillis par Renée Rowan, journaliste

de suite, il s'est établi entre nous une relation de confiance... Simonne s'intéressait aux gens, à la personne.

«À cette époque, elle se préoccupait beaucoup des femmes des milieux défavorisés. De façon générale, les Québécois se nourrissaient mal, à la fois parce qu'ils étaient pauvres et parce qu'ils ne savaient pas dans quels aliments trouver les vitamines et les minéraux. Simonne allait dans des villages, des petites municipalités pour rencontrer des femmes et leur parler de nutrition. Elle m'a raconté qu'un jour, elle leur avait parlé des épinards qui contiennent du fer et de leurs effets bénéfiques sur la santé. Une femme dans l'assistance se lève et dit: "Qu'est-ce que c'est que ces épinards-là? Est-ce que ce sont des herbes qui se vendent dans un gros sac et qu'une fois cuits, il en reste une cuillère à thé, et qui coûtent bien plus cher qu'un sac de carottes, un navet ou un gros chou?" Simonne s'est excusée auprès de ces femmes et elle m'a dit que ça avait été pour elle une leçon... à compter de ce jour-là, elle n'avait plus jamais parlé d'épinards. Elle avait compris qu'il est difficile de se mettre à la place des autres. Elle cherchait toujours à être plus compréhensive, plus près des gens.»

En octobre 1970, au moment où la Loi sur les mesures de guerre autorise les corps policiers à perquisitionner et à amener sans mandat tout citoyen soupçonné d'affiliation ou même de sympathie au Front de libération du Québec (FLQ), particulièrement les indépendantistes, Pauline Julien est arrêtée et incarcérée pendant huit jours... Michel Chartrand sera emprisonné pendant quatre mois.

«Ces événements ont scellé notre amitié, note Pauline Julien. Simonne me racontait tout ce qui se passait. Je l'encourageais. Épouse et mère de famille nombreuse, Simonne était en colère contre cette injustice faite non seulement à l'endroit de Michel, mais de tous les autres. Le mot injustice revenait constamment sur ses lèvres. Je me souviens l'avoir croisée à ma sortie de prison. Simonne m'avait alors dit qu'il était hors de question que Michel demande sa libération: "Il n'est pas coupable, il va protester." Simonne trouvait son incarcération odieuse. À la maison, les enfants ne comprenaient pas trop… ils étaient jeunes. Pour Michel et Simonne, il était hors de question de faire des concessions.»

Simonne Monet-Chartrand a assisté à deux spectacles des *Chants et poèmes de la Résistance,* auxquels ont participé une cinquantaine d'artistes qui s'opposaient à la Loi sur les mesures de guerre. Pauline Julien, qui était de ceux-là, lui a offert le disque produit à partir des spectacles et l'a dédicacé en ces termes: «Je vous admire, vous aime tous deux *sans bon sens.»*

«J'ai beaucoup admiré Simonne au moment où elle a perdu sa fille Marie-Andrée dans des circonstances tragiques. Ç'a été pour elle extrêmement dur, comme pour toutes les mères qui perdent un enfant. Elle en parlait, en parlait… On a accusé le jeune homme de meurtre: croyant son arme de chasse non chargée, il avait tiré. Au procès, Simonne a témoigné de son innocence et affirmé qu'il s'agissait là d'un geste irréfléchi, extrêmement malheureux… Plusieurs personnes, notamment des journalistes, n'ont pas compris. Je n'ai aucun doute là-dessus, elle avait raison, il s'agissait d'un accident. Ça l'obsédait.»

En 1975, on retrouve Simonne Chartrand à la Ligue des droits de l'Homme. Les bureaux de la Ligue, situés au carré Saint-Louis, puis rue Saint-Hubert, bouillonnent d'activités et bourdonnent des discussions positives qui se poursuivent toute la journée et en soirée, rappelle-t-elle dans son livre *Ma Vie comme rivière* (tome 4). Son état de santé l'oblige cependant à interrompre ses activités au sein de cet organisme qui, à son instigation, avait changé son nom pour celui de Ligue des droits et libertés. Simonne se voit finalement contrainte de donner sa démission.

«Ç'a été pour elle une période très difficile, rappelle Pauline Julien. Elle ne savait pas trop où s'orienter ni que faire. Elle allait souvent chez Louise Latraverse et, comme c'était à deux pas de chez moi, elle venait me voir et on discutait de tout ce qui la préoccupait. Elle était assez découragée… Michel était très souvent parti. J'étais un peu sa confidente… c'était bien qu'elle se confie… après, elle repartait dans des projets. C'est à cette époque qu'elle a commencé à vouloir écrire pour laisser aux siens et à d'autres l'héritage de ses pensées, de ses expériences, de ses rêves aussi.

«À partir de ce moment-là, on a toujours été en contact. On s'écrivait quand j'étais en voyage. Elle m'appelait régulièrement. Nous allions la voir, Gérald et moi, ou moi seule. Pas souvent, parce que nous avions toutes les deux une vie occupée, mais on se parlait beaucoup au téléphone, au moins une fois par mois. Elle aimait les gens, elle avait des amitiés solides. Son fils Alain habitait North Hatley et nous aussi… Aussitôt qu'elle arrivait chez Alain, elle nous téléphonait, elle venait chez nous. Depuis cinq ans, nous la sentions très fatiguée, mais elle tenait à venir. Je l'écoutais parler…

«Deux semaines avant sa mort, elle m'a fait un cadeau. Elle m'a dit: "Viens, j'aimerais ça te voir." J'y suis allée avec une amie. À un certain moment, cette personne s'est retirée et nous avons parlé plus intimement. Elle m'a confié des choses dont elle avait souffert. Je lui ai dit: "Simonne, pourquoi tu n'oublies pas tout ça, tu t'en vas…", ce à quoi elle m'a répondu: "Pauline, il n'y a qu'à toi que je peux dire ça, ça me soulage… il faut que ça sorte." Je l'ai encouragée à poursuivre. Simonne est restée combative jusqu'à la fin. Et jusqu'à la fin, elle a souffert de l'injustice. J'ai trouvé cela très beau.

«Cette femme a été pour moi un modèle, un encouragement. Une carrière comme celle que j'ai menée, peut-être un peu mal, mais très longue, implique beaucoup de difficultés et je n'avais pas confance en moi. Alice Parizeau et Simonne m'ont toujours encouragée. Quand parfois j'annonçais "J'arrête", elles me disaient "Non, ne lâche pas". À la suite d'un spectacle, d'une nouvelle chanson, d'un nouveau disque, Simonne me téléphonait toujours pour me faire ses commentaires. Elle me donnait des conseils. Je l'écoutais beaucoup, je savais qu'elle m'aimait bien. Elle aimait parler… ce n'était pas pour s'écouter parler, mais pour développer sa pensée. Elle me questionnait aussi. Elle était curieuse des gens, elle me demandait comment je faisais telle ou telle chose, comment je préparais un spectacle, pourquoi, etc. Autour d'elle, gravitaient des gens qui exerçaient le même métier, qui avaient les mêmes préoccupations: la défense des droits de l'Homme, les droits des syndiqués... moi, j'étais une chanteuse, une artiste. Elle portait de l'intérêt à ce que je faisais, mais elle me critiquait aussi. Cela m'attristait parfois, mais elle m'expliquait son point de vue et elle avait souvent raison. C'était une véritable amitié.

«Simonne peut être un modèle pour les femmes d'aujourd'hui. C'est extraordinaire ce que cette mère qui a élevé sept enfants a pu faire, souvent à partir de sa cuisine, qui était pour elle un lieu de réflexion d'où sont nées plusieurs actions. Ne pas lâcher même si c'est difficile, ne jamais perdre de vue le but qu'on s'est donné, demeurer fidèle à ce que l'on est, à ses idéaux. Simonne a toujours été une femme d'action, une femme d'engagements sociaux. Elle n'a jamais faibli, elle n'a jamais dévié de la voie qu'elle avait choisie.»

La connivence des artistes

LOUISE LATRAVERSE

Simone était une amie. Nous n'avons pas milité ensemble. Nous avons parlé. J'ai séjourné à Richelieu. Elle aimait venir au carré Saint-Louis. Nous parlions de ce que nous vivions. J'entends ses mots, clairs, percutants, intelligents et si encourageants.

Son regard allumé et rieur, son sourire. «C'est joli ce que tu portes! Vous êtes formidables, vous les artistes, de vivre dans l'insécurité et de créer tant de beauté! J'ai beaucoup d'admiration pour mes enfants qui ont choisi cette vie!»

Elle me parlait de ses combats, de l'injustice et de Michel. Amoureuse! Elle s'enflammait et se passionnait par amour et pour l'amour. J'aurais voulu qu'elle en garde un peu pour elle. Elle ne savait comment faire. L'urgence d'écrire et de laisser à ses enfants son témoignage et son regard sur son époque.

La lutte des femmes. C'est ce qui lui tenait le plus à cœur. «L'indépendance économique, c'est la première chose que les femmes doivent se donner.»

Elle m'aidait à élever mon fils. Elle aimait. Je me demande souvent qui m'encouragera autant. Qui me trouvera toutes ces qualités? Qui m'acceptera avec tant d'enthousiasme?

Louise Latraverse est comédienne.

Toujours cette impression d'être à la bonne place. Géné-reuse. Elle avait cette très grande qualité de vous faire sentir unique et indispensable. J'entends ses paroles et j'écoute dans le silence les mots de l'amitié.

La grande dame aux petits papiers

FRANCINE PELLETIER-BÉCHARD

Simonne est entrée dans ma vie le 19 novembre 1986. Elle avait besoin d'une secrétaire pour l'aider à la rédaction de son auto-biographie.

Je n'ai pas connu Simonne la militante de la Voix des fem-mes, la directrice de la Ligue des droits et libertés, la recherchiste à l'émission *5D*. J'ai travaillé avec celle qui était rentrée chez elle, à la demande de son fils Alain, pour fixer sur papier toute une vie de joies, de peines et de luttes pour le mieux-être des femmes.

J'ai tout d'abord rencontré Simonne l'auteure, l'écrivaine. Simonne travaillait de sept à huit heures par jour à dépoussiérer les archives qu'elle avait accumulés depuis l'âge de dix ans. Elle notait tout, découpait les journaux, les revues. Elle avait toujours des bouts de papier remplis de notes.

C'est alors que j'ai fait connaissance avec la petite fille cu-rieuse, l'adolescente angoissée face à la vie, la jeune mariée amoureuse, la mère de famille très organisée et la grand-mère intarissable au sujet de ses petits-enfants. J'ai aussi pris contact

---

Francine Pelletier-Béchard a été la secrétaire, l'amie et la voisine de Simonne Monet-Chartrand.

avec l'histoire des Québécoises qui nous ont précédées et qui ont lutté avec ténacité pour de meilleures conditions de vie.

Je suis entrée dans cette intimité en toute simplicité. Simonne revivait chaque moment très intensément. Nul doute que l'écriture lui a valu de revivre de grands bonheurs mais aussi de très grandes douleurs, notamment la dernière année quand Carole Fisette, sa collaboratrice, et moi avons ouvert sa boîte d'archives sur la crise d'octobre et le porte-documents contenant les souvenirs entourant la mort de sa fille Marie-Andrée. Simonne a beaucoup pleuré ces jours-là. Mais elle tenait à raconter ces événements aux femmes qui ont vécu ou qui vivront de tels drames. Simonne croyait fermement à cette solidarité entre les femmes.

Et tout en écrivant ses mémoires, Simonne renouvelait ses très nombreuses cartes de membre; elle me répétait souvent que ces organismes avaient un besoin urgent de cotisations et que c'était là le secret de leur survie. Si elle était un peu moins active sur la scène publique, elle donnait la priorité aux rencontres avec les gens dans les bibliothèques; car il était très important pour Simonne de prendre contact avec les femmes pour aller chercher cette chaleur humaine dont elle avait tant besoin. Elle revenait de ces rencontres toute régénérée et prête à continuer son travail.

Si Simonne a eu besoin de moi, son énergie et sa bonne humeur me sont vite devenues indispensables. Ces années de ma vie porteront son empreinte à tout jamais.

Merci Simonne d'avoir enrichi et embelli ma vie.

Trois livres sur le métier...

CAROLE FISETTE

Chère Simone, le téléphone ne transmet plus votre voix qui tous les jours résonnait à mes oreilles: «Est-ce qu'on travaille cet après-midi?» Non Simone, nous ne travaillerons plus ensemble.

Tous les témoignages entendus dans les médias lors de votre départ décrivaient les mille et une facettes de votre riche personnalité. J'étais émue et satisfaite que le Québec tout entier vous rende un tel hommage. Vous le méritez bien, vous la militante, la rassembleuse; vous avez tellement déployé de cœur et d'énergie tout au long de votre vie et cela pour tant de causes.

*

* *

Cette grande Québécoise, je l'admirais aussi. Mais pour moi qui ai eu le privilège de travailler avec elle pendant les cinq dernières années, Simonne représentait bien plus, elle était mon amie. Celle avec qui j'ai partagé les joies et les peines de chaque jour.

Carole Fisette a été secrétaire, collaboratrice et amie de Simonne Monet-Chartrand à partir de juillet 1987.

Au fil du temps, à l'écoute de ses confidences, de ses anecdotes, à la lecture de ses souvenirs, je m'amusais à l'imaginer
petite fille avec ses grands-mères si affectueuses, pensionnaire
appliquée rédigeant ses devoirs, son journal intime; jeune fille
passionnée, amoureuse de son cher Michel; épouse et mère
dévouée; militante active, très impliquée dans les mouvements
pacifistes et féministes, etc.

Simonne écrivait toujours le mot Vie avec un V majuscule.
Amoureuse de la vie, elle a donné naissance à sept enfants et a
sans cesse été préoccupée par le bien-être des plus démunis, en
particulier, celui des femmes. À plus de 70 ans, elle était encore
jeune de cœur et d'esprit, vibrante, vivante. L'idéal de ses vingt
ans, qu'elle a su conserver, la poussait constamment à agir. Elle
trouvait au fond d'elle-même des ressources inépuisables. Elle
n'a jamais abdiqué. Il y avait toujours quelque chose de nouveau
à apprendre, à noter, puis à communiquer. Rien ne la laissait
indifférente. Cette femme enthousiaste tentait d'insuffler autour
d'elle un peu de son dynamisme. Elle téléphonait, écrivait aux
gens, les encourageait à continuer leur travail, se réjouissait, les
félicitait de leur succès et compatissait avec eux en apprenant
leurs épreuves, leurs maladies.

Simonne était une pédagogue-née. Je l'ai accompagnée un
peu partout, dans tous les coins de la province. À plusieurs reprises, je l'ai vue restructurer son texte à la dernière minute, le
remanier selon son auditoire. Elle arrivait un peu à l'avance afin
de tâter le pouls de la salle, parlait aux gens, cherchait à les
connaître. Elle partait de faits vécus par eux, puis, peu à peu,
abordait le sujet de sa causerie. Elle voulait que les gens posent
des questions, participent. Elle suscitait chez eux le goût de se
dépasser. Tous sortaient grandis d'une telle rencontre.

Simonne possédait une grande capacité de concentration;
elle menait de front plusieurs projets. Durant les années où j'ai
travaillé avec elle, elle avait sur le métier la suite de son autobiographie, un livre sur l'histoire des pionnières québécoises, un
autre sur la paix. Sans parler des multiples causeries qu'elle

prononçait, des colloques auxquels elle participait, des causes qu'elle soutenait, du volumineux courrier, des appels téléphoniques incessants... L'esprit de Simonne était toujours en action, j'oserais dire en ébullition. Elle lisait plusieurs livres et revues susceptibles de l'aider pour ses textes, ses confidences, elle prenait des notes, classait. Il n'y avait jamais de repos pour elle. Maintes fois, je l'ai sentie préoccupée; elle était si émotive. J'aurais aimé la soulager. J'étais impuissante, elle était habitée d'une force, d'une détermination extraordinaires qui l'obligeaient à continuer, à persévérer. Très vite, j'ai réalisé que son travail était primordial. J'en ai compris l'urgence. Quand j'arrivais chez elle, je faisais abstraction de tout. Je ne pouvais me permettre d'apporter avec moi mes tracas quotidiens. Simonne était là, tout entière, avec ses nombreux projets, ses joies, ses souffrances. Elle remplissait la maison. Souvent j'avais l'impression qu'elle drainait mon énergie. J'étais d'accord et je lui donnais le meilleur de moi-même, car je croyais à l'importance de son écriture et de ses actions. En retour, elle appréciait mon travail.

Nous prévoyions travailler ensemble encore au moins une bonne année. Il y avait la suite de *Pionnières québécoises* à terminer. Puis, un grand projet lui tenait à cœur; à plusieurs reprises, elle m'avait confié: «Quand la rédaction de mes livres sera terminée, j'aimerais visiter les personnes âgées et recueillir leurs propos. Il ne faut pas perdre tout leur savoir; c'est une partie de notre patrimoine.»

Cette femme si vaillante est partie sans vraiment s'arrêter. Ce n'est que les deux derniers mois de sa vie, de la mi-novembre 1992 à la mi-janvier 1993, qu'elle a cessé ses activités, annulé ses nombreux rendez-vous. Au mois d'octobre encore, même souffrante, elle s'est rendue seule, au volant de sa voiture, à Thetford-Mines, alors qu'elle était l'invitée conférencière du premier Salon des aîné-e-s de l'Amiante. Le 10 octobre, je l'ai accompagnée à l'hôtel Bonaventure. Elle y a présenté sa dernière causerie devant un groupe de professionnels, de spécialistes et d'enseignants, au congrès du 100ᵉ anniversaire de l'Association canadienne d'éducation.

À côtoyer cette grande dame chaque jour, j'ai appris à devenir plus tolérante envers les autres, à les écouter, les accepter et les apprécier tels qu'ils sont. Compréhensive, généreuse, positive et déterminée, telle elle était, fidèle à elle-même jusqu'à la fin.

*
* *

Chère Simonne, notre étroite collaboration est terminée. Quelle équipe nous faisions! Après trois, quatre heures de travail intense: recherche de documents, rédaction, correction de textes, il faisait bon rire. Je me moquais gentiment, affectueusement de vous. J'aimais vous taquiner. Lors de ma dernière visite, quelques jours avant votre grand départ, vous m'avez confié: «Nous avons bien ri ensemble, c'était agréable, ça me faisait beaucoup de bien, ça me gardait jeune.»

*
* *

La voix de Simonne, sa présence me manquent. Sa force, je la sens en moi, heureusement!

Ma grande cousine

JACQUES MONET

Qui croit en moi, fût-il mort, vivra;
et quiconque vit et croit en moi ne mourra jamais.

Jean 11,25-26

Selon les plus grands exégètes, le texte du chapitre onze de saint Jean sur la foi est le plus important de toute l'Écriture sainte. Selon les philosophes de la religion, c'est un des textes les plus influents de l'expérience religieuse de l'humanité.

Simonne était une femme profondément religieuse. Elle l'a répété bien des fois, et en public: «La vie du Christ m'inspire quotidiennement.» Sa foi était éclairée, robuste. Et tous ceux qui l'ont connue savent bien, comme moi, que c'était dans sa foi qu'elle puisait la force de son extraordinaire engagement.

C'est un engagement qui remonte loin. Je me souviens de la fin des années 1930, de son exubérance et de ses yeux pétillants lorsqu'elle me racontait les aventures de ses audacieux «combats», de sa vie militante déjà si riche et remplie. Même si

Jacques Monet, s.j., est recteur à l'Université de Sudbury et directeur de l'Institut canadien d'études sur la Compagnie de Jésus. Historien et professeur, il a publié, entre autres, *La première Révolution tranquille*.

nous avions dix ans de différence, nous passions, mes cousins et moi, plusieurs semaines de l'été ensemble à Belœil. Les cousins — sauf les bébés, ma cousine Jano et ma sœur Marie — se retrouvaient aussi souvent à l'île Sainte-Thérèse où nos parents se reposaient. Pour un petit garçon de sept, huit ou onze ans, elle était impressionnante, ma grande cousine, aux idées si avancées, et, après 1941, au roman d'amour si palpitant. (Deux jours avant sa mort nous avons évoqué ensemble le souvenir du kiosque au bord du Richelieu où elle m'avait raconté tant de belles choses.)

Simonne avait déjà une foi éloquente — non pas qu'elle ou moi employions à l'époque un terme comme celui-là. C'était une vraie foi qui demeurait forte malgré les maladresses des «curés» et des «sœurs», même des évêques, dont elle aimait tellement rappeler les attitudes autoritaires. Son père, le mien, notre grand-mère Monet nous avaient appris ce que c'était d'être «rouge», dans la lignée du grand-père Dominique Monet[1]. (Et cela, ni elle, ni son frère Dédé, ni moi, ni mon frère Jean, ni mon cousin Pierre ne l'avons jamais oublié.) Mais c'est Simonne, par son exemple et par les émouvantes conclusions de ses récits de militante jéciste, qui m'a fait comprendre à moi comment on pouvait réconcilier dans la foi une fidélité affective envers l'Église et une contestation intelligente et critique de ceux qui y exercent temporairement le pouvoir.

Plus tard — durant les années 1950 et 1960, nos contacts sont devenus moins fréquents alors que nos différences de tempérament et d'orientation nous conduisaient dans des voies inévitablement divergentes — nous avons échangé beaucoup sur les questions relatives aux mouvements pour la paix et au rôle de la femme dans l'Église ainsi que dans la société canadienne. C'était un point où nos opinions, nos rêves idéalistes et nos

---

1. Député de Napierville aux Communes et disciple d'Henri Bourassa auquel il se joint dans le mouvement nationaliste qui devait prendre forme en 1899 à l'occasion de la guerre des Boers.

sentiments se rejoignaient facilement. Là, comme toujours, c'était bien évident, son action et ses convictions étaient nourries par sa volonté d'être un témoin de la foi que nous cherchions tous les deux à approfondir.

Pour moi — et c'est ce qui rendait merveilleux le fait d'être son cousin — Simonne était toujours la même. Elle était de toutes les réunions de famille — la dernière, il y a moins d'un an, encore «au bord de l'eau», chez notre cousine Louise à Iberville où on accueillait nos parents, «Français de France» —, toujours spontanée et vibrante, pleine de projets inédits, dont elle savait inlassablement nous entretenir. Une «dame de cœur» (c'est la description qu'elle a faite d'elle-même) qui nous prouvait à chaque fois qu'il est des relations, des solidarités et des valeurs durables quand tout a l'air de tant devoir être précaire.

J'ai toujours été fier de ma grande cousine. Et jamais plus que lorsque des collègues d'un bout à l'autre du pays me font son éloge. C'est fréquent. Les femmes surtout: comment Simonne leur servait de modèle, et comment elles avaient besoin de son enthousiasme et du témoignage de sa foi.

Je sais que Simonne a marqué bien des vies sans le savoir. Et Dieu sait combien ils sont nombreux ces bénéficiaires de son dévouement, de sa générosité et de son talent d'organisation!

J'étais là, un jour il y a très longtemps, lorsque Simonne avait déclaré quelque chose comme: «On ne devrait pas dire "tomber en amour" mais plutôt "s'élever dans l'amour".» Cela m'est resté. C'était très romantique. Plus tard, j'ai retrouvé cette phrase parmi ses écrits. Elle avait raison. Durant les journées qui ont entouré sa mort, j'ai reconnu les riches personnalités de ses enfants, maintenant eux-mêmes parents. L'atmosphère dans la maison à Richelieu était privilégiée d'amitié, d'affection et d'un respect inconditionnel de l'autre. Il y était bien clair que Simonne leur avait transmis, avec Michel, le meilleur d'elle-même et de ses valeurs.

Simonne ne mourra jamais. Elle vivait et elle croyait en Jésus-Christ. Et dans l'intelligence de la foi, je sais qu'elle prolonge maintenant sa vie dans l'éternité, toujours fidèle à elle-même. Sa personne est peut-être voilée à nos yeux, mais elle n'en continue pas moins à être concernée par nos espoirs et par nos rêves. Elle sera toujours des nôtres avec sa douceur et sa sérénité. Elle nous sert toujours d'inspiration.

Une belle-mère hors du commun

DIANE CAILHIER

Belle, active, conteuse, inquiète, rieuse, déterminée, méditative, coquette, sérieuse… multiples visages qui se superposent, intenses et fugaces comme la vie.

Souvenirs de plaisirs à table en savourant le moment présent, de conversations au salon avec une tasse de tisane où le passé se mêle au présent et à l'avenir, de confidences dans une balançoire où sa passion amoureuse et littéraire a tous les feux d'une jeunesse éternelle.

Elle pensait souvent à sa fin, qu'elle croyait proche depuis longtemps. Sa lumière, son «aura», niait pourtant cette conviction, même quand son corps douloureux devenait un ennemi du bonheur qu'elle voulait posséder et donner chaque jour.

Quand des difficultés ou la maladie auraient dû l'amener à se replier sur elle-même, elle pensait encore au monde des autres, aux lettres touchantes de ses lectrices qui lui racontaient leur vie, aux victimes d'actes de guerre, aux difficultés de ses amis, à la société sous tous ses angles. Il suffisait d'aborder un

---

Diane Cailhier est scénariste et conjointe d'Alain Chartrand, fils aîné de Simonne Monet-Chartrand.

sujet et elle oubliait tout pour s'investir dans la recherche de la vérité et de solutions aux problèmes.

Figure publique, elle considérait le privé comme le creuset de l'avancement social. Comme elle l'a toujours dit et écrit, Simonne n'a jamais dissocié le privé et le politique. Toutes les entrevues qu'elle a données, de même que son autobiographie, intègrent sa vie privée à sa vie publique. Elle refusait les généralités et appuyait sa vision de la vie, de l'éducation, de la religion ou de la politique sur son expérience personnelle et le vécu des gens de tous les milieux qu'elle côtoyait.

Impliquée dans chaque relation, dans chaque conversation, dans chaque appel à l'aide, dans chaque rencontre, elle considérait les personnes avant les causes et n'hésitait pas à remettre en question les principes qui créaient des laissés pour compte.

C'est l'harmonisation des multiples facettes de sa vie de femme, plus que ses actions d'éclat, qui a fait de cette mère de famille nombreuse peu conventionnelle un modèle pour toute une génération de Québécoises.

Pour moi, ce fut aussi une belle-mère hors du commun, amicale, qui venait parfois se ressourcer à la maison, qui participait gaiement à nos fêtes avec des amis qu'elle était toujours curieuse de connaître, qui ne me reprochait jamais rien, qui prenait même ma part et m'encourageait à reléguer au second plan les exigences domestiques au profit de ce qui nous paraissait plus essentiel à toutes deux: l'écriture.

Dans cette existence qu'elle comparait au cours d'une rivière, il y a eu de nombreux remous publics et privés, un amour passionné qui ne s'est jamais assagi, l'éducation de sept enfants et des maladies qui n'ont jamais amoindri sa détermination et son militantisme.

Chacune de ses entreprises prenait figure de défi.

Contre l'ignorance, contre l'oubli, contre la maladie, contre le temps qui lui était compté. Elle voulait tout donner avant de partir et c'est ce qu'elle a fait.

Elle n'a jamais voulu laisser les choses en plan et sa grande crainte était de ne pas terminer son autobiographie. Je ne suis pas étonnée que sa volonté ait réussi, de justesse, à plier le destin à ses vœux...

Comment imaginer, avec cette énergie de phénix, qu'elle pourrait un jour ne plus téléphoner, ne plus écrire, ne plus raconter, ne plus embrasser, ne plus communiquer...

Les traces qu'elle a gravées sur le papier et dans les esprits ne s'effaceront pas mais il est difficile d'admettre que son regard si vivant, si motivant, se soit éteint.

Dernière lettre à ma mère

ALAIN CHARTRAND

Le 1ᵉʳ décembre 1992

Chère Simonne,

C'est avec beaucoup d'émotion que j'ai lu le quatrième tome de *Ma Vie comme rivière*. Tu m'as fait partager de très beaux moments, comme de douloureux souvenirs, avec justesse et sensibilité. J'ai encore mieux appris à te connaître dans ce livre d'ailleurs très bien structuré et qui se lit à merveille.

Les thématiques de la liberté et de la paix sont très fortes et convaincantes, en rapport avec les luttes et les difficultés personnelles que tu as vécues durant ces trente dernières années. Ton intériorité, ta générosité, ta sensibilité ainsi que ton amour pour Michel n'ont jamais été aussi bien traduits. Je suis content que tu aies pu l'exprimer et que, par conséquent, le lecteur puisse ainsi savourer ton humour et méditer sur tes réflexions personnelles et sur tous les grands sujets que tu traites: la guerre, l'injustice, la nature, les enfants et la vision que tu as de l'humanisme et de l'évolution des femmes dans tous les pays.

Alain Chartrand, cinéaste, fils de Simonne et Michel Chartrand.

Le thème de la liberté revient constamment à travers le livre. C'est le sens profond de ton cheminement à travers les mouvements sociaux dans lesquels tu as milité.

Il est encourageant de constater que mes parents ont porté très haut des idées et des principes à travers le Québec d'hier et d'aujourd'hui qui détermineront notre futur. Je suis persuadé que votre marque sera plus forte que vous ne le croyez. Les belles choses se multiplient... et les sentiments profonds qu'on veut partager pour le bien de notre prochain et de la communauté se répandent encore plus vite qu'on le pense.

J'ai aussi appris que tes inquiétudes au sujet de ton évolution personnelle, de même que tes doutes et tes souffrances physiques t'ont toujours préoccupée mais qu'ils ont été également le moteur de toute ta vie pour accomplir ce à quoi tu étais destinée.

Ton autobiographie communique ta démarche d'épouse de Michel, de mère de famille et de femme, ta vie sociale comme militante, tes amours, tes passions, tes espoirs, et suscite chez le lecteur, la lectrice, le désir de mieux se connaître, de communiquer et ainsi de mieux vivre avec eux-mêmes et avec les autres, de rêver et de vieillir dans un monde meilleur.

Ta plus grande réussite c'est d'avoir terminé ce que tu devais faire, comme tu le disais souvent, ce quatrième tome. C'est en quelque sorte ton héritage familial et social, ton héritage laissé au Québec. Je suis très fier de toi et je t'en félicite. C'est, comme on dit, «de la bien belle ouvrage».

Je salue ton courage, ta persistance et ta ténacité qui ont fait de cette autobiographie un succès, également une libération, aussi bien émotive qu'intellectuelle, dans ce long cheminement de recherche et d'écriture à travers ton implication sociale et personnelle de tous les jours.

Tu as, Simonne, connu beaucoup de bonheur mais aussi des difficultés dans ce choix de vie. Tu as réussi à surmonter durant toutes ces années les aléas financiers, amoureux et autres, grâce à ta force d'âme, ton grand sourire, ton humour et ton audace.

Tu t'es exprimée pour ces milliers de femmes qui ont appris de toi à mieux se comprendre et à mieux vivre. C'est grâce à ce que tu es. Tout ce que tu as fait, tu l'as fait de façon passionnée et par amour. L'amour de la vie et l'amour des autres.

Maintenant que «ta belle ouvrage», dans laquelle tu t'es complètement investie ces dix dernières années et qui t'a terriblement épuisée, est achevée, tu dois aujourd'hui écouter ton cœur, goûter à la vie comme elle se présente, sans rien lui devoir, calmement, sereinement.

Tu le mérites bien, crois-moi.

Je te remercie pour tout ce que tu m'as transmis et ce que tu m'as permis d'être. Je suis heureux avec Diane et Marie. Merci d'avoir été une mère importante autant dans mon cheminement que dans mon cœur.

Affectueusement,

ton fils Alain

Ma meilleure amie

MADELEINE CHARTRAND

Ma mère a toujours été ma meilleure amie, ma confidente et conseillère tout au long de ma vie. J'aurai quarante ans le mois prochain, elle m'a tout enseigné au niveau des valeurs humaines et spirituelles. Je lui dois la Vie, le respect et tout mon amour pour l'éternité. Elle a été et demeure mon guide, ma lumière, mon phare, ma chaleur intérieure et ma joie de vivre. Je la sens toujours auprès de moi et elle me conseille. J'ai toujours été près de ma mère et j'ai pris soin d'elle jusqu'à la fin. C'est la personne la plus merveilleuse qui existe pour moi. Ses lettres, ses cartes et ses appels me manquent. Mais la Vie continue à travers ses livres, ses œuvres, ses bonnes actions et ma fille Maïa-Jasmine qui a aujourd'hui douze ans. Ma mère et Maïa ont beaucoup ri ensemble.

Maman, je t'aime, toujours et chaque jour.

Je t'embrasse,

Ta fille cadette, Anne-Madeleine

Anne-Madeleine Chartrand, styliste, fille de Simonne et Michel Chartrand.

Le moment des derniers baisers

HÉLÈNE CHARTRAND-DESLAURIERS

Une expérience de vie d'une rare intensité que la tragédie de la mort d'une personne aimée mais quels moments de grâce bienfaisante, à vivre auprès d'une mère affectueuse, toujours en quête d'absolu et de liberté.

Attirée par cette femme entière affrontant en un corps à corps la maladie, se dépouillant graduellement de ses biens, de ses habitudes, de ses gestes et caresses mais gardant ses regards intensément doux ou interrogateurs qui vont souvent au-delà de moi, loin, plus loin... je suis redevenue à ses côtés la petite fille tremblante d'admiration, de dévotion et de désarroi devant son sourire.

Sentant l'incertitude de la rupture progressive, nous avons partagé dans la tendresse le témoignage de nos sentiments réels. Rester à l'écoute, lui permettre de se dire, la laisser raconter, questionner, douter, imaginer, laisser s'exprimer la vie, l'amour des autres, l'amour pour nous tous sous de multiples facettes, voilà les liens profonds de notre rencontre simple et transparente comme la lumière.

Hélène Chartrand-Deslauriers, enseignante au préscolaire, fille de Simonne et Michel Chartrand.

J'ai rejoint Simonne dans le dépouillement et la simplicité. À l'abandon des paroles offertes, au cœur de sa passion, j'ai trouvé une œuvre d'unité et l'accomplissement d'une vie d'amour.

Son chemin de femme engagée, autonome, lucide et tenace dans l'effort, avançant vers ce que l'on ne peut pas toujours saisir, l'âme des gens, les souffrances, les besoins, les désirs... fut un parcours difficile. L'écriture l'aidait à se rassembler, à trouver des voies compatissantes et énergisantes, à joindre la pensée à l'action.

Son tempérament créateur la ramenait vers l'avenir. Au fil des ans, il fallait aller plus loin, être solidaire de ceux et celles qui travaillent à la justice et à l'éducation d'une plus grande conscience sociale, dans le respect des différences, pour apporter une touche de paix et d'espoir.

Puis, un matin, derniers baisers, c'est l'effondrement fatal. Simonne entre dans la Grande Lumière devant la beauté du jour ensoleillé, accompagnée de nos pensées et chants d'amour.

Le monde s'ouvre devant la Vie, au-delà de la mort qui est si déchirante. Insondable pouvoir secret, sacré, impalpable, une force m'habite et me permet de m'harmoniser avec cette ultime porte de transformation de la conscience.

L'adieu

De Simonne, je ne dirai rien
qui vienne gonfler les panégyriques.
Je préfère les souvenirs rugueux
et lisses comme les vagues de sable.
De Simonne, je ne dirai rien
si ce n'est la douleur de sa perte.
La mienne.

Suzanne-G. Chartrand, didacticienne du français, fille de Simonne et Michel Chartrand.

ANNEXES

Homélie prononcée aux funérailles
de madame Simonne Monet-Chartrand
le 21 janvier 1993,
en l'église Saint-Antoine de Longueuil

ROBERT LEBEL,
ÉVÊQUE DE VALLEYFIELD

C'est un grand moment de notre histoire collective que nous vivons ce matin en rendant un dernier hommage à Mme Simonne Monet-Chartrand. Celle qui vient de nous quitter fait partie de la liste des grands noms de femmes qui ont influencé de façon déterminante notre destinée collective: Jeanne Mance, Marguerite Bourgeoys, Marie de l'Incarnation, mère d'Youville, Thérèse Casgrain, mère Marie Gérin-Lajoie et plusieurs autres, dont certaines n'ont pas encore terminé leur engagement.

«Engranger son passé et le resaisir.» Simonne Monet-Chartrand cite ce mot de Karl Rahner au tome 3 de *Ma Vie comme rivière* (p. 51). C'est dans ce sens-là que nous allons employer les quelques minutes de cette homélie. L'hommage que nous rendons ce matin à Mme Simonne Monet-Chartrand est pour nous l'occasion d'engranger dans le grenier de notre mémoire collective, comme un bien précieux, le témoignage stimulant que nous offre sa vie.

Je le fais en donnant le plus possible la parole à Simonne: la parole qu'est pour nous son engagement, ses combats, ses amours, ses joies et ses peines et sa longue fidélité à ses choix du départ et à elle-même; mais aussi la parole verbale ou écrite où elle s'est expliquée et nous a rendu compte de l'espérance qui la soutenait (*Pierre* 3,15).

Je le fais aussi avec l'aide très précieuse de personnes qui ont partagé ses travaux, son engagement et son amitié. Je les en remercie. Mes paroles sont l'écho de leur témoignage et le résultat des recherches dans lesquelles elles m'ont guidé dans le court temps que j'avais à ma disposition[1].

Le Dieu qu'elle a cherché et servi

> Qui donc est Dieu s'il faut pour le trouver un cœur de pauvre?
> Qui donc est Dieu que nul ne peut aimer s'il n'aime l'homme?
> Qui donc est Dieu qu'on peut si fort blesser en blessant l'homme?

Quelqu'un m'a signalé ce beau poème de Jean Servel qu'on trouve à l'Office du samedi matin de la première semaine.

«Qui donc est Dieu qu'on peut si fort blesser en blessant l'homme?» Il me semble que c'est ce Dieu que Simonne Monet-Chartrand a cherché et servi toute sa vie. C'est le Dieu de la Bible, participant à notre histoire humaine, solidaire avec nous, surtout avec les plus pauvres et les plus sans défense. «J'avais faim et vous m'avez donné à manger...» (*Mathieu* 25,42) C'est le Dieu qui entend le cri des opprimés (*Exode* 3,7), qui apporte la Bonne Nouvelle aux pauvres (*Luc* 4,18).

Toute la vie de Simonne Monet-Chartrand a voulu être une bonne nouvelle pour les pauvres et les opprimés de toute espèce.

---

1. Gisèle Turcot, Hélène Pelletier-Baillargeon, André Beauchamp, Dominique Boisvert, Marthe Legault, Claudette Boivin, Carole Fisette, Marcelle Vanasse.

La Bonne Nouvelle, ce n'est pas des bonnes idées nouvelles, mais des bonnes choses qui arrivent et des changements auxquels on travaille pour que se réalise le plan de Dieu qui veut que ses enfants forment une famille heureuse, dans l'amour et l'égalité fraternelle. On ne peut servir ce Dieu, l'adorer dans la vérité, sans travailler aussi à la promotion humaine des personnes et des groupes dont les droits ne sont pas respectés.

Voilà le Dieu que Simonne a rencontré dès sa jeunesse et qu'elle a cherché et servi toute sa vie. Toute sa vie et jusqu'à la fin, elle a été fidèle à cette option.

Ses engagements de laïque, dans l'Église et dans le monde

Cette option, elle l'a partagée étroitement avec Michel Chartrand, avec qui elle a décidé de construire son avenir, de fonder un foyer. Elle écrivait le 16 février 1942: «Je choisis d'être la compagne de Michel, de partager sa vie, en accord avec son idéal de justice sociale et politique.» (*Ma Vie comme rivière*, tome 1, p. 278) Ce choix montrait déjà sa grande détermination et sa liberté d'esprit par rapport aux pressions sociales. Elle quittait un milieu favorisé qui lui offrait la sécurité pour affronter les incertitudes d'un autre milieu et l'adversité des combats sociaux. Cet engagement social s'est tissé pendant cinquante ans sur la trame d'un grand amour vécu dans la tendresse et le dévouement quotidien.

Mais il avait aussi sa source dans la foi en Dieu qui aime l'humanité et dans une recherche spirituelle assidue. Dès son temps de militance dans la JEC, elle était à la recherche d'une spiritualité du laïcat dans l'Église, comme source d'un engagement laïque.

> Je veux demeurer une militante laïque de plain-pied et à part entière dans un travail apostolique où nos propres instruments de travail sont à inventer. [...] Même si la JEC fonctionne dans les cadres de l'Église institutionnelle catholique romaine, mon engagement apostolique est avant tout personnel et libre. [...] Nous voulons être traités dans

l'Église comme des *sujets* à part entière avec des responsabilités réelles. (Tome 1, p. 228-229)

Mme Monet-Chartrand fait partie du laïcat majeur qui s'est formé, dans les années 1940, selon la pédagogie de l'Action catholique. Ces leaders ont fortement influencé notre milieu social et politique dans le sens d'une libération et d'une prise en main de notre destinée aux plans social et politique. Mais ils ont aussi influencé la vie de l'Église et l'ont aidée à amorcer le virage de Vatican II en la rendant plus présente au monde.

Une spiritualité du laïcat

Ces militants laïques ont fait cesser le divorce entre la foi et la spiritualité, d'une part, et l'engagement dans le monde temporel, d'autre part. Dès 1939, Simonne disait: «Ce que je veux étudier, c'est la théologie contemporaine, surtout les recherches sur le sens spirituel de la Parole de Dieu dans la vie temporelle, la vie courante.» (Tome 1, p. 228)

Le 4 septembre 1939, dans un journal de voyage, elle écrivait ceci :

Pourquoi les philosophes et les théologiens distinguent-ils encore le temporel du surnaturel? [...] Pourquoi la religion catholique néglige-t-elle trop souvent de considérer l'être humain comme un être responsable d'abord de lui-même et tout à la fois responsable et solidaire des autres dans son milieu? [...] En ce sens, la religion est trop désincarnée; alors que le Christ, lui, s'est incarné pour vivre sur terre comme un homme, en communion constante avec l'Esprit. (Tome 1, p. 244)

Cet engagement dans le sens d'une foi incarnée, toute la vie de Simonne en est une illustration. Son témoignage peut être, pour nous tous, une inspiration. Nous sommes loin d'avoir réalisé complètement, en Église, le virage d'une foi incarnée qui nous tient constamment en contact avec Dieu, mais aussi avec le monde.

La source de son engagement

Car c'est cette double présence qu'a vécue Simonne.

> Mes convictions religieuses et mon engagement social sont
> très liés. La foi pour moi ne consiste pas surtout dans la
> pratique religieuse ou l'adhésion aux dogmes ou à tout ce
> que déclare le Vatican. C'est d'abord une appartenance à la
> Parole du Christ, à l'Évangile, en liaison avec l'apostolat de
> toutes les communautés chrétiennes et même au-dehors
> d'elles. (Entrevue à *Rencontres*, 1974, citée dans le tome 4,
> p. 241)

Cette foi qui a soutenu son engagement de façon héroïque,
elle l'a alimentée dans la méditation et la prière:

> Pour moi, la foi, c'est comme l'amour. Il faut l'alimenter.
> Ça doit aider à mieux vivre. Comme l'amour, c'est un mys-
> tère, une expérience vitale. On éprouve sa foi devant la
> maladie, l'incompréhension humaine, devant la mort. C'est
> un sentiment très profond qui fait partie intégrante de ma
> vie affective et mentale. J'y fais référence quotidiennement;
> d'où prière, réflexion et méditation. […] Je dois en toute
> logique aller au bout de mes convictions pour réaliser ce en
> quoi je crois. Au-delà de mes certitudes et angoisses, une
> force supérieure me soutient. Surnaturelle. Ma foi s'incarne
> dans les événements, les décisions et attitudes à prendre
> dans le bonheur comme dans le malheur.

> Quand j'ai, subitement, par-delà la réflexion et l'étude, une
> vision hors de l'ordinaire — un flash comme disent les plus
> jeunes — je crois sincèrement que c'est l'œuvre du Saint
> Esprit et je me sens responsable d'en tenir compte «en mon
> âme et conscience». (Tome 3, p. 51)

«Les héros ne sont pas fatigués»

«De la trempe des gens exceptionnels, Simonne avait placé la barre très haut, dit un témoin de sa vie. Son courage et sa générosité s'y sont mesurés. Non, les héros ne sont point fatigués.» (Marthe Legault)

Simonne «avait de l'idéal, recherchait l'excellence, posait des exigences aux autres comme à elle-même. Ce n'était pas au nom de diplômes universitaires qu'elle s'imposait, mais par la force de son travail d'analyse et de ses convictions. Face au cercle des savants et des docteurs, elle affirmait le droit à la parole prononcée au nom de sa conscience personnelle et de ses propres recherches.» (*Ibid.*)

Jamais elle n'a cédé à la fatigue, au découragement ou à la peur. Dans une entrevue qu'elle accordait à *Rencontres*, en 1974, elle disait ceci:

> Les plus grands ennemis, ce sont probablement la peur d'agir, l'opinion publique, l'impatience devant la lenteur des réformes sur le statut de la femme dans l'Église, l'attitude fataliste qui mène souvent à l'impuissance. Malgré ces obstacles réels, je me sens rarement démobilisée, démoralisée. (Tome 4, p. 292)

Un film relatant la crise d'octobre 1970, pendant laquelle son époux fut emprisonné, nous la montre disant: «Il y a des moments où l'orage passe dans la société. On peut aussi choisir de regarder l'orage... et de trouver ça beau...» Ayant choisi de partager les combats de Michel Chartrand, elle a sans doute eu plusieurs occasions de voir de beaux orages. La rivière est parfois devenue torrent... Le 5 juillet 1956, Michel lui écrivait ceci de Rouyn-Noranda:

> [...] Comme il est agréable de vivre avec toi, de partager ta vie... C'est probablement tes qualités poussées à l'héroïsme à certains moments — tu n'as jamais faibli — qui font que ça doit ressembler à de la sainteté, ou mieux, être la vraie

sainteté; c'est le courage continu dans la vie quotidienne avec sourire, tendresse, amour et chaleur. (Tome 3, p. 225)

«La vraie sainteté.» Devant des paroles si belles et si sincères, personne, même le pape, ne peut dire mieux en termes de canonisation.

Son engagement pour la condition féminine

Parmi les situations injustes à redresser, il y avait la condition des femmes dans la société et dans l'Église. Simonne s'est engagée dans ce combat à la suite de Mme Thérèse Casgrain, mère Gérin-Lajoie et plusieurs autres. C'est à ce titre qu'elle a participé, en 1971, à un comité ad hoc mis sur pied en vue du synode romain des évêques sur la justice sociale. Elle fait accepter de mettre à l'ordre du jour le point suivant: «Le rôle des femmes canadiennes à l'intérieur de l'Église.»

Avec l'aide de Madeleine Ryan, Hélène Pelletier-Baillargeon, Anita Caron, Lucie Lebœuf et Élisabeth Lacelle, elle mobilise vingt-cinq femmes pour participer à une rencontre dont les conclusions sont communiquées à l'assemblée plénière des évêques, sous forme de questions bien placées sur la réelle participation des laïcs et des femmes dans la vie des diocèses. Ces questions furent accueillies plutôt froidement, écrit-elle. Et les évêques ont mis beaucoup de temps à s'engager dans le redressement de la situation. (Tome 4, p. 274)

On est en train de le faire. Et c'est l'intervention de Simonne et de ses compagnes qui a donné le coup d'envoi.

Le premier résultat fut l'intervention du cardinal Flahif, archevêque de Winnipeg, au synode qui suivit. Depuis, à chaque synode ou presque, les évêques canadiens trouvent le tour d'insérer la question féminine dans une de leurs interventions. Beaucoup d'autres démarches ont suivi aux plans du Canada, du Québec et des diocèses dans le sens de laisser les femmes prendre dans l'Église la place qui leur revient.

L'épiscopat canadien et québécois passe pour progressiste, auprès des autres Églises, sur la question féminine. Mais il nous reste beaucoup à faire en ce sens. En réalité, ce n'est pas que nous soyons progressistes mais nous sommes moins en retard que d'autres sur la question.

Une interpellation prophétique à l'intérieur de l'Église

Simonne Monet-Chartrand était d'un incroyable sens critique envers l'Église et inébranlable dans son appartenance à cette même Église (témoignage de Dominique Boisvert).

C'est de cette sorte de témoins dont l'Église a besoin pour progresser. Ces témoins sont d'autant plus efficaces qu'ils sont de l'intérieur. Ils sont de l'Église, ils sont l'Église qui s'autocritique pour replacer sans cesse sa double fidélité au Christ et au monde dans lequel il s'est incarné.

Accueillir la parole prophétique n'est pas toujours confortable pour ceux qui exercent le service de l'autorité. Mais la fidélité à l'Esprit Saint est à ce prix. La parole prophétique est parfois corrosive mais elle doit l'être, des fois, pour décaper les sédiments de l'accoutumance, de l'inertie, de la peur de changement, des privilèges et du péché, pour retrouver le pur métal de la vraie Tradition. Merci à Simonne et à Michel pour leurs interpellations dérangeantes.

Le témoignage d'un couple engagé

On ne peut pas séparer ce que Dieu a uni. «L'amour est fort comme la mort [...]. Ses traits sont des traits de feu, une flamme de Yahvé. Les grandes eaux ne pourront éteindre l'amour ni les fleuves le submerger.» (*Cantique des Cantiques* 8,6-7)

Le grand et fidèle amour qui unit Simonne et Michel ne se termine pas avec la mort. La foi assure une présence mutuelle qui va se continuer. Cet amour va survivre dans le cœur et la mémoire de leur descendance ainsi que des personnes amies.

Tout au long de leur vie, ils se sont appuyés mutuellement, ils ont partagé le même combat. Ils ont fait cohabiter une exemplaire tendresse entre eux et envers leurs enfants avec l'âpreté des combats pour la justice.

Je ne puis résister à citer une strophe du poème que leur disait leur fille Hélène à l'occasion de leur 50ᵉ anniversaire de mariage:

> Regardez-les…
> Ils ont lutté, ils ont travaillé.
> C'est pour nous que leurs visages
> sont burinés de profondes rides
> Ce sont des rides d'amour et ces rides
> portent nos noms.
>
> Regardez-les…
> Des milliers de mots jaillissent du silence
> de leurs cœurs
> et de ce cri muet naît en eux
> l'immense espace de ces millionnaires de la vie.

Ensemble, ils ont choisi la lutte pour la justice malgré la pauvreté, l'insécurité, les charges d'une famille nombreuse. Ils ont trouvé la vraie réussite, la vraie richesse. Ils sont des «millionnaires de la vie».

Dans notre monde changeant et mêlé, où les jeunes cherchent la voie du bonheur, le témoignage offert par Simonne Chartrand et son époux présente les valeurs du don, du dévouement, de la soif de justice, de la fidélité et de la tendresse. Ce sont tous les noms de l'amour, le mot pour dire la grande réussite d'une vie et la réalisation d'une vocation d'enfant de Dieu.

Un témoin pour notre temps

Comme toute grande figure humaine, Simonne a su intégrer des qualités, des actions et des situations qui semblent opposées. Par

sa manière d'être et d'agir, elle a su harmoniser des défis apparemment contradictoires:
- — fille de juge et militante;
- — charge de famille nombreuse et combat social incessant;
- — option pour la paix mais lutte acharnée pour en créer
  les conditions;
- — foi chrétienne intériorisée et présence militante au
  monde et à ses problèmes;
- — sens critique et loyauté à la vocation de l'Église dans le
  monde;
- — amour de la vie et acceptation sereine de la mort.

Devant son témoignage et tous les souvenirs dont je n'ai pu
faire qu'une brève esquisse, le mieux que je puis dire pour conclure est la parole que lui adressèrent des jeunes à Taizé en 1972:
«Simonne, te connaître, c'est être plus en vie.» (Tome 4, p. 275)

Pour faire mémoire
de Simonne Monet-Chartrand

Hommage prononcé à l'occasion de ses funérailles

HÉLÈNE PELLETIER-BAILLARGEON

Simonne, notre Mère Courage, nous a quittés.

Mais elle ne nous a pas laissés orphelins.

C'est pour nous le rappeler qu'elle nous a réunis encore une fois ce matin, autour d'elle, dans une grande église du Québec d'autrefois. Une église surmontée d'une croix élevée par nos pères et mères, comme des centaines d'autres le long du fleuve, pour dire cette douleur qui est ce matin la nôtre.

La vie de Simonne n'aura été qu'une longue marche à l'Amour. On ne pouvait la côtoyer longtemps sans comprendre que cette femme-là appartenait à la race des grandes amoureuses. Comme on se jette à la mer, comme on lance tous ses dés à la fois sur la table, elle avait joué toute sa vie en misant sur l'Amour. Et nous savons maintenant qu'elle a gagné son pari. «La Foi et l'Espérance passeront, mais l'Amour ne passera jamais.» L'Amour est éternel. Et les poètes ne meurent pas.

Écrivaine et journaliste.

Simonne avait fait de sa vie un long poème d'amour envers les siens dont elle ne finissait plus d'aligner les strophes.

Les premières de ces strophes, les plus chaudes, les plus vibrantes, c'est Michel, l'homme de sa vie, qui les lui a inspirées. Elle les a écrites avec idéalisme et romantisme, confiait-elle à son journal. Pour certains, avec impudeur. Et face à un monde qui arrive mal à croire à la durée des amours humaines.

«Je ne m'habitue ni à ta présence, ni à ton absence», lui écrit-elle en 1956, après lui avoir donné sept enfants... «Ça me paraît toujours extraordinaire que tu sois entré dans ma vie...» Nous nous tenons tous, ce matin, femmes et hommes, au seuil de cet amour chargé d'orages et de tempêtes, comme au seuil du plus beau des mystères, celui de l'Incarnation.

Michel, notre ami, notre frère, le plus douloureux d'entre nous ce matin, tu fus aussi le plus riche et le plus comblé. Et cette merveille, une fois pour toutes, aura existé dans ta vie pour toi seul.

Cet amour fut fécond, comme tant d'autres amours du Québec à cette époque. Généreux, mais comme allant de soi. Fécond au-delà du nombre. Fécond, surtout, au-delà des liens du sang.

«Ce que j'ai fait de mieux, écrivait Simonne dans ses mémoires, ce sont des *personnes*. Non des bébés, non des petits enfants, mais des *personnes*.» Les enfants de Simonne, toutes les femmes qui la connaissaient pourraient en témoigner, ont été les premiers pédagogues de son action sociale. Elle les a beaucoup aimés et ils le lui ont bien rendu! Ils lui ont beaucoup appris. Tout appris de ce qu'elle considérait comme l'essentiel.

C'est en observant attentivement Micheline, Hélène, Marie-Andrée, Alain, Suzanne, Madeleine et Dominique, c'est en les nourrissant et les habillant qu'elle a pensé et mûri en silence les options et les engagements sociaux et politiques qui seront ceux de toute une vie. Ce n'est pas la séduction d'un parti ou d'une idéologie qui a orienté son destin. C'est, raconte-t-elle, son empathie de mère devant les enfants nécessiteux de Ville Jacques-Cartier qu'elle côtoyait en élevant les siens.

C'est en se voyant refuser, faute d'argent, des leçons de piano pour ses petites filles qu'elle s'est engagée, au tournant des années 1960, dans la cause, tant controversée à l'époque, de l'éducation publique et gratuite.

La priorité accordée à la personne a toujours été présente dans les actions entreprises par Simonne et dont les médias ne cessent, ces jours-ci, de nous rappeler la liste impressionnante. La foi de Simonne-la-croyante est indissociable de sa foi inébranlable en la personne, foi en ses dons, en ses ressources cachées. Devant un mandement d'Église, un projet de loi, une convention collective, Simonne se demandait toujours si les structures proposées avaient été pensées en fonction des personnes ou en fonction de principes abstraits.

Si la personne était première servie, Simonne donnait aussitôt son accord. Si elle avait été oubliée ou méprisée, elle dénonçait. Et avec quelle véhémence! Les murs de notre vénérable Église, j'en puis témoigner, en ont été plus d'une fois ébranlés!

Son inconditionnel attachement à la personne lui permettait d'attirer à elle toutes les familles d'esprit, pourvu qu'elles fussent serviables et de bonne volonté. Les querelles idéologiques qui traversaient le Québec, au cours de sa vie militante n'avaient guère de prise sur la générosité de ses élans. C'est pour cela qu'elle savait embrigader autour d'une cause tant de militantes et de militants venus parfois de tous les horizons de la croyance, de toutes les couches sociales.

Jeune mère de famille, elle réunit les femmes de grévistes de la CSN pour découvrir avec elles comment il est possible de nourrir et d'habiller tant d'enfants avec si peu d'argent... À peine en a-t-elle fini avec la Centrale de Michel qu'un appel semblable lui arrive en faveur des femmes de grévistes de la FTQ. Et Simonne de repartir en campagne de plus belle! Pour elle, il n'y a pas de rivalités syndicales qui tiennent. Il n'y a que des personnes en détresse que seules la compassion et la solidarité peuvent sauver.

Au plus noir de la Crise d'octobre, le Québec se retrouve

fracturé en deux. Simonne s'apprête à défendre comme une lionne, et sur toutes les tribunes du Canada, les prisonniers politiques dont Michel fait partie. Pourtant, au même moment, elle écrit à Françoise Laporte une lettre de femme profondément rejointe par le malheur d'une autre femme.

Telle est Simonne, paradoxale, simple et vraie. Et traversant pour cela en toute impunité les contradictions de nos luttes et de nos idéologies. La voix du cœur était celle qu'elle entendait le mieux, la seule peut-être envers laquelle elle se montrait inconditionnellement réceptive.

C'est cette voix-là qui lui a permis de concilier, dans sa vie, ce que tant d'hommes et de femmes d'action estiment irréconciliable: la radicalité et la tolérance.

Radicalité de l'Évangile qu'elle prenait terriblement au sérieux et avec une rudesse qui avait parfois des accents prophétiques. Radicalité de la justice sociale et de l'égalité des femmes qui pouvait choquer et bousculer. Mais tolérance immense et généreuse envers les chemins personnels qui y conduisent.

Femme de terrain et d'action, Simonne respectait inconditionnellement le territoire plus retiré et abrité de l'écrivain et de l'intellectuel. Elle admirait sans réserve la création gratuite de l'artiste. Elle s'en nourrissait et s'en enchantait sans cesse. «Les fleurs avant le pain!» La belle devise des Petits Frères des pauvres aurait pu être la sienne.

Simonne croyait fermement que les déshérités de la vie ont autant besoin des aliments de la pensée et de la beauté que de nourriture et de vêtements. Elle réclamait pour les petits et les humbles ce qu'il y a de meilleur. La démocratie qui nivelle par le bas lui faisait horreur. Elle l'estimait contraire à l'Évangile.

C'est pour cela, sans doute, que tant de savants professeurs sont descendus de leur chaire universitaire pour l'épauler dans l'action. Que tant d'artistes et de poètes sont montés sur scène pour chanter, proclamer, et véhiculer sa foi en la justice, sa soif de liberté. «La liberté, c'est un bien grand mot», confiait-elle en 1978 à son journal intime. Et elle poursuivait: «Les artistes, les révolutionnaires et les vrais chrétiens en vivent et en meurent.»

C'est pour cela aussi que tant de femmes et d'hommes modestes ont retrouvé confiance en leurs dons personnels, en leurs moyens d'action. Simonne était une rassembleuse et une allumeuse d'espérance! C'est pourquoi nous sommes à la fois si nombreux et si divers, ce matin, pour la pleurer et nous souvenir d'elle.

La vie de Simonne ne comportait pas de cloisons ni de tiroirs. Il n'y avait pas de frontières, chez elle, entre le privé et le public. Tout était cohérent. Tout se tenait bien ensemble. Pour ses convictions et pour celles de Michel qu'elle partageait, elle avait payé de sa personne un prix que seuls ses proches peuvent aujourd'hui évaluer. Sa soif de vérité et de cohérence ne cessait de la questionner. Jusque dans les dernières pages de son journal intime, elle confie ce désir persistant d'être, dans ses paroles et dans ses actes, toujours plus véridique. Unifier sa vie aura été le grand souci de ses dernières années.

Unité de pensée et d'action. Unité de temps. Simonne était fière de ses racines québécoises. Cette fervente élève des tout premiers cours d'histoire de l'abbé Groulx à l'Université de Montréal n'était pas de celles dont l'action audacieuse s'édifiait sur l'ignorance et le mépris de notre passé. Ce passé national, aussi bien que religieux, elle le scrutait avec curiosité dans son album de famille. Elle y découvrait une racine enfouie qu'elle mettait à jour chez une aïeule, chez un grand-père engagés dans le combat nationaliste et auprès desquels se réconfortait son amour du Québec.

Elle ne reniait rien, mais elle transformait tout en avenir. Elle métamorphosait en action les archives de notre mémoire collective. «Ma mémoire, écrivait-elle encore, est une somptueuse armoire à souvenirs.»

Mais cette militante était aussi une femme d'intériorité et de contemplation. Elle ne passait pas tout son temps sur les estrades et dans les comités. Chez elle ont cohabité Marthe et

Marie. De l'abbé Groulx encore, qui avait béni son mariage et baptisé ses enfants, elle cite les lettres dans ses mémoires. Dont cette phrase où elle avait appris de lui que «tout mouvement, toute association ne valent d'abord que par l'intensité de leur vie intérieure. Et [que] c'est pour ignorer cette élémentaire vérité que tant d'œuvres, chez nous, n'avancent qu'à petits pas et en claudiquant.»

«Ni pieuse ni dévote», selon ses propres termes, Simonne était pourtant une femme d'une grande vie intérieure. Auprès d'elle, nous avons été nombreuses, nous les plus jeunes, à nous ressourcer. À nous nourrir après coup de ses longues méditations poursuivies durant des années, tandis que ses mains allaient et venaient, épluchaient et tranchaient, lessivaient et repassaient. La forte spiritualité de Simonne était celle du travail manuel. Elle s'enracinait dans la longue vie cachée du charpentier de Nazareth. Dans la très vieille tradition monastique qui avait, un temps, retenu Michel à l'abbaye cistercienne d'Oka.

Comme leur cher Péguy révérait sa mère rempailleuse de chaises, Michel et Simonne respectaient profondément le travail manuel. Tout comme Michel était fier de son métier de typographe qu'il avait longtemps exercé, Simonne aimait répéter que c'est en travaillant silencieusement de ses mains pendant tant d'années qu'elle avait trouvé cette unité intérieure qui avait été la source de toutes ses convictions et de tous ses engagements.

C'est parce qu'elle a toujours su honorer, dans ses paroles et dans ses actes, l'obscur travail des femmes que Simonne aura peut-être été, parmi les grandes figures du féminisme québécois, la porte-parole la plus crédible. Elle seule, peut-être, pouvait réussir à faire travailler ensemble, dans une même organisation, les théoriciennes du féminisme radical avec les militantes de l'AFEAS ou des Cercles de fermières. Quand elle parlait de condition féminine, Simonne savait de quoi il était question. Cela se sentait!

Avec le travail, la contemplation de la beauté était une composante essentielle de sa vie intérieure. Sa spiritualité de la nature était toute franciscaine. Saint François d'Assise, dit-on, parlait aux oiseaux. Il interpellait son «frère le Soleil» et sa «sœur l'Eau». Il appelait son propre corps «frère l'Âne» mais enseignait aussi qu'il fallait en prendre grand soin! Il avait même séduit et apprivoisé un loup redoutable, aux environs de Gubbio. Le fauve avait fini, dit-on, par accepter de placer amoureusement et pour toujours sa grosse patte dans la sienne.

Simonne, devant les quatre saisons de son Richelieu, était bien la sœur de ce saint qui allait pieds nus parmi les pauvres. Elle qui ne se rassasiait pas de musique et parlait de sa vie «comme rivière»! Elle qui avait si souvent révélé à son indomptable Michel le meilleur de lui-même!

La beauté du monde, la beauté des corps qu'elle avait enfantés, nourris et aimés, la beauté surgissant des mains de l'artiste faisaient de la prière de Simonne un interminable Magnificat rempli d'étonnement et de jubilation. Devenir grand-mère n'avait rien entamé de sa capacité d'émerveillement. Ses dix petits-enfants étaient toute sa fierté et elle nous les nommait tous: Philippe-Emmanuel, Katerine, Anne-Marie, Marie, Maïa, Olivier, Maude, Léo, Florence, Marion.

C'est au milieu des siens, devant cette beauté étincelante, tranchante comme une déchirure de notre hiver québécois, qu'elle a fermé les yeux comme elle l'avait souhaité. Dans cette grande maison voulue et ornée avec Michel, et qui préfigure la maison du Père où nous croyons qu'elle est parvenue avant nous.

Jeudi dernier, la dernière fois que j'ai vu Simonne, que je l'ai embrassée, que j'ai tenu longtemps ses mains entre les miennes, nos deux têtes presque côte à côte sur l'oreiller, nous avons parlé ensemble à voix basse d'un très vieux mystère. Celui que nos pères et mères, certains s'en souviennent peut-être, appelaient «la Communion des saints». Ce vieux mystère cherchait à nous dire qu'entre vivants et morts persiste, à cause de l'Amour qui les unit, une étroite solidarité, invisible pour les yeux, mais perceptible avec le cœur. Simonne y croyait beaucoup. Elle l'avait écrit. Elle me l'a répété ce soir-là.

Dans ce que Michel a appelé ce «si difficile passage de vie à trépas» qu'elle avait à traverser toute seule, elle se sentait mystérieusement entourée par ceux et celles qu'elle avait tant aimés et qui l'avaient précédée dans la mort. Elle savait ses père et mère, ses frères Roger et Amédée à ses côtés. Elle sentait Marie-Andrée, sa «petite fille Espérance», auprès d'elle. Et avec eux, l'immense cohorte invisible de tous nos ancêtres dans la Foi.

Maintenant que Simonne est passée du côté de la lumière et que nous demeurons dans la pénombre de la Foi, je comprends mieux le sens caché de ses dernières paroles. Un peu comme après le Vendredi saint et la Résurrection, les amis de Jésus ont mieux compris ce qu'il avait cherché à leur dire durant sa vie.

En me redisant sa foi en la Communion des saints, Simonne cherchait elle aussi à me dire qu'aucune de nos solidarités ne serait perdue et que nous ne cesserions jamais de nous aimer. Ce qu'elle m'a murmuré à l'oreille dans un souffle, je voudrais vous le redire à haute voix: je crois que Simonne, notre Mère Courage, est toujours avec nous, autrement, et qu'elle continuera d'inspirer nos pensées, nos écrits et nos actions. Elle qui aimait tant l'Incarnation, je crois même qu'elle continuera aussi de se préoccuper des besoins de nos corps. De ceux, surtout, de notre raison défaillante devant la dure énigme de la souffrance et de la mort.

Je crois aussi que nous sentirons parfois, posé sur nous comme la chaleur du soleil traversant un instant l'épaisseur des nuages, la présence de son amour qui ne marchandait jamais et ne connaissait pas de frontières.

Je crois que Simonne saura bien traverser, pour nous rejoindre, ces dernières frontières que la mort cherche à introduire entre ceux qui s'aiment et que la promesse de Dieu est venue abolir.

Repères chronologiques

en collaboration avec
CAROLLE FISETTE *et* FRANCINE PELLETIER-BÉCHARD

1919	Naissance de Simonne Monet à Montréal, le 4 novembre.
1926-1935	Études primaires et secondaires au pensionnat Marie-Rose de Montréal.
1935-1936	Brevet d'enseignement (Bureau central des examinateurs catholiques de la province de Québec).
1937	Présidente de la Jeunesse étudiante catholique féminine (JECF) au pensionnat Marie-Rose, Montréal.
	Cours Lettres-Sciences (diplôme décerné par l'Université de Montréal).
1938	Propagandiste et dirigeante nationale de la JECF auprès des collèges classiques féminins et des écoles normales du Québec, dans vingt diocèses.
1938-1942	Cours d'histoire de la littérature canadienne-française et cours d'histoire du Canada à l'Université de Montréal. Principaux professeurs: l'abbé Lionel Groulx et Guy Frégault.
1940-1942	Cours d'histoire de la musique à l'École supérieure d'Outremont (Vincent-d'Indy).
1942	Mariage avec Michel Chartrand, le 14 février.
	Emménagement à Longueuil.

Membre d'une équipe de ménages (la première au Québec), avec l'abbé Robert Llewellyn, professeur au collège Stanislas, puis aumônier et animateur spirituel à l'Université de Montréal.

1942-1946	Membre de l'Association canadienne des Nations Unies, chapitre Ville-Marie.
1943	Naissance de Micheline, le 11 mars.
	Journaliste à la pige dans quelques revues et journaux, entre autres *Le Bloc* et *Paysana*.
1943-1944	Cours de puériculture à la clinique BCG de Montréal.
1943-1954	Conférencière du Service de préparation au mariage (SPM). Cours théoriques, discussions et animation.
1944	Naissance d'Hélène, le 30 janvier et de Marie-Andrée, le 8 décembre.
1944-1945	Membre de l'exécutif de l'École des parents du Québec.
1944-1951	Membre du conseil d'administration de l'École des parents du Québec (Montréal et Longueuil).
1944-1956	Cours donnés par l'École des parents de Montréal.
1945-1950	Membre du conseil d'administration des associations Parents-Maîtres dans le diocèse de Montréal et de Saint-Jean-sur-Richelieu.
1946	Naissance d'Alain, le 1ᵉʳ février. Mort de son père, Amédée Monet, le 23 octobre.
1949-1951	Déléguée de l'École des parents de Longueuil auprès de la Commission scolaire de Longueuil.
1950-1965	Initiatrice de services et de comités de secours, d'entraide, d'information, d'éducation populaire pour divers syndicats affiliés à la CTCC puis à la CSN, dans diverses régions de la province à l'occasion de grèves.
1951	Déménagement à Varennes.
1953	Naissance de Madeleine, le 21 avril.
	Déménagement à Boucherville.
1954	Naissance de Dominique, le 9 juillet.

1954-1955	Membre du conseil d'administration de la Fédération canadienne des Écoles de parents.
1954-1958	Scripteure, animatrice, consultante et panéliste aux émissions féminines et d'affaires publiques à la radio de Radio-Canada: *Journal d'une mère, Les Chansons de la Maison, Fémina, Chroniques de la vie conjointe, Les Voisins d'en face,* etc.
1957	Rédactrice d'un mémoire pour l'Union des familles de Longueuil afin d'orienter la Fédération des Écoles de parents vers une Fédération des Unions de familles; celle-ci devient réalité en juin 1958.
1958	Déménagement à Longueuil.
1958-1960	Cours de réalisation et production en radio et télévision à l'Université Laval.
1958-1965	Membre de l'exécutif de la Fédération provinciale des Unions de familles. Responsable de la mise sur pied des comités Famille-École.
1961	Cofondatrice et membre de la Voix des femmes, membre de l'exécutif (section Québec). Membre du Conseil national de la Voix des femmes du Canada.
	Responsable de l'organisation des secours sociaux lors de la grève des Métallurgistes unis d'Amérique (Dominion Bridge) à Lachine (FTQ).
	Mort de sa mère, Berthe Monet (octobre).
1961-1962	Membre de l'association Parents-Maîtres de l'école Sainte-Rose de Longueuil.
1962	Membre de l'organisation de la Conférence internationale sur la Paix convoquée par la Voix des femmes du Canada (septembre).
1962-1963	Membre du Mouvement pour le désarmement nucléaire, Montréal.
1963	Observatrice au Congrès de la Fédération internationale démocratique des femmes tenu à Moscou, afin de faire pression auprès de l'ONU pour obtenir une année consacrée à la paix, au désarmement nucléaire et à la coopéra-

	tion internationale. L'ONU proclame 1965 Année de coopération internationale.
1963	Membre de la Ligue des droits de l'Homme.
1965-1966	Cours sur la coopération suivis à l'Institut Desjardins de Lévis.
1966	Déménagement à Richelieu.

Recherchiste, panéliste, animatrice à *Femmes d'aujourd'hui* (trois émissions).

Cofondatrice de la Fédération des femmes du Québec (FFQ).

Organisatrice et présidente d'un comité régional Famille-École des Unions de familles de la Rive-Sud en vue de mettre sur pied une association non confessionnelle des parents des élèves de la Régionale de Chambly.

1966-1967 Cours d'économie familiale donné par les Caisses populaires Desjardins et l'Union régionale des Caisses populaires de l'Est de Montréal (professeur: Gérard Saint-Denis).

Cours d'animation sociale donné par le service de l'Éducation permanente de la Régionale de Chambly pour les dirigeant-e-s des Unions de familles (animateur: Fernand Dansereau).

Membre du premier conseil d'administration de la FFQ.

1967 Membre du comité d'organisation du Congrès international des organismes familiaux tenu à l'Université Laval.

Rédaction de mémoires présentés à la Commission Bird sur la situation de la femme canadienne.

1967-1968 Cours de culture générale au collège Sainte-Marie de Montréal (philosophie et théologie).

1968-1969 Cours de civilisation québécoise à l'Université de Montréal en sciences économiques (professeur: Pierre Harvey), en sociologie (professeur: Marcel Rioux), en histoire de l'art (professeur: François-Marc Gagnon), en sciences politiques (professeur: Robert Boily).

1968-1972 Scripteure, recherchiste et documentaliste à l'émission *5D* à la télévision de Radio-Canada.

1972-1975	Relationniste, documentaliste et agente d'information au Syndicat des enseignants de Champlain, à Longueuil.
	Membre du comité socio-politique de la CEQ. Rédactrice d'une chronique syndicale, journal *Le Canada Français* (Saint-Jean-sur-Richelieu) et *Le Champlain*, journal du Syndicat des enseignants de Champlain (CEQ).
1975	Membre consultante à la FFQ pour les activités et les assises régionales de l'Année internationale de la femme. Participante au Carrefour 75 à Québec. Conférencière en région. Cours de leadership donné par la Fédération des femmes du Québec (professeurs: Gabrielle Hotte, Michèle Jean).
1975-1978	Directrice générale adjointe de la Ligue des droits de l'Homme.
1976	Cours d'initiation politique (professeur: Christiane Bacave).
1977-1978	Membre d'honneur de la campagne «Le français, je le parle par cœur».
	Membre du conseil d'administration du CSS Richelieu (région sud).
1978-1979	Cofondatrice de l'Institut Simone de Beauvoir (affilié à l'Université Concordia, Montréal), étudiante en lettres et en création littéraire à ce même Institut. (Atelier d'écriture: Louky Bersianik, professeur.)
1979	Personne-ressource, chargée de rencontrer à Paris les magistrats de jeunesse stagiaires de l'Office franco-québécois et de préparer leur stage québécois sur la manifestation de la violence chez les jeunes adultes.
	Candidate «Rhino c'est rose» dans le comté de Longueuil aux élections fédérales du 22 mai.
	Membre du conseil d'administration de la Ligue des droits et libertés.
	Personne-ressource, consultante à la Fédération des femmes canadiennes-françaises hors Québec (siège social, Ottawa) pour l'organisation d'un congrès national en mai 1979.

1979-1982	Animatrice auprès de groupes du troisième âge (ateliers d'écriture).
1981	Parution de *Ma Vie comme rivière*, récit autobiographique, tome 1, 1919-1942 (Remue-ménage), avec la collaboration de Michèle Bessette.
1982	Parution de *Ma Vie comme rivière*, récit autobiographique, tome 2, 1935-1949 (Remue-ménage), avec la collaboration de Michèle Bessette.
1982-1986	Causeries-rencontres dans les bibliothèques publiques de diverses régions. Animation culturelle auprès de divers groupes.
1983	Rédactrice et animatrice de cours en gérontologie à l'Éducation permanente de l'Université de Montréal.
	Membre du Comité des amis de la jeunesse, Sommet québécois de la jeunesse.
1983-1985	Conférences sur le bénévolat, le féminisme, le militantisme socio-politique, l'engagement personnel et social par l'écriture, à la demande de divers groupes d'action et d'études.
1984	Rédactrice d'un livre autobiographique sur la non-violence, la paix et le désarmement portant le titre de *En route vers la Paix*, en collaboration avec Carmen Villemaire (inédit).
1988	Présidente honoraire de la fondation Éducation 3ᵉ Âge au Collège de Rosemont.
	Parution de *L'espoir et le défi de la paix* (Guérin), essai sur le pacifisme, en collaboration avec Carmen Villemaire, et de *Ma Vie comme rivière*, récit autobiographique, tome 3, 1949-1963 (Remue-ménage), avec la collaboration de Carole Fisette.
1990	Parution de *Pionnières québécoises et regroupements de femmes d'hier à aujourd'hui* (Remue-ménage), avec la collaboration de Francine Pelletier-Béchard et Carole Fisette.
	Marraine du projet Femmes en tête, à l'occasion du 50ᵉ anniversaire du droit de vote et d'éligibilité des femmes du Québec.

1992   Parution de *Ma Vie comme rivière*, récit autobiographique, tome 4, 1963-1992 (Remue-ménage), avec la collaboration de Carole Fisette.

1993   Décès à Richelieu, le 18 janvier.

Repères thématiques
de Ma Vie comme rivière

HÉLÈNE CHÉNIER

On trouvera ici, classés selon les thèmes abordés dans ce livre, certains sujets que Simonne Monet-Chartrand a traités dans son autobiographie et lors de son entrevue dans *Maintenant* (n° 109, octobre 1971). Ce repérage donne néanmoins un bon aperçu des idées et combats de Simonne Monet-Chartrand.

L'Action catholique

Décision de s'engager dans l'apostolat laïque. — Tome 1, p. 206

Refus de la propagande, choix de l'apostolat. — Tome 1, p. 218

La JEC: pas une institution, mais un mouvement. — Tome 1, p. 221

Recherche d'une spiritualité appropriée aux couples et aux laïcs. — Tome 1, p. 221, 228

Changement dans les valeurs morales. — Tome 1, p. 222, 226-227

Raisons de militer dans l'Action catholique. — Tome 1, p. 226

Critique de l'Action catholique. — Tome 1, p. 229

Enseignante, syndicaliste, membre de la Commission d'étude sur les laïcs et l'Église (Commission Dumont).

Lectures marquantes à la JEC. — Tome 1, p. 235-236

Réprobation d'un chanoine. — Tome 1, p. 230

Approbation et encouragements de Mgr Charbonneau. — Tome 1, p. 230 et tome 2, p. 68 à 70

Sympathisante de la JOC. — Tome 1, p. 232-233 et tome 2, p. 13 (5 juin 1939)

Formation reçue dans l'Action catholique. — Tome 3, p. 221

L'École des parents

Membre du conseil d'administration de l'École des parents dès mars 1944. — Tome 2, p. 209

Recherche d'une pédagogie familiale et sociale afin d'être plus qu'une femme «dépareillée», selon l'expression de Mgr Tessier. — Tome 2, p. 210-211

Groupes de foyers constitués dès 1943 (avec les Pelletier, David, Mackay, Baril, Boulizon et l'abbé Llewellyn). — Tome 2, p. 251

Rédaction de cours de préparation au mariage. — Tome 2, p. 252

Notes historiques sur l'École des parents. — Tome 2, p. 326 à 329

Conférence pour l'École des parents de Longueuil, sur le thème «l'amour conjugal et la psychologie des sexes». — Tome 2, p. 329

Éducation

L'accès aux loisirs culturels et à la formation artistique. — Tome 1, p. 149-150 et tome 3, p. 221-222

La fondation d'une école supérieure pour jeunes filles. — Tome 1, p. 199 (6 septembre 1937)

La pédagogie de l'Institut des Sœurs de Notre-Dame du Bon-Conseil. — Tome 1, p. 202 (27 septembre 1937)

L'instruction des jeunes femmes. — Tome 1, p. 191 (29 mars 1937)

Inscription aux cours du soir à l'Université de Montréal (1938). — Tome 1, p. 215

Radio-Collège. — Tome 3, p. 156 et suiv.

Membre du Comité consultatif des émissions éducatives à Radio-Canada. Participation à l'émission radiophonique *Les Voisins d'en face*. — Tome 3, p. 235 à 238, 245, 251

Expérimentation d'une nouvelle approche pédagogique lors d'une conférence sur les rôles sociaux de la femme. — Tome 3, p. 294

Création de la Commission royale d'enquête sur l'enseignement (Commission Parent). — Tome 4, p. 18-19

Gratuité scolaire et réforme du système d'enseignement. — Tome 4, p. 86, 97 à 103

Convocation d'une assemblée de parents, au sujet de la nouvelle polyvalente Gérard-Filion (automne 1963). — Tome 4, p. 99-100

Projet de trois émissions pour *Femmes d'aujourd'hui* sur les relations parents-adolescents. — Tome 4, p. 102

Opinions sur les jeunes du Québec. — Tome 3, p. 318

Valeurs transmises à ses enfants. — Tome 4, p. 112-113, 366

Inscription aux cours du soir de l'Université de Montréal (automne 1968). — Tome 4, p. 155

* * *

L'École des parents du Québec. — *Maintenant,* n° 109, octobre 1971, p. 267 (p. 21 et 22 de la présente édition)

Les Union de familles. — *Maintenant,* p. 267-268 (*idem,* p. 22-24)

Les parents à l'école. — *Maintenant,* p. 270 (*idem,* p. 28-30)

Éducation dans un milieu pluraliste et maintien de la confessionnalité scolaire. — *Maintenant,* p. 272 (*idem,* p. 32-34)

Mouvement coopératif

Réunion de La Bonne Coupe, 15 avril 1941. — Tome 2, p. 76

L'origine des coopératives, notes historiques. — Tome 3, p. 67-68

Nationalisme

Première rencontre avec André Laurendeau (novembre 1938). — Tome 2, p. 161

Référendum sur la conscription. — Tome 2, p. 157 (20 avril 1942), 164

Fondation du Bloc populaire canadien par Maxime Raymond. — Tome 2, p. 173

Assemblées du Bloc populaire. — Tome 2, p. 192, 196 à 201

L'Ordre de Jacques-Cartier. — Tome 3, p. 69, 73-74

États généraux du Canada français (1966). — Tome 3, p. 70 à 79

L'apport des femmes dans les Sociétés Saint-Jean-Baptiste (avril 1961). — Tome 4, p. 88

Maladie et décès d'André Laurendeau. — Tome 4, p. 138 à 140

La Crise d'octobre 1970

Mouvements d'opposition au projet de loi 63. — Tome 4, p. 156 à 162

Manifestation contre le règlement municipal anti-manifestation. — Tome 4, p. 165 à 168

Mise sur pied du Mouvement pour la défense des prisonniers politiques du Québec. — Tome 4, p. 172

Rappel des événements du 5 au 17 octobre 1970. Mort de Pierre Laporte. — Tome 4, p. 172 à 177

16 octobre. Promulgation de la Loi sur les mesures de guerre. Réaction des journaux, des artistes et intellectuels. Solidarité et résistance à la Loi. — Tome 4, p. 178 à 182

Arrestation de Michel Chartrand en vertu de la Loi sur les mesures de guerre. — Tome 1, p. 17 à 19 et tome 4, p. 175

Vexations subies par la famille Chartrand. — Tome 4, p. 183-184

Résistance et participation aux mouvements de protestation contre la Loi sur les mesures de guerre. — Tome 4, p. 188 et suiv.

Tournée de conférences au Canada (Ottawa, Toronto, Vancouver). — Tome 4, p. 203, 216 à 219, 226, 234

Manifestations organisées par le Mouvement pour la défense des prisonniers politiques. — Tome 4, p. 207, 223

Spectacle Chants et poèmes de la Résistance. — Tome 4, p. 238 à 240

Le «procès des 5». — Tome 4, p. 234, 245

Les femmes de l'Outaouais exigent le retrait des mesures de guerre un an après la crise d'octobre. — Tome 4, p. 267-268

Conscience sociale, syndicalisme

CONSCIENCE SOCIALE:

Antipathie envers les milieux bourgeois. — Tome 1, juillet 1937

Les enseignements de sœur Marie Gérin-Lajoie. — Tome 1, octobre 1937

Rencontre avec le père Henri Roy, fondateur de la JOC. — Tome 1, p. 231-232

Jean Narrache. — Tome 1, 5 juin 1939

À la défense des démunis. — Tome 2, p. 53

Redonner confiance aux femmes. — Tome 2, p. 104 à 106

S'adapter au milieu auquel on s'adresse. — Tome 2, p. 274 à 276

SYNDICALISME:

L'exemple de Laure Gaudreault. — Tome 1, p. 179

La solitude de l'épouse d'un militant syndical. — Tome 2, p. 286 et tome 3, p. 89, 135

Les femmes des grévistes et l'entraide. — Tome 2, p. 349, 354 et tome 3, p. 145, 297-298

La grève d'Asbestos. — Tome 2, p. 342 à 344 et tome 3, p. 50

Un parti pris pour les travailleurs. — Tome 2, p. 353 et tome 3, p. 44

La grève de Dupuis frères. — Tome 3, p. 112 à 116

La grève de la Consolidated Paper à Shawinigan. — Tome 3, p. 140 à 147

Les principes et les objectifs de la CTCC. — Tome 2, p. 305

Le congrès de la CSN en 1968. — Tome 4, p. 146

Le Syndicat des enseignants de Champlain. — Tome 4, p. 284-285

Nécessité des comités inter-syndicaux. — Tome 4, p. 284, 286

Église et foi

L'idéologie des communautés de femmes fondées à la demande de Mgr Bourget. — Tome 1, p. 205 (septembre 1937)

Les livres à l'index. — Tome 1, p. 236-237

Religion désincarnée. — Tome 1, p. 244 (3 septembre 1939)

Emprise de la religion et de l'Église sur la vie affective des couples, des femmes. — Tome 2, p. 87, 107, 167

Réflexions sur la cérémonie de la Purification de la Vierge Marie. — Tome 2, p. 139

La doctrine de l'Église sur «l'empêchement de la famille». — Tome 2, p. 248 et suiv.

Les sœurs enseignantes. — Tome 1, p. 204 à 207 (septembre 1937)

Le rôle des femmes dans l'Église. — Tome 4, p. 132-133, 274

Participation à *5D*, entrevue avec Mgr Helder Camara. — Tome 4, p. 271

Commentaires sur le pape Paul VI. — Tome 4, p. 311-312

Foi en la providence. — Tome 2, p. 123

Réflexions sur la foi. — Tome 3, p. 51-52, 321 et tome 4, p. 363

Le mystère de l'Incarnation, sujet de réflexion. — Tome 2, p. 167

Recherche d'unité, désir de faire des liens entre les domaines du corps, de la sexualité, de l'intellect, de la sensibilité, de l'émotivité, du spirituel. — Tome 1, p. 243-244 et tome 3, p. 325

Témoignages de ses convictions religieuses à *Second regard* et à *Rencontres*. — Tome 3, p. 328 et tome 4, p. 290-291

Foi en la survie de sa fille Marie-Andrée. — Tome 4, p. 258-259

Réflexions sur la vie intérieure. — Tome 4, p. 276

Recherche de principes moraux créateurs d'équilibre. — Tome 4, p. 325-326

Réflexions sur les valeurs et les idéaux personnels. — Tome 2, p. 17, 122 et tome 4, p. 280, 324

* * *

En quête d'une spiritualité laïque. — *Maintenant*, n° 109, octobre 1971, p. 265-266 (p. 17 et 18 de la présente édition)

La paix

Origines de ses convictions pacifistes. Congrès de Pax Romana. — Tome 1, p. 238 et suiv.

Extraits du journal de son père sur la déclaration de guerre 1939-1945. — Tome 2, p. 27 et suiv.

Antimilitariste, contre la propagande de guerre. — Tome 2, p. 54-55

Réactions à la bombe atomique: Hiroshima, Nagasaki. — Tome 2, p. 262 et suiv.

Membre du Mouvement pour le désarmement nucléaire. — Tome 4, p. 19

La Voix des femmes du Canada, groupe pacifiste et antinucléaire. — Tome 4, p. 21 et suiv., 104 à 106

Implication dans la campagne électorale fédérale avec la Voix des femmes. — Tome 4, p. 23

Thérèse Casgrain, candidate de la paix. — Tome 4, p. 24-25

Jean Duceppe, victime de préjugés. — Tome 4, p. 26

Déléguée de la Voix des femmes à Moscou. — Tome 4, p. 27

Passage dans différentes capitales du monde. — Tome 4, p. 32 et suiv.

Marie-Andrée Chartrand, sa fille, s'engage comme elle. — Tome 4, p. 29 à 79

Une fête des Mères bien spéciale: plantation d'un arbre de la paix. — Tome 4, p. 93

Un mémoire de la Voix des femmes du Québec adressé aux Pères de Vatican II. — Tome 4, p. 104 à 106

Certains épisodes de sa mission de paix racontés à l'émission *Femmes d'aujourd'hui.* — Tome 4, p. 103

La Voix des femmes organise une rencontre internationale. — Tome 4, p. 122, 124

Conférence aux aumôniers militaires.— Tome 4, p. 125 à 127

L'espoir et le défi de la paix. — Tome 4, p. 360

Participation à une consultation à propos du livre blanc sur le budget de la Défense nationale. — Tome 4, p. 360

Un hommage des Artistes pour la paix. — Tome 4, p. 369

La Ligue des droits et libertés

Motivations à être membre de la Ligue des droits de l'Homme. — Tome 4, p. 298-299

Mandat comme employée de la Ligue. — Tome 4, p. 300

Lutte, au nom de la Ligue, pour les droits d'une famille tzigane. — Tome 4, p. 301-302

Changement du nom de la Ligue, qui devient Ligue des droits et libertés. — Tome 4, p. 302

Participation au comité d'étude de la Ligue concernant le projet de loi 24 sur la protection de la jeunesse. — Tome 4, p. 317, 319

Féminisme

Valorisation des activités de sa mère. — Tome 1, p. 159 à 162 et tome 4, p. 106 à 108

Hommes et femmes, égalité des chances. — Tome 1, 29 mars 1937 et septembre 1937

LE DROIT DE VOTE DES FEMMES:

Ce droit lui est refusé. — Tome 1, p. 252

Sœur Marie Gérin-Lajoie. — Tome 1, octobre 1937

Bref historique des débats sur le droit de vote. — Tome 1, p. 62, 202-203

Conférence de Florence Martel de la Ligue des droits de la Femme. — Tome 2, p. 174-175

Marraine à l'occasion du 50e anniversaire du droit de vote des femmes. — Tome 4, p. 151

Prise de conscience des besoins sociaux. — Tome 1, p. 252

Prise de conscience de la violence masculine. — Tome 1, p. 257

Pour Henri Bourassa, la place d'une femme enceinte est à la maison. — Tome 2, p. 182

Pour que les allocations familiales soient adressées aux femmes. — Tome 2, p. 256

L'opinion des femmes ne compte guère. — Tome 2, p. 260

LE COUPLE:

Partage des responsabilités. — Tome 2, p. 271

Remise en question de la conception de complémentarité homme et femme. — Tome 3, p. 40

Les stéréotypes féminins et masculins. — Tome 2, p. 331-332

Les femmes, des mineures devant la loi. — Tome 3, p. 236

Expérience d'employée non syndiquée. — Tome 3, p. 300, 301, 304

Déléguée de la Voix des femmes du Québec au congrès de la Fédération internationale démocratique des femmes à Moscou. — Tome 3, p. 312 et suiv. et tome 4, p. 31 et suiv.

1975, Année internationale de la femme. — Tome 4, p. 293 et suiv.

Le 8 mars, Journée internationale des femmes. — Tome 3, p. 314 et tome 4, p. 292, 298

Entrevue à la revue *Femmes au Québec,* où elle retrace l'origine de ses luttes pour les femmes et ses convictions sociales. — Tome 4, p. 312 à 314

Les femmes pour la paix. — Tome 3, p. 315-316 et tome 4, p. 27, 81,106

Participation à l'AFEAS. — Tome 4, p. 108, 131-132

La Fédération des femmes du Québec (FFQ) — Tome 4, p. 131, 371, 372

Rencontre avec Han Suyin. — Tome 4, p. 151

Rencontre avec Évelyne Sullerot. — Tome 4, p. 119

Les femmes obtiennent le droit d'être membre de jury. — Tome 4, p. 265

Rôle des femmes à l'intérieur de l'Église. — Tome 4, p. 133, 274

À la Ligue des droits de l'Homme, le cas de Dalila Maschino. — Tome 4, p. 309

Lettre à Simone de Beauvoir. — Tome 4, p. 317

Réactions à la censure de la pièce de Denise Boucher *Les fées ont soif.* — Tome 4, p. 337

Entrevue pour les *Cahiers de la femme* sur l'implication des femmes en politique. — Tome 4, p. 337

Consultante à la Fédération des femmes canadiennes-françaises. — Tome 4, p. 326-327

Conférencière au colloque intitulé «La femme d'aujourd'hui», organisé par la Société franco-manitobaine. — Tome 4, p. 327-328

Lancement de *Pionnières québécoises et regroupements de femmes d'hier à aujourd'hui.* — Tome 4, p. 367

Colloque à l'UQAM (29-30-31 mai 1992) pour définir un projet féministe de société dans un Québec féminin pluriel. — Tome 4, p. 371

Le prix Idola Saint-Jean (1992). — Tome 4, p. 373

Table des matières

Présentation   7

Simonne se raconte.   11
Entrevue accordée à la revue *Maintenant*

1

LES PREMIÈRES MILITANCES

«Voir, juger, agir»   53
Suzanne Cloutier-Rocher

Propagandiste de la JEC   63
Suzanne Manny-Marier

Naissance des mouvements de foyers   65
Jeannette et Guy Boulizon

Les Unions de familles:
l'histoire d'un grain de sénevé   77
Robert Dubuc

La réforme de l'enseignement   89
Bernard Jasmin

Faire travailler ensemble
parents et enseignants   99
Florian Fortin

2

NATIONALISME ET SYNDICALISME

Les gens de mon pays   105
Gilles Vigneault

L'histoire en espérance   107
Andrée Ferretti

J'ai un pays à bâtir   119
Ghislaine Roquet

Des gestes qui prenaient
figure de symboles   125
Rosaire Morin

Mère et militante   129
François-Albert Angers

Jamais elle n'a renoncé   135
Nicole Boudreau

Nous n'avons rien oublié   143
Paule Daveluy, Suzanne Cloutier-Rocher

La marche à l'amour   147
Gaston Miron

Libre et fou   149
Claude Gauthier

Syndicalisme, cinquante ans d'histoire vécue   151
Pierre Vadeboncoeur

Simonne a changé ma vie   159
Émile Boudreau

Une vie d'amour et de combat   165
Jean-Guy Hamelin

3

FOI ET ENGAGEMENTS

Contempler et libérer   169
Yvonne Bergeron

Sa foi comme source   183
Benoît Lacroix

L'Évangile d'abord   187
Bernard Hubert

Femme d'action et d'associations   189
Gisèle Turcot

La rencontre des politisés chrétiens   197
Dominique Boisvert

Une figure prophétique   201
Lucie Bélanger

«Souvent à contre-courant...»
La cinquième dimension   209
Roger Leclerc

Les causes avant la carrière   217
Louis Dumas

«Simonne, pourquoi n'écris-tu pas?»   221
Thérèse Martin

Un guide qui m'a ouvert
l'esprit et le cœur   223
Laura Monette

4

PACIFISME ET LIBERTÉS

La Voix des femmes   229
Jeanne Duval

Artiste pour la paix   233
Pierre Jasmin

Simonne au pays des droits de l'Homme   245
Aline Gobeil

À la Ligue des droits et libertés   249
Gérald McKenzie

Bien vieillir: un art et un droit   251
Romain Desbois

5

LA CAUSE DES FEMMES

L'émergence des femmes   259
Claudette Boivin

Rassembleuse et mobilisatrice   267
Madeleine Parent

Simonne, ma sœur   269
Mia Riddez

Femmes en région   271
Solange Fernet-Gervais

Dès la fondation de la FFQ   275
Ghislaine Patry-Buisson

Conjuguer le privé et le public 281
Micheline Piché

Prenons la parole! 287
Dominique Daigneault

L'état serein 293
Janou Saint-Denis

Un phare, une conscience, un don 295
Charlotte Boisjoli

6

D'AMOUR ET D'AMITIÉ

Hors normes 299
Marthe Legault

Chaleureuse Simonne 303
Germaine Brassard-Dumas

Elle est l'image de la continuité 309
Gaston L'Heureux

«J'étais un peu sa confidente» 313
Pauline Julien

La connivence des artistes 319
Louise Latraverse

La grande dame aux petits papiers 321
Francine Pelletier-Béchard

Trois livres sur le métier... 323
Carole Fisette

Ma grande cousine 327
Jacques Monet

Une belle-mère hors du commun 331
 Diane Cailhier

Dernière lettre à ma mère 335
 Alain Chartrand

Ma meilleure amie 339
 Madeleine Chartrand

Le moment des derniers baisers 341
 Hélène Chartrand-Deslauriers

L'adieu 343
 Suzanne-G. Chartrand

ANNEXES

Homélie prononcée aux funérailles
de Simonne Monet-Chartrand 347
 Mgr Robert Lebel

Pour faire mémoire
de Simonne Monet-Chartrand 357
 Hélène Pelletier-Baillargeon

Repères chronologiques 365

Repères thématiques
de *Ma Vie comme rivière* 373

Achevé d'imprimer
en juin 1993
sur les presses de
Imprimerie H.L.N. Inc.